इमरोज़नामा

इश्क़ेज़नामा

सम्पादन व पंजाबी से अनुवाद

अमिया कुँवर

वाणी प्रकाशन

प्रकाशन के उत्कृष्टतम 63 वर्ष

सजिल्द पहला संस्करण : 2026

vaniprakashan.com

वाणी प्रकाशन

4695, 21-ए, दरियागंज, नयी दिल्ली-110 002

फ़ोन : + 91 11 23273167, 23275710

शाखाएँ

अशोक राजपथ, पटना-800 004, बिहार

कॉफ़ी हाउस कैम्पस, महात्मा गांधी मार्ग, प्रयागराज-211 001, उत्तर प्रदेश

महात्मा गांधी अन्तरराष्ट्रीय हिन्दी विश्वविद्यालय, वर्धा-442 001, महाराष्ट्र

sales@vaniprakashan.in

vaniprakashan@gmail.com

Imroznama

Edited & Translated by Amia Kunwar

ISBN : 978-93-7348-164-7

Biography

मूल्य : ₹ 799

आर. टेक ऑफ़सेट, दिल्ली-110 032 में मुद्रित

वाणी प्रकाशन का लोगो मक़बूल फ़िदा हुसैन की कूची से

निगाहबानो !
आप सब के,
निगाहे-करम करती हूँ
यह इमरोज़नामा !

—अमिया कुँवर

अनुक्रम

इमरोज़नामा

इमरोज़ पर रह-रहकर समाचारपत्रों, पत्रिकाओं के अनुरोध पर काव्य-चित्र भी लिखा, उसकी कविताओं पर प्रतिक्रियाएँ भी। देश राज काली के कहने पर 'दैनिक भास्कर' के लिए दो साक्षात्कार भी लिए। पर कभी सोचा नहीं था, उसके व्यक्तित्व, पात्रता, कला हुनर पर किताब भी तैयार करूँगी। इमरोज़ की तबीयत ज़्यादा ही ख़राब होने पर अलका (अमृता प्रीतम की बहू) की उदासी, चिन्ता ने बेचैन कर दिया। हालाँकि 6 दिसम्बर, 2023 में एक हादसे की वजह से पैर की हड्डी चटख गयी थी। डॉक्टर ने 21 दिन आराम करने को कहा था और अभी सात दिन पड़े थे। पर पंखुड़ी मुझे परेशान देखकर कहने लगी–मम्मा ! आप वैसे कौन-सा सेहत की परवाह करती हैं, इमरोज़ बाबा जी इतने बीमार हैं तो कैसे भी हो आपका जाना बनता है। उसने 21 दिसम्बर दोपहर की मुम्बई की फ्लाइट का टिकट बुक करवा दिया। अजीब ईश्वरीय ईशारा था। 22 दिसम्बर सुबह-सुबह इमरोज़ ने अन्तिम साँस ली। शिल्पी के कहने पर कि जान-पहचान वालों को ख़बर कर दो। मैंने फ़ेस बुक पर ख़बर डाल दी। कुछ ही पलों में अफ़सोस के, दु:ख के सन्देश तो आये पर अगले ही दिन बहुत कुछ बेसिर-पैर की, ऊटपटाँग, निम्न स्तर की, घटिया पोस्टों की जैसे बाढ़-सी आ गयी। हर कोई इस क़दर पूरे विश्वास से, ज़बर्दस्त ढंग से अपनी बात मनवाने का यत्न कर रहा था। इस तरह ज़ाहिर कर रहा, जैसे अमृता-इमरोज़ के आपसी सम्बन्ध का सत्य सिर्फ़ वही जानता है और बयान कर सकता है। ऐसे दावेदारों के ऐलान और चुनौतियों ने इस किताब की नींव रख दी। 23 दिसम्बर घर वापस आते ही 'नागमणि' (सम्पादक-अमृता इमरोज़) पत्रिका के पुराने अंक खंगाले, कुछ दोस्तों-मित्रों की पुस्तकें मेरे सामने थीं। स्मृतियों की डायरी में भी कुछ लिखा हुआ मिला। जैसे-जैसे यह खोज कार्य आगे बढ़ता गया, संयोग से कहीं-न-कहीं से किसी पुस्तक, लेख की ख़बर मिल जाती और बस कान, आँख, हाथ, पैर जिसकी भी ज़रूरत पड़ती, इस कार्य को उसके हवाले कर देती।

इस पुस्तक के पंजाबी प्रकाशन के लिए अचानक फ़ैसला लिया था 'सच्चल प्रकाशन', अमृतसर का और वह फ़ैसला वक़्त के साथ सही सिद्ध हुआ। लगभग रोज़ ही इस पुस्तक को उच्च स्तरीय और पुख़्ता बनाने के लिए डिजिटल आर्टिस्ट मनदीप सिंह मनू से विचार-विमर्श होता। वह भी इमरोज़ से जुड़ी जो जानकारी मिलती, मुझसे बाँटता। सतीश गुजराल की 'Brush with life' (आत्मकथा), मनमोहन बावा की स्व-जीवनी 'मैं और मेरा समय' (मैं ते मेरा समाँ), डी.एस. कपूर की 'History of Heritage' के बारे में भी मुझे उसी से पता चलने पर मैंने वे पुस्तकें मँगवायीं।

चाहे किसी में से सिर्फ़ चार पंक्तियाँ, किसी से दो पैरे और किसी में से डेढ़ पृष्ठ ही मिले पर उनके बिना इमरोज़ के चरित्र-चित्रण में कहीं कुछ कमी रह जानी थी। डॉ. हरजीत की पुस्तक 'सुपने ते परछावें' में इमरोज़ पर लिखा लेख 'रंगों का दरिया' भी मनू ने ही मुहैया कराया। सब कुछ ठीक चल रहा था कि एक रात नींद उखड़ गयी। अमृता प्रीतम के परिवार के सभी लोगों को इमरोज़ के बारे में अपने विचार व्यक्त करने को कहा, उनकी तस्वीरें भी लीं। पर इमरोज़ के परिवार के लोगों के सिर्फ़ नाम ही मालूम थे। छोटे भाई अवतार और सुभाग के बारे में थोड़ी-सी जानकारी। सुभाग के घर एक रात इमरोज़ के साथ रहने का सौभाग्य भी मिला था। सुबह मनू को फ़ोन किया, "मनू ! मेरी पुस्तक अधूरी रह जानी है, अगर इमरोज़ के परिवार की तस्वीरें न मिलीं।" मनू मेरे से भी आगे होकर मेरे कहे को अपना काम मान लेता और फिर पूरे मन से उस काम को पूरा करने के लिए जुट जाता कुछ ही दिन में इमरोज़ के पूरे परिवार की तस्वीरें मेरे सामने थीं। उन्हें लिखने के लिए कहना सम्भव नहीं रहा। भाई अवतार, बहन सुभाग, बड़ी बहन सुरजीत, इनमें से अब कोई भी नहीं रहा। पर इमरोज़-परिवार की तस्वीरें पूरी कहानी बयान कर रहीं। मैं सन्तुष्ट हूँ कि मेरा यह शोध-कार्य हर पक्ष से सम्पूर्ण हो रहा है। इमरोज़-परिवार के बारे में नागमणि, रंगा दी रास लीला (सं. जसबीर भुल्लर), कुछ अमृता-इमरोज़ की ज़ुबानी और कुछ आर्टिस्ट मनदीप सिंह मनू से मिली जानकारी ही काफ़ी है। मेरी इस पुस्तक की भरपूर फ़सल के लिए जिस-जिस अदीब-मित्र ने योगदान दिया, उन सबका शुक्रिया, तहे-दिल से धन्यवाद। डॉ. हरजीत ने मेरे इसरार पर इमरोज़ पर बनायी अपनी बेहतरीन फ़िल्म मुझे वाट्सअप की। अमृता-इमरोज़ को अदीब-मित्र कितना चाहते हैं, इसका प्रत्यक्ष उदाहरण है कि जिस किसी से इजाज़त माँगी, इस पर हँस कर, "सारा बाग़ हवाले तेरे, नी असां तैनू कद मोड़या...." का हुँकारा सुनाई दिया। सलीम पाशा ने इमरोज़ के साथ लिया अपना ग़ैर-औपचारिक साक्षात्कार ('शाहमुखी में') भेजा। इस लेखन को मेरी बिटिया दिव्यलीन ने अनमोल लिपि में मेरे लिए फारवर्ड किया। जंग बहादुर गोयल ने 'मोहब्बतनामा' में संकलित 'मैं तैनू फेर मिलांगी' लेख मेरे हवाले किया। उमा त्रिलोक की पुस्तक 'अमृता-इमरोज़' के छठे काण्ड को लेने और उसके सम्पादन में आयी हिन्दी पत्रिका 'अभिनव इमरोज़' में से मुझे बहुत कुछ (अलग-अलग लेखिकाओं का) मिला, जिनसे इमरोज़ के कई अनछुए पक्षों के बारे में पता चला। शुक्रिया उमा त्रिलोक जी। जब बचिन्त कौर से उसकी नयी किताब से इमरोज़ पर लिखे लेख को लेने की इजाज़त माँगी, तब वह हँस कर कहने लगी, "अमिया, अमृता-इमरोज़ के लिए किसी की इजाज़त लेने की ज़रूरत नहीं। जो चाहे इसमें से ले ले।" दिनेश द्विवेदी, राजेश चन्द्रा जैसे सुहृदय मित्रों ने भी हैरानी जतलाई कि "इजाज़त किसलिए?" सिमरन अक्स से फ़ेसबुक पर आयी कविता की जब माँग की तो उसने हँस कर कहा, यह तो है ही आपकी ! ऐसा ही मनप्रीत मेहनाज़ का विनम्रता भरा जवाब था–"यह मेरी मौलिक नहीं ! क्योंकि यह "मैं तैनूं फेर मिलांगी" की तर्ज़ पर लिखी गयी थी। कुनाल हृदय के साथ फ़ोन पर हुई लम्बी बातचीत भी काफ़ी दिलचस्प रही। इन्द्रजीत नन्दन, पन्ना त्रिवेदी बहुत प्यारी सखियों का भी तहे दिल से शुक्रिया। अफरोज़ ताज़ के साथ चाह कर भी सम्पर्क नहीं हो पाया। इसीलिए उसके वीडियो इंटरव्यू का छोटा-सा हिस्सा ही लिया है। गुरु

दोस्त डॉ. मोहनजीत को याद कर रह-रह कर आँखें भीग जाती हैं। जब उनसे औपचारिक तौर पर इजाज़त माँगी तो हँस कर कहने लगे, "बस जब यह पुस्तकीय रूप में आये, मुझे ज़रूर देना। अब ख़्यालों में डूबी हूँ कि...कैसे? शायर दोस्त अवतारजीत अटवाल का भी शुक्रिया, उसने इमरोज़ पर लिखे अपने काव्यचित्र को इस पुस्तक का हिस्सा बनाया। डॉ. तेजिन्द्र हरजीत ने 'इमरोज़' फ़िल्म की शूटिंग के दौरान इमरोज़ के साथ जो संवाद रचाये बहुत ख़ूबसूरत और अलहदा थे। शुक्रिया ! प्रिंट वेस वाले विकास शर्मा जी का शुक्रिया। उन्होंने इमरोज़ के बारे में कई नयी बातों से भी वाक़िफ़ करवाया, तस्वीरें भी दीं। वहीं रेडियो वेस वाले देस राज जी मिल गये। उनकी तस्वीर ली। उम्रदराज होने के कारण वे काफ़ी कुछ भूल-बिसर गये हैं। सो, उन्होंने कुछ भी साझा नहीं किया। अमृता-इमरोज़ परिवार, जिसकी मैं भी सदस्य हूँ। उनके लिए धन्यवाद शब्द बहुत छोटा है। जब-जब मैंने जो-जो भी तस्वीरें चाहीं, अलका शिल्पी ने झट से मुहैया कीं। जब मैंने ख़्यालों/यादों को लिखित रूप में देने को कहा तो एक सप्ताह में ही उन सबकी ख़ूबसूरत रचनाएँ ई-मेल द्वारा मेरे सामने थीं। अलका, शिल्पी, अमन, पिया, विशाल, कन्दला, नूर आरोही और कार्तिक सिंह को मेरा साधुवाद ! सजदा !! मुहब्बतें !!!

इमरोज़ को चाहने वाले दीवानों का भी जवाब नहीं। कैलिबर प्रकाशन वाले सुखविन्दर ने अपने बेटे का नाम इमरोज़ रखा है। उनकी पत्नी अरविन्दर के नये आ रहे कविता संग्रह 'इस घर इमरोज़ आया है', का आवरण पृष्ट भेजा है जिसमें नन्हें इमरोज़ पर कविताएँ हैं और चित्रकार इमरोज़ के प्रति अक़िदत दर्शाती हैं। सुखविन्दर के सौजन्य से ही रूप सतवंत की कहानी, 'इम्रता' (अमृता + इमरोज़) मिली है, जो इस पुस्तक का श्रृंगार बनी है। मेरी दोस्त डा. दलजीत कौर खालसा ने अपनी धेवती का नाम इमरोज़ रखा है।

इमरोज़ के छोटे भाई अवतार का कहना है (एक इंटरव्यू में) इमरोज़ उनकी हर छोटी-बड़ी, साधारण-विशेष ज़रूरत का ध्यान रखते थे। मैं जो चाहता, वे मुझे लाकर देते। वह मुझसे बहुत स्नेह करते थे। वह मुझे छोटे-छोटे नामों से सम्बोधित करता था। अकसर मुझे पप्पू कहकर बुलाया करता। मेरा आर्ट कॉलेज का ख़र्चा सब वही अदा करते थे। उन्होंने ही मुझे आत्मनिर्भर बनाया। फिर अमृता के साथ ज़िन्दगी जीने के लिए उसके पास चले गये। कुछ पाकिस्तानी कलाकारों को इमरोज़ का काम पसन्द आया। लोग उसकी लाइन के काम से प्रेरणा लेते। हमें भी बहुत प्रेरणा मिलती है। यह उसके लिए और मेरे लिए बहुत बड़ी बात है। वह हमारे कराची का एक कलाकार है। हमारे पूरे परिवार को उस पर गर्व है। कोणार्क (अवतार जी का बेटा) का ख़ासतौर पर शुक्राना। इमरोज़ परिवार की तस्वीरें और जानकारी उन्होंने ही दी। अब जब यह पुस्तक हिन्दी में भी प्रकाशित होने जा रही है तब कुछ और लेखक और रचनाएँ भी इसमें शामिल होने जा रही हैं जो पंजाबी संस्करण में आने से रह गयीं। कुछ अनजाने में छूट गयीं या बाद में मिलीं। मक्खन मान का इमरोज़ के चरित्र को बख़ूबी चित्रित करता काव्य-चित्र 'इमरोज़ होने के मायने', डॉ. हरजीत को लिखा इमरोज़ का ख़त, जिसमें हरजीत की इमरोज़ पर बनायी फ़िल्म की बहुत नये अंदाज़ से समीक्षा की गयी है। पाकिस्तानी शायर इकरम बसरा की कविता और कुछ नायाब तस्वीरें इसमें शामिल करते हुए ख़ुशी महसूस कर रही हूँ।

शायरा दलवीर कौर की कविता ने भी इस पुस्तक को अमीर बनाया है। हिन्दी कवयित्री हरकीरत हीर ने अपनी तीन कविताएँ दी हैं। डॉ. जसविन्दर कौर बिंद्रा ने पंजाबी की इमरोज़नामा पढ़ते हुए इमरोज़ के व्यक्तित्त्व पर अपने खूबसूरत विचार व्यक्त किये हैं। शुक्राना इन सबका।

एक दिन मैंने इमरोज़ जी से कहा—नया कुर्ता पहना है। अच्छा लग रहा है। 'हँसकर कहने लगे—पिछली बार रवीन्द्र भट्टल के घर गया। गुस्लख़ाने में स्नान कर रहा था। दरवाज़े पर दस्तक हुई, बाहर उसकी पत्नी सुरिन्द्र कौर भट्टल थी। कहने लगी, मैला कुर्ता वहीं खूँटी पर टाँग देना। बाहर दरवाज़े की साँकल पर नया कुर्ता टाँगा है, आपके लिए। वह पहन लेना। यह वही कुर्ता है, अच्छा है न!

ये सब इमरोज़ को, अमृता को प्यार करने वाले हैं। उनके हक़ीक़ी और मजाज़ी दोनों तरह के सम्बन्धों के सूक्ष्म ताने-बाने को स्वीकार करते, मानते, उसके प्रति अदब रखते, मोह रखते। यह अनूठा रिश्ता था। इस रिश्ते की रमज़ वही जान सकता है, जो रूह वाला हो। मेरे शयन कक्ष की एक दीवार पर हरमीत आर्टिस्ट की पेंटिंग लगी हुई है सुनहरे रंग की। जिसमें एक मर्द औरत दिखाई दे रहे। एक कोने में हरमीत की हस्त-लिखित पंक्तियाँ हैं—"मोहब्बत के ग्रे शेड की सन्ध्या नहीं होती।" इसका सबसे ख़ूबसूरत उदाहरण अमृता इमरोज़ हैं। अमृता की तरह ही पेंटिंग वाली औरत दुनिया की ओर चेहरा किये उदास-सी, पर बेख़ौफ़ दिखाई दे रही जबकि मर्द औरत की ओर चेहरा किये, दुनिया की ओर से पीठ किये इमरोज़ लग रहा है। अमृता की ढलती उम्र, बीमारी, मृत्यु आदि इमरोज़ के लिए ये तब्दीलियाँ कोई मायने नहीं रखतीं...अमृता उनके लिए कभी सन्ध्या में नहीं ढलीं, ताज़ा खिली हुई सुबह ही बनी रहीं।

इमरोज़ सही मायने में कलाकार थे। अमृता तीन, साढ़े तीन साल बिस्तर पर रहीं। चारपाई के साथ जुड़ी हुई, हड्डियों की मुट्ठी बनी हुई। इमरोज़ ने अपना बिस्तर उनके पास कर लिया, ताकि जब अमृता को ज़रूरत हो, इमरोज़ उसके पास हों। कुछ दिनों के लिए अमृता को लाइब्रेरी में भी शिफ़्ट किया गया था। लाइब्रेरी इमरोज़ के स्टूडियो/कमरे के साथ जुड़ी हुई थी। पर पूरी उम्र किताबों को पढ़ने-लिखने वाली, इन सबसे इस क़द्र उदासीन हो गयी थी उसे यह सब परिवर्तन बहुत अजनबी, बेगाना-सा लगा। पुस्तकों को चारों ओर देख, उनमें घिरा हुआ महसूस कर, हैरान-परेशान हुई, रह-रहकर दुहाई देने लगती, "यह मुझे कहाँ ले आये हो—मुझे मेरे कमरे में ले जाओ।" सो अमृता फिर से अपने कमरे में शिफ़्ट हो गयीं और इमरोज़ ने उसके पास ही अपना बिस्तर बिछा लिया। इन्हीं दिनों अमृता को सुनाई देना भी कम हो गया था। उन्हें कुछ भी बताना होता तो लेटर-हैड पर काली स्याही वाले पेन से बड़े-बड़े अक्षरों में लिखा जाता। 2004 के दिसम्बर महीने के अन्तिम सप्ताह में घर वालों को ख़बर दी गयी कि 22 जनवरी 2005 को दूरदर्शन पर 'पिंजर' फ़िल्म दिखाई जायेगी। यह ख़बर भी अमृता को काले सिक्के वाले पेन से लेटर हैड पर बड़े-बड़े अक्षरों में लिखकर बतायी गयी। किसी पत्रकार ने जब उनकी ताज़ा पेंटिंग के बारे में जानकारी चाही तो इमरोज़ ने सहज ही जवाब दिया—मेरे ब्रुश सूखे और कैनवस कोरी पड़ी है। गत दो बरसों से पेंटिंग एकदम बन्द है। पर मैं पेंटिंग बेचने के लिए नहीं, अपने दिल की तसल्ली के लिए करता हूँ। अब तो अमृता ही मेरी पेंटिंग है और आजकल मैं उसे ही फिनिशिंग टच देने में मसरूफ़ हूँ।

अमेरिका से जसवीर का फ़ोन आया लम्बी बातचीत में एक बहुत ख़ूबसूरत बात दिल को छू गयी। उसने अमृता की लम्बी बीमारी के दिनों का एक वाक़या बताया। एक बार वह हिन्दुस्तान आयी तो एयरपोर्ट से सीधे उसने अमृता की ओर जाना चाहा। रात बहुत हो गयी थी। भांजा कहने लगा–"क्यों उनकी नींद ख़राब करें। यह सुनकर मैंने इमरोज़ जी को फ़ोन कर मना करते हुए कहा कि यूँ ही नींद से उन्हें क्या जगाना?" इस पर वे हँस कर कहने लगे–"सोता कौन है? अमृता हमें जगाये रखती है।" मैंने कहा, "अमृता आपको ही नहीं हम सबको, पूरी दुनिया को जगाये रखती है।" वे फिर कहने लगे, "जिन्हें जागना था वे कुछ लोग ही जागे हैं, बाक़ी तो अभी भी सोये हुए ही हैं।"

वैसे इमरोज़ अमृता को तकलीफ़ में नहीं देख सकते थे। जब वह ज़हर माँगती या कहती, मेरी चिता को आग क्यों नहीं देते। तब इमरोज़ उसका ध्यान दूसरी ओर करते हुए कहते, "माजा ! आजकल असली (शुद्ध) ज़हर कहाँ मिलता है।" यह कहते हुए उनकी आवाज़ में बहुत बेचारगी होती। अजीब बात है ! किसी ने क़ानून बनाया ही नहीं कि जब कोई जाना चाहे तब उसे जाने की सहूलियत हो।" कहा करते–उसका जाना मौत नहीं, गुड बॉय है। मरने से पहले, यानी बीमार होने पर उसने जो अन्तिम नज़्म लिखी, उसमें 'गुड बॉय' ही कहा था। मुझे पूर्वजन्म पर विश्वास नहीं पर अमृता की बात पर तो मैं भरोसा कर ही सकता हूँ। वह जाते-जाते कह गयी–

"मैं तुम्हें फिर मिलूँगी..."

चाहे मैं अकसर कहा करती हूँ–प्यार का दूसरा नाम इमरोज़ या प्यार का पर्यायवाची शब्द इमरोज़। परन्तु यह भी सच है, इमरोज़ के मायने बहुत उदात्त हैं। उस जैसा होना हर किसी के वश में नहीं। वह एक, अकेला और इकलौता ही है। ईश्वर ने उससे पहले या उसके बाद उस जैसा कोई बनाया ही नहीं। मैंने तो कुछ अपनी ओर से, कुछ प्रशंसकों, मित्रों, साहित्यकारों की कविताओं, लेख, रचनाओं (नाटक, फ़िल्म, साक्षात्कार, काव्य-चित्र, कहानी) आदि को कशीद कर अरक निकालने का छोटा-सा उद्धम किया है। यही उस नेक रूह को हम सब की ओर से सच्ची-सुच्ची श्रद्धांजलि हो सकती है। काफ़ी कुछ कांट-छांट करने पर भी कुछ बातों, घटनाओं का दोहराव है, जोकि अलग-अलग समय पर अलग-अलग पत्रिकाओं की माँग पर लेखकों द्वारा लिखे गये आलेख तथा अन्य रचनाएँ हैं, जिनमें इनका ब्योरा ज़रूरी है। अधिक काटने पर बात टूटती जान पड़ती सो पाठक इसे अन्यथा ना लें।

आमीन !

–अमिया कुँवर

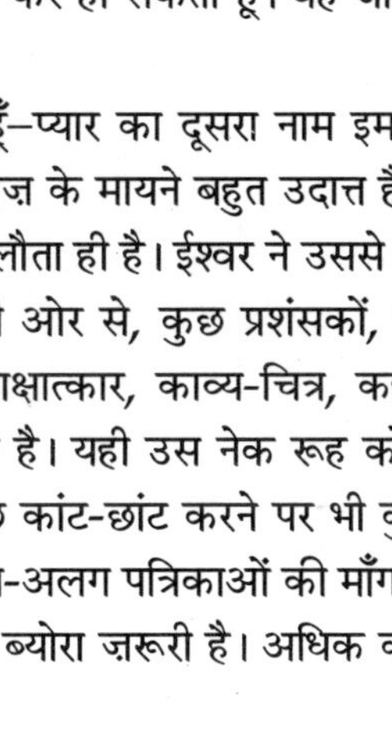

गाथा एक लोकगीत की

'इमरोज़' नाम की एक छोटी-सी नज़्म में इमरोज़ ख़ुद का शब्द-चित्र चित्रित करते हैं और ख़ुद को किसी भी लोकगीत के साथ आईडेंटीफाई करते हैं। वे यह फ़ैसला सम्पूर्ण संसार के हवाले करते हैं कि वह तो लोकगीत की तरह बेनाम हवा में खड़े हुए, हवा का हिस्सा हैं। यह किसी चाहने वाले की मर्ज़ी पर है कि उसे अपना ले, गा ले। उन्हें किसी नाम, शोहरत की तलब नहीं। यही उनकी वास्तविक पात्रता थी। इस सरल, पर सूक्ष्म ख़्याली लोकगीत को समझने के लिए उसके मैच का होना होगा। पर पिछले दिनों ऐसा लगा अधिकतर लोगों के पास न वह दिल है, न सोच, न उस पैडस्टल तक पहुँचने वाला हौसला–सो वे अपनी तंग सोच की तरह उसकी शख़्सियत को दाग़ी करने का असफल यत्न कर रहे। इस लोकगीत की संवेदना, गहराई, मर्म तक लोगों की पहुँच नहीं हो रही।

बेशक वह एक लोकगीत की तरह लोगों के होंठों पर चढ़ गया है। हर मज़लिस, महफ़िल, बैठक में उसका ज़िक्र होता है। पर इस लोकगीत का एक नाम, मुकाम, हस्ती, पहचान है...जिसके पात्र-निर्माण के लिए सुदृढ़ शब्दों की ज़रूरत होती है। वक़्त आयेगा–उसके कार्यों पर, कला पर, कैलीग्राफ़ी पर उच्चस्तरीय काम होगा। यह दुनिया का सबसे लम्बा लोकगीत कहा जायेगा। जिसमें नित्य प्रति निरन्तर जमा-गुणा हो रहा। हर कोई अपनी मर्ज़ी से इसमें इज़ाफ़ा कर रहा। पर बहुत कुछ बेतुका, हल्का, निम्नस्तरीय भी है, जो इमरोज़ के बर मेच नहीं, उस जैसा नहीं...सो कुछ तो काट-छाँट करनी बनती है, ताकि इस लोकगीत की लय, सुर (स्वर) और ख़्यालों के सूक्ष्म धागे क़ायम रहे। इस लोकगीत की उच्चता-सुच्चता आने वाली पीढ़ियों के लिए मार्गदर्शक हों।

–अमिया कुँअर

अदीब मित्रों के काव्य-चित्रों में वर्णित इमरोज़

इमरोज़ : बहु-आयामी रिश्तों का संसार

–अमिया कुँवर

मैंने उसके साथ बहुआयामी रिश्ते जिये हैं
वह जब अधिकारी स्वर से घर आने को कहता है
मैं भी बिना कोई ऐतराज़ किये,
कुछ ही देर में
उसके घर का दरवाज़ा खटखटाती हूँ
जल्दी से सीढ़ियाँ उतरता,
दरवाज़ा खोल, बाज़ुओं में ले
ऊपर आने का रास्ता देता है...
उसकी ताजा-तरीन कविताएँ अनुवाद करते हुए
गर्व से भर जाती हूँ–
उसने मुझे इस योग्य जाना
उस समय वह मेरा मालिक
मैं उसकी आनरेरी मुलाजिम लगती हूँ
फिर कभी फ़ोन के दूसरी ओर
मोह-भीगा, बिछोह में लिपटा
बुलावा आता है–
जल्दी से घर के कुछ काम निबटा
कुछ बीच में ही छोड़कर
लगभग एक घण्टे बाद,
हौज़ ख़ास के लिए स्कूटर कर
के-पच्चीस के गेट के पास पहुँचती हूँ
साथ की कोठियों के ड्राइवरों,
नौकरों की आँखों में पहचान की चमक आती है...
किसी-किसी का हाथ सलाम की मुद्रा में

पेशानी को छूता है...
मुस्करा कर जवाब देती
तेज़ी से भीतर दाख़िल होती हूँ...
पहली मंज़िल की घण्टी बजाती हूँ...
सीढ़ियों से वाकिफ़ पदचाप सुनाई देने लगती है...
फ़ैब इंडिया के जोगिया कुर्ते,
सफ़ेद पायजामे में,
सफ़ेद स्पोर्ट्स शूज़ पहने
जानी-पहचानी मुस्कराहट लिए,
रमता जोगी दरवाज़ा खोलता है
उसको देखकर अमृता प्रीतम के उपन्यास की
यह पंक्ति याद आती है
"एक ही ब्रांड की अकीदत आशिक होने की
निशानी है।"
हीर जब से छोड़कर गयी है (सिर्फ़ शारीरिक स्तर पर)
यह शख़्स दुनिया के छल-फ़रेब से निर्लिप्त
अपनी स्लेटी (हीर) की याद में
कभी धूनि रमाये योगी
कभी कान छिदवाये धीदो (रांझा) लगता है
ख़ैर दो सीढ़ियाँ चढ़ती हूँ
इमरोज़ जी के कान्धों पर सिर टिकाती हूँ...
"क्या काम है?"
भोला बादशाह हँस देता है
"कुछ नहीं, यूँ ही बातें करनी थी तेरे साथ?"
हम कई-कई घण्टे
हर विषय पर बात करते हैं–
यूँ बातों का तार रह-रह कर
अमृता से जुड़ जाता है
अगर ताना इमरोज़ है
तब उसका बाना अमृता है
दोनों मिलकर ज़िन्दगी का पहरावा बनते हैं
इमरोज़ उठकर रसोई की ओर जाते हैं
कुछ देर बाद दो लाल मगों में
भाप छोड़ती चाय मेज़ पर रखते हुए,

सामने पड़े डिब्बों के ढक्कन खोलते
बिस्कुट मेरे सामने रखते हैं
(अगर अलका घर हो/वह काले चनों के/
अति-स्वादिष्ट सूप से भरे गिलास/
हमारे सामने रखती/कभी हमारी बातों में
शामिल होती/कभी किरायेदारों की
समस्याएँ सुलझाने लगती है।)

अब हम अपने भीतर का अकेलापन बाँटते हैं
उस समय इमरोज़ की उम्र के
कई वर्ष उनसे झड़ जाते हैं
नहीं, शायद मेरी उम्र में
तीन दशक जुड़ जाते हैं
इस वक़्त वह मेरा हम उम्र
सुच्चम-सुच्चा बाल-सखा लगता है
कुछ दिन हुए देविन्द्र, जसवीर इंडिया आयीं
तब उनसे मिलने के लिए
होटल के कमरे में जाते ही
देविन्द्र इमरोज़ को देख कहने लगी
"इतनी देर बाद देखा है अमिया को
इसकी हँसी नहीं बदली
वैसी-की-वैसी खिली-खिली"
तब वह पिता वाला फ़ख़्र महसूस करते हुए
कहता है
"यह तो देविन्द्र
पैदा होते वक़्त भी रोई नहीं,
हँसी थी...
बाद में भी हँसती ही रही है...
मैं लाडली बेटी वाले नख़राये स्वर में कहती हूँ
नहीं, इमरोज़ जी, भूल रहे हैं
मैं तो बाल-उम्र में बहुत रोदूँ थी
हँसी तो शायद ही कभी होंठों पर आयी हो
अगर अमृतसर सुभाग (इमरोज़ की छोटी बहन) के घर
नहाते हुए मुझ से नल टूट गया

सुभाग से दो बार कहा क्या गया
हाय ! शाम तलक मिस्त्री ने भी नहीं आना
अमिया ने नल तोड़ दिया...अब पानी सारा...
तब वह मेरा जनक
मेरे कान्धे पर हाथ रख मेरा पक्ष लेता है...
"सुभाग, तेरा नल पहले ही कमज़ोर होगा
इल्ज़ाम हमारी लड़की पर लगाती है..."
पिता से यह कब बर्दाश्त होता है,
उसकी बेटी को कोई अच्छा-बुरा कहे
चाहे कहने वाली उसकी सगी बहन ही क्यों न हो
फिर कभी अमृता, ओशो या अपनी किसी किताब पर
"मेरी और अमृता की साझी बिटिया अमिया
कुँअर के लिए"
लिख कर वह मेरे हाथों पर रखता है
इस क़ीमती तोहफ़े को पेशानी से लगाती हूँ–
फिर कभी वह जिस गिलास से मैंने पानी का घूँट पिया
पानी के उस गिलास को (मेरे टोकने पर भी)
यह कहकर सहज ही होंठों से लगा लेता है
"बेटियों का जूठा नहीं होता"
उस वक़्त धर्मी बाबुल के सदके-
सदके जाती हूँ
यह मेरा दरवेश पिता
जब कहीं बाहर जाता है
कुर्ते की जेब में
रूपए सँभालने के लिए
चमड़े का बटुआ न रख
सफ़ेद काग़ज़ी लिफ़ाफ़ा रखता है
इस लिफ़ाफ़े के बाहर
एड्रेस वाली जगह पर
अलका (बहू), अमिया कुँअर (बेटी)
शिल्पी और अमन (पोती-पोती) के मोबाइल नम्बर
एहतियातन लिख लेता है–
जब वह लिफ़ाफ़ा पुराना और खस्ताहाल
हो जाता है
वह काग़ज़ का नया बटुआ बना लेता है

उस पर फिर से
इन चार-पाँच नम्बरों को उतार लेता है
अगर मैं कभी कोई तस्वीर,
किताब या कोई और ज़रूरत की चीज़
झिझकते-झिझकते माँगती हूँ...
वह मुझे बाजू से पकड़,
रसोई के साथ की दीवार पर बने ब्लैक
बोर्ड के पास ले जाकर
उसकी और उँगली से सैनत कर
पढ़ने के लिए कहता है
जहाँ उसने कैलीग्राफ़ी में लिखा है...
Every thing you love is yours."
ऐसे वक़्त वह अकसर
अमृता को मेरी शिकायत कर कहता है–
देख ! अमिया कितना झिझकती है
इसे समझा यह इसका ससुराल नहीं
मायका है...
(फिर मेरी ओर देख, कहने लगता है–)
जो चाहिए
उसके लिए इजाज़त न माँग,
जो दिल करे,
हक़ से, बिना पूछे उठा ले...
क्या दुनिया में कोई और ऐसा बाप है...?
मेरा यह पिता अपनी मिसाल आप है...
पटियाला दूरदर्शन से दो हज़ार रुपये क्या मिले
उसमें और रुपये डाल
घर की औरतों (बहू, बेटी, पोती और मेरे लिए)
चार फुल्कारियाँ ख़रीद लाया...
पंजाबी अकादमी, दिल्ली ने 'जश्न जारी है...' पर
21 हज़ार रुपये का इनाम क्या दिया
यह फ़क़ीर बादशाह हो गया
कुछ घण्टों के लिए
टैक्सी बुक कराई–

अमिया को फ़ोन किया
कुछ ही देर में बाप-बेटी शाही अंदाज़ में
इनाम लेने के लिए
पंजाबी अकादमी की ओर से तय की
जगह की ओर रवाना हुए...
रास्ते में छोटी-छोटी बातें होती रही
बातों-बातों में ही
इमरोज़ बेसाख़्ता कह उठे–
यह इनाम तो अमिया का है
मेरा तो यूँ ही नाम हो गया है
21 हज़ार का चेक कैश होते ही
10 हज़ार का कैमरा,
चार-पाँच हज़ार के मौसमी फूलों के पौधे
(जिनकी बहार की उम्र मुश्किल से दो-तीन महीनों की...)
चार हज़ार के एक ही रंग के
(कोई हल्का, गहरा, कोई फ़ीका)
एक जैसे फ़ैब इंडिया के कुर्ते-पायजामे ले आया–
बाक़ी के बचते पैसे
घर की रसोई भर गये
उसे जेब में ज़्यादा रुपये अच्छे नहीं लगते
वह तो अमृता की इन सतरों पर यक़ीन
रखता है–
"जोई कमाना सोई खाना
न कोई ज़रा सा कल का बचा
न कोई ज़रा भी अगले दिन के लिए..."
अठारह बरस की उम्र से ही
उसने अपना ख़र्च ख़ुद कमाया है
वह अपनी कमाई के अलावा
किसी के छोटे पैसे का भी रवादार नहीं
वह चाहे अमृता ही क्यों न हो
(पहले किचन-ख़र्च अमृता-इमरोज़ का साझा
होता था, अब यह ख़र्च अलका-इमरोज़ का
साझा हो गया है।)

याद आता है
जब कभी अमृता जी को लगता
इन दिनों उनके ईमा को
काम कम मिला है...
वह ख़ामोशी से उसकी जेब में
कुछ रुपये रख देती...
इमरोज़ की जेब में
वह रुपये, कुछ दिन
बिना खड़-खड़ किये
बिना ख़र्च हुए
होंठ दबाये, कान लपेटे पड़े रहते
अपने किसी काम से पैसे आने पर
जेब में पड़ी उधारी रक़म
फिर से अमृता के दराज़ में रख
यह फ़क़ीर मुक्ति की साँस लेता
आज जब कोई कहता है–
सुना है उसका गुज़ारा मुश्किल है...
इमरोज़ का यह शाही ख़र्च
इस कथन पर लकीर खींचता है
लोग कहते हैं–
अमृता ने इमरोज़ को सड़क पर ला दिया है
जायदाद सम्बन्धी वसीयत
अमृता की नहीं; इमरोज़ की मर्ज़ी थी
इमरोज़ ने तो जद्दी जायदाद पर भी हक़ नहीं रखा
जो चीज़ उसकी कमाई नहीं
उस पर वह अपने नाम का चाहवान नहीं
फिर अमृता की जायदाद का वह क्या करता
उसने तो अमृता कमाई है
वही उसकी जायदाद है
अमृता-प्रशंसक कहते हैं
अमृता जैसी घटना सदियों के बाद होती हैं
मैं कहती हूँ
इमरोज़ जैसी घटना तो सिर्फ़
एक ही बार घटित हुई है...

मैं नहीं जानती
वे कौन-सी औरतें हैं
जो अमृता होना चाहती हैं–
पर मैं जानती हूँ
बहुत सारी लड़कियाँ
इमरोज़ जैसा साथ चाहती हैं
हसरत में भर कर कहती है
"हमें कोई इमरोज़ नहीं मिलता"
वह चाहे हिन्दी की शायरा कमल कुमार हो
या हिस्टरी पढ़ाती शालिनी नारंग
हाँ, यह अमिया कुँअर की हसरत नहीं
वह बख़ूबी जानती है...
इमरोज़ एक ही है
उसके जैसा रब ने कोई और नहीं बनाया...
यह इमरोज़ सिर्फ़ अमृता के नसीब में है
जैसा कि जब कभी मैं उन्हें
इन लड़कियों की चाहत बताती हूँ
वह हँस देता है, यह कह कर
उसके लिए अमृता भी होना पड़ता है
पर मुकमल मर्द के इस रूप को मनफ़ी कर
अमिया को उसका हर रूप देखने को मिला है
यही अमिया की सबसे बड़ी ख़ुशनसीबी है...

किसी उत्सव-त्योहार पर
मेरे जन्मदिवस पर
उसकी ओर से दिये गये तोहफ़े,
उसके लाये केक
उसके चेहरे की ओमी मुस्कान
दिलो-दिमाग़ तृप्त कर देती है...
सुकून देती है, उल्लास से भर देती है
मेरे जैसी अदना शख़्सियत को
जब वह इतना ऊँचा दर्जा देता है
तब इस अपने इस शान्ता कलास के लिए
दिल शुक्राने से भर जाता है।

अगर कभी किसी मित्र के भूल जाने का
शिकवा करूँ,
ग़ुस्सा होऊँ या उदास होऊँ,
विरह में डूबूँ
वह हँसकर नसीहत करता है
"अमिया, किसी से उम्मीद रखना
दुखों को निमन्त्रण देना है
किसी भी तरह की उम्मीद लगाना
चिन्ता की आमद है
अगर वह मित्र फिर से लौट आये
झप्पी डाले, तुम भी डाल लो
अगर हाथ छुड़ा ले, अपने हाथ झाड़ लो
जैसे कुछ हुआ ही नहीं..."

उस समय यह मेरा फ़क़ीर बन्दा
बोधि वृक्ष के नीचे बैठा
मुक्ति का रास्ता दिखाता
ज्ञान का पुंज गौतम बुद्ध लगता है

कभी-कभी मैं उसके सामने
अपना आपा खँगालती हूँ
अपनी ग़लतियों, नाकामियों,
कमज़ोरियों पर रोती हूँ
ख़ुद को चर्च के इक़बालिया कमरे में
खड़ी हुई महसूस करती हूँ
उस समय वह मेरा फ़ादर मसीहा बन
मेरे सिर पर हाथ रख मुझे धैर्य बँधाता
एहसासे ज़ुर्म से राहत दिलाता है

ज़िन्दगी जीने का ढब
शख़्सियत सार्थक करने का ढंग
उसी से सीखा है, उसी से जाना है
मुश्किल के वक़्त मेरे लड़खड़ाते क़दम
उसी ने मज़बूत किये हैं

उसी के सदके
ज़िन्दगी को सहज हो जिया है
आज अगर मैं हर दुःख-तकलीफ़
हिम्मत से बर्दाश्त करती हूँ
हर मुश्किल का भव सागर
बेख़ौफ़ हो पार करती हूँ
न तो किसी तंगी-तुर्शी का
सामना करने से डरती हूँ
दोस्तों, यह सब उसी के सहारे
उसी की टेक लेकर करती हूँ...

सच जानिए, मेरी बरकते भी ऐसी थी
मेरा साईं लोक भी किसी से कम नहीं
मैं ख़ुद इनके पद चिह्नों पर
चलने की हिम्मत कर रही
नहीं सच, अपनी राह आप तलाश रही
यही मेरी अमृता अम्मी की ख़्वाहिश थी
यही मेरे इमरोज़ अब्बू की नसीहत है
सच कहती हूँ मैं
यह कोरी भावुकता नहीं
नज़दीक से जानी
दो सत्यों की मिश्रित हक़ीक़त है...

रंगों को तरसती कैनवस–इमरोज़ चित्रकार

–अवतारजीत अटवाल

वह अकसर ही कहता
जब आप ज़िन्दगी के रंगों में
कला के सातों रंग मिला दोगे
तो आप ख़ुद भी ख़ुदा हो सकते हो
कण से किताब हो सकता है
आपका हर काशनी पल

....और आज बह गया है रंगों का कोलाज़
वह अपने शीर्षक को तरसता
मुख्य पृष्ठ
समर्पण का इन्तज़ार करता
पहला और अन्तिम अध्याय
ज़िन्दगी की किताब का
अचानक यूँ ही अपने चेहरे पर
बाज़ार के शोर को सजाकर चलता
अपने भीतर से मिट्टी की तासीर जितना
मौन होता

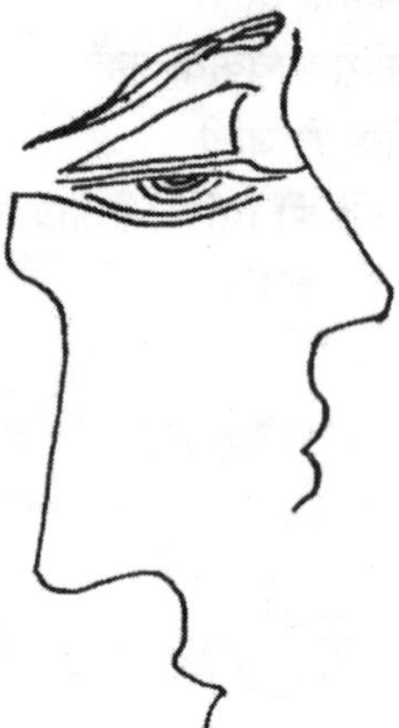

अपने मस्तक के बेपनाह
असीम पानियों की
अथाह नीलिमा में तैरता
किनारों की प्यास और रेत से संवाद करता रहा
वह कैनवस और अक्षरों के आस्मान पर
सात रंगी पेंग की तरह फैलता हुआ भी

कभी किसी रंग की रमज़
या किसी
पूर्ण वाक्य की ज़हनियत में
शामिल नहीं हुआ

कभी-कभी वह
अपने भीतर की सैरगाह में
फूलों को निहारता मिलेगा
पर पैर उसके
जंगल की परवाज़ ले रहे होते

कभी वह
हादसों को लतीफ़े समझता
अपने ही ख़ून की
किसी सुर्ख़ शरारत में दम तोड़ रहा होगा

कभी-कभी लगता–
नज़्म की कैनवस पर
बिखरे सातों के सातों रंग
उसके अपने हैं
पर जाने क्यूँ
रंगों से अक्समात
काली लकीर, सुर्ख़ चीख़
तलाशता-तलाशता पर्त-दर-पर्त
अपने ड्राईंग-रूम के पोस्टर कैलेंडर में से
मनफ़ी होता चला जायेगा
एक साँवली-सी नदी
जो उसकी साँसों से भी क़रीब पास-पास होकर बहती
तपिश की उस नदी के भीतर
अपनी लाश की प्यास के शिखर तक डूब जाये

एक नदी होती बंजर साँसों में बहती
एक बरेता होता कण-कण झड़ता

हर हाल में उसकी अपनी दीवारों में
पूरी-की-पूरी शिरकत होती
पर सालम-सम्पूर्ण वह
अपने ही भीतर क़दमों में चिन गया दिखता
कभी वह अपनी पगड़ी के छोर में
शिखर दोपहर जैसा मौसम सजा कर चलता
ममता मोहब्बत और शायरी पहन कर
पाजेब की बोली में कहता—मैं रंगों का शैदाई
"देखो आज मैं कितना पूरा हूँ"
अक्षरों की पहन कर ख़ुदाई

आप देखेंगे अगले ही पल वह
जगह-जगह बिखर गये
शिलालेख पर बोलती इबारत की तरह अधूरा
अक्षरों की जुदाई
रंगों की परछाई
पास-पास उसके
सैरगाहों का शोर
हर हाल में वह
अपने भीतर की दीवारों में
शामिल होते हुए भी
अकसर ग़ैर-हाज़िर रहता
सब रंग-सात रंग
वह सात रंगों से बिछुड़ा
ज़िन्दगी का उदास रंग

कैनवस पर
पूरा-का-पूरा बिखर कर भी
भीतर के अपने चित्रों से भी अधूरा कोलाज़
उसने अपनी बेतरतीबियों से
रेखाएँ, स्केच बनाये
अपने आपको परिपूर्ण किया—

परिपूर्ण होते हुए अकसर कहता
ज़िन्दगी के रंगों में
कला के सात रंग मिला कर देखो
तुम ख़ुद से ख़ुदा बन जाओगे
...और आज रंग बन गया है
रंगों में झलकता एक उदास रंग
...और आज अचानक बिखर गया है
सात रंगों का कोलाज़
जो कैनवस के कलावे में नहीं आता

जुनून की भी कोई हद होती है
यार इमरोज़ !!!

इमरोज़ हो जाने के मायने

–मक्खन मान

मेरे भीतर पहले दिन से ही
इमरोज़ बैठा हुआ था
जब तुम्हें देखा था, पा लिया था
यह तू ही था, या तेरा सफ़र
मुझ से शुरू होता, अन्तराल बनाता
दूरी पर खड़ी होकर तू पता नहीं क्या सोचती
अमृता प्रीतम !! हाँ हाँ
तुम अमृता प्रीतम ही बनी रही
इमरोज़ तो साधना था
तपस्या था
भक्ति था
ख़ुशबू था
कायनात था
जो खिला रहा हमेशा अमृता के मन-आँगन

अमृता तो माया थी
लीला थी
ख़ामोशी में लिखा ख़ाली पन्ना थी
इमरोज़ ने पढ़ लिया था जाने कैसे
काल धड़क उठे
इस जन्म
इस धरती पर
कुछ तो लिख
पृष्ठ की आँखों में साहिर था...

इमरोज़ की सीमा थी
कुछ डोटस थे
सीने में सूराख़ थे
पर खण्डित आत्मा कहीं भी नहीं थी
यह कोरा पृष्ठ इमरोज़ की सभ्यता थी
फ्रीज की हुई आस्था थी
नागमणि के मुख्य पृष्ठ और अन्तिम पृष्ठ पर
उसके भीतर बाहर
जहाँ कहीं भी कोना ख़ाली दिखता
कैली-ग्राफ़ी थी
अँगूठे की रेखाओं में दृष्टि थी
दार्शनिक चेहरे थे
पाक मोहब्बत थी

बात चली थी इमरोज़ के चले जाने के बाद
मलंग, फ़क़ीर, जुनूनी
मोहब्बत का मोजस्समा
विश्वास
जज़्बा
दरिया था या था सागर
जो अमृता के भीतर-ही-भीतर कहीं बहता
मैंने कई बार उसे अपने भीतर देखा था
वह मेरे ख़्यालों में घूमता आकार था, समय था
जो तुम्हारी दिशा में फैल गया
ज़मीन के रंग बदल गये
तेरी ख़ामोशी दुविधा में घिसर कर आवाज़
पैदा करती
मेरी कथा का गुमनाम नायक
तेरी कथा की हर पर्त अन्दर बस कर, रस कर
एक्स्ट्रा आर्डिनरी हो जाना चाहता

मैं इमरोज़ नहीं था
इमरोज़ जैसा ख़्याल

तुम्हें प्यार करता, छूने से झिझकता
तेरे आभामण्डल में घूमता
चाय का कप लिए रात के अन्तिम पहर में
तेरे जागने की प्रतीक्षा करता
अर्द्ध-सुप्त सोचता हूँ
मैं तो चौबीस घण्टे तेरे सफ़र में था
इस एहसास को
डिफाइन नहीं कर सकता,
जस्टीफाई भी नहीं
यह शून्य हो जाने का कैसा शाप है
तू बरसों बाद अमृता से इमरोज़ होकर भी
खेलने की पिच तलाश रही है
मैं तेरे मन के ख़ाने में बैठा इमरोज़ हूँ
अमृता के ख़्याल में बसा सालम जुनून !

इमरोज़ उर्फ़ जैक लन्दन

–मोहनजीत

रेखाओं-रंगों की धूप-छाया

जैक लन्दन का घर जल रहा था–
वह हँस रहा था
किसी ने पूछा, "भले मानुष ! घर जल रहा है,
तू हँस रहा है?"
कहने लगा–"इसलिए कि मैं जलाने वालों में नहीं"
यह बात वह अकसर सुनाया करता
इतनी बार कि हम उसे जैक लन्दन कहने
लगे थे
दीद[1] जब भी आता,
कहता, "चल जैक लन्दन को मिलें"
मेरे होंठों से निकलता–कल चलेंगे
तेरा मतलब है बाक़ी का भी जल जाये !
उसकी आवाज़ तंज़ में लगती

वहाँ जाते–
जैक हँस रहा होता
एक बार मिलकर आये तो कहने लगा :
"तू होता तो क्या करता?"
कहा, "बॉलकनी से धड़ाम नीचे"
कहने लगा, "तू भी होंठों की झपट लेता है"
वापसी पर वह भी चुप होता, मैं भी

1. पंजाबी शायर जसवन्त दीद

जब भी गये
ख़ामोशी की भी साझ बनी
डिज़ाइन बनाता
चाय को उबाला दिलाता या सब्ज़ी को
छौंक लगाता
देख कर मन्द-मन्द मुस्कुराता
उसके कमरे में जब जाते
धीमा संगीत रूह को सरशार करता

बेगम अख़्तर, कभी बुल्ले शाह
बोलने लगता तो अचानक घण्टी बजती
वज़द टूटता
नाटक शिखर से पहले ख़त्म हो जाता

दीद डिसप्रिन माँगता
उसे कहता–टिकिया से सिर दर्द दूर
होता है कभी?

जाने इमरोज़ की लिव कैसी थी
रंग लगाते-लगाते रसोई या मार्केट को चल देता
रंग उसका रास्ता देखते,
रेखाएँ प्रतीक्षित रहतीं
आकर
फिर शुरू करता
वहाँ से ही जहाँ छोड़कर गया था
सोचता–रंग और रेखाएँ इसके ख़ून में हैं
नहीं तो घण्टी, रसोई और फ़ोटो कॉपियों में
खोया व्यक्ति
इन्सान तो हो सकता है सृजक नहीं

चित्रकला की बात चलती तो कहता,
"ड्राईंग के बिना ऊल-जलूल तो हो सकता है
पेंटिंग नहीं
हुसैन के घोड़े देख लो !

मजाल है कोई इधर से उधर हो जाये"
बलदेव शर्मा कहता :
"ख़ालिस रंग लगाने की यह उस्तादी
दुनिया में कहीं-कही है
रंगों का पैशन है, इस कमबख़्त के पास"
कई बार उसे कहता :
"बाहर निकल, नुमाइश लगा,
नये काम को लोग देखें"
जवाब में कहता, जिसे चाहना होगी
ख़ुद-ब-ख़ुद आयेगा !
"व्यवहार और मलंगी दो अलग-अलग
चीज़ें हैं" मैं बहसता
पर वह नहीं मानता
तभी तो उसकी कृतियाँ एक जैसी हैं
भिन्नता ताज़ी हवा माँगती है
नया मौसम
नयी सुबह-शाम
नया गिर्दो-निवा

दरअसल वह जिस जादुई क़िले में
रहता था
उसके किवाड़ बाहर को नहीं,
भीतर को खुलते थे
और भीतर से एक ही आवाज़ गूँजती थी;
अमृता की आवाज़

अमृता उसका इष्ट थी
वह नाच-नाचकर यार मना रहा था
अब जब फ़सील टूटी है
बाहर अन्दर में घुल गया है
नृत्य रुक गया है

आधी से अधिक रात बीत गयी है
मौन की शूकती नदी...
जैक कुर्सी पर बैठा है
जो भी रेखा खींचता है–
ख़ास चेहरा बनता है
दूर कहीं से हूक सुनाई देती है–
बहुड़ीं वे तबीबा मेरी ज़िंद गयी आ...

मजलिस रंग जमाये बैठी है
देविन्द्र कौर, शान्ति देव, स्वराजबीर
देवनीत, गुरप्रीत, अमिया
एक ओर जैक
पूछता हूँ–बता देविन्द्र लन्दन बीबी !
क्या समर्पण भावों की भरपूरता है?
इसमें समझ का कितना दख़ल है?
प्यार में क़ब्ज़ा कौन-सा पड़ाव है?

लन्दन बीबी कैमरा क्लिक करती है
दीद ख़ुश्क होंठों पर जीभ फेरता है
स्वराज इतिहास के रू-ब-रू है।
शान्ति देव संघोल का स्वरूप देखता है
'बेड़ियों का पुल' हिल रहा है।
अचानक पटियाला से आया
सुरिन्द्र शर्मा का लतीफ़ा गूँजता है
बहस रुकती है

जैक उनमें से है जो कोई अधिकार
संरक्षित नहीं रखते
या शायद एक ही हक़ रंग और रेखाएँ–
जो दिया–लिया नहीं जाता
वह गाँव से चला
सादा
ख़रा (खालिस)

नकोर (नया)
और महानगर में घुल गया
जैसे रंग लकीरों में घुलता है
ख़ुशबू हवा में
श्वास नाभि में
और माहौल बन गया
ऐसा माहौल
जो और कहीं न हो—अनोखा, अकेला,
अपने जैसा

एक दिन बात चली
पूछा :
अमृता के दोस्त-मित्र क्या चाहते थे?
ख़ुशवन्त, फैज़, धूसवाँ, मुल्कराज आनन्द
और और...
कहने लगा—चाहते थे आलिंगन करना
अधिक-से-अधिक चेहरा चूमना
और क्या चाहना था
समुद्र किनारे मैं पत्थर पर बैठा
कुदरत के रंग निहारता
वे अमृता को निहारते

"अमृता को यह सब कैसा लगता?" पूछता
"प्रशंसा इन्सान को अन्धा कर देती है,
शायर !
और अगर ग्लैमर भी हो" वह कहता।
तू क्या सोचता है, इमरोज़?
"मैंने रूह का खेल खेला है मोहन जीत !"
हूक फिर सुनाई देती है...
तेरे इश्क नचाया कर थईया-भईया...

एक दरगाह थी
ज़्यारत के लिए आया तो वापस नहीं
जाया गया

दरगाह में परी थी
बोलती तो जलतरंग बजते
हँसती तो दिन उगता
चलती तो हवा चलती
चुप होती तो दिन ढलता

परी उड़ी तो साधक का मौन टूटा
मौन टूटा तो सालों के साल
काव्य-चश्मा बन कर बह गये
प्रत्यक्ष और अप्रत्यक्ष
स्मृतियाँ और सपने
शब्दों की रंग-लीला

चेहरा वही है
अक्षरों वाली परी का चेहरा

इमरोज़ के साथ साक्षात्कार

इन्द्रजीत 'इमरोज़' से बातचीत

–डॉ. अफरोज़ ताज

मनदीप सिंह मनू ने एक वीडियो भेजी है। खोलकर देखा तो इमरोज़ जी के साथ डॉ. अफरोज़ ताज का इंटरव्यू बहुत ख़ूबसूरत अंदाज़ से प्रस्तुत हुआ मिला। उसका आनन्द लेते हुए, इमरोज़ जी की शख़्सियत के कई और दिलचस्प पहलू सामने आये। पूरा इंटरव्यू तो नहीं उसमें से चुनिन्दा बातों का वर्णन कर रही हूँ, क्योंकि दोहराव से भी बचना है, ग़ैर-ज़रूरी या असम्बन्धित बातों से भी परहेज़ करना है। इस इंटरव्यू की शुरुआत होती है–हीर गायन से। डॉ. अफरोज़ ताज इमरोज़ की ओर देखते हुए इस बातचीत की शुरुआत प्यार से भीगे इस आला शेर से करते हैं–

काबे से गरज़ है, न काशी से वास्ता
हम ढूँढ़ने निकले हैं मोहब्बत का रास्ता।

इस मोहब्बत का रास्ता तलाशते उनकी पहुँच होती है, इमरोज़ से, जो है ही मोहब्बत का पर्यायवाची। इमरोज़ अफरोज़ की एक बात के जवाब में कहते हैं कि मुम्बई फ़िल्मों के टाइटल लिखते हुए, बैनर बनाते हुए उनकी मुलाक़ात हुई यूनुस देहलवी से। जो तीन भाइयों में सबसे बड़ा था और 'शमा' मैगजीन का मुख्य सम्पादक था। मैगजीन सम्बन्धी सारे फ़ैसले उसके होते थे। उसे मेरा काम पसन्द आ गया और उसने मुझे 'शमा' की रचनाओं पर जचती तस्वीरें चित्रित करने के लिए नौकरी पर रख लिया। मैं हर कहानी, ग़ज़ल पढ़कर जहाँ जगह ख़ाली दिखती या उनके साथ जचते चित्र के लिए जगह बना चित्रण करता। जब पसन्द आ जाता–यह पसन्द किसी और को नहीं, मुझे ख़ुद को आना होता था। अपना जज मैं ख़ुद था। उन्होंने तो मेरा काम पसन्द कर ही लिया था। सो ! उन्हें दिखाने की ज़रूरत नहीं थी। मैं स्वयं को ओ.के. करता और लेखन के साथ उस स्केच को लगा देता। मेरा काम बहुत पसन्द किया जाने लगा। कई लोगों को तो उर्दू पढ़नी भी नहीं आती थी पर मेरे काम को देखकर मैगजीन ख़रीद लेते। मैंने चार साल वहाँ काम किया। मेरे कहने पर उन्होंने दफ़्तर में रहने के लिए मुझे कमरा भी दे दिया।

एक और बात के जवाब में उन्होंने कहा, "नहीं हमारा कोई बच्चा नहीं। हमने नहीं पैदा किया। अमृता के बच्चे ही हम दोनों के बच्चे हैं। चाहे उन्होंने मुझे इतनी खुलदिली से नहीं अपनाया। उन्होंने यह नहीं देखा कि मैं उनकी माँ को उनके पिता से कहीं अधिक अच्छा लगा होऊँगा। जो माँ ने उसे छोड़ा तो कुछ तो कमी होगी। मानसिक स्तर पर अमृता पति से कब की अलहदा हो चुकी थी

पर तलाक काफ़ी सालों बाद हुआ। नहीं ! हमें किसी क़ानून की ज़रूरत नहीं महसूस हुई। क़ानून सिर्फ़ मर्द औरत को रिश्ते में बाँधता है। वह यह नहीं देखता कि रिश्ता बना भी है या नहीं। तब मैं इतना मैच्योर नहीं था। उसके साथ ने मुझे सयाना किया।" एक और बात पर उन्होंने एक नज़्म को उदाहरण के तौर पर सन्दर्भित करना चाहा। अफरोज़ ने पूछा कि, "क्या यह आपकी नज़्म है?" तब इमरोज़ ने तपाक से जवाब दिया, "मैं हमेशा अपनी नज़्म ही कोट करता हूँ, किसी और की नहीं।"

मैं रंगों से खेलता हूँ
रंग मेरे साथ खेलते हैं

अफ़रोज़ ने उनसे उनकी कविता के बारे में राय माँगी तो उन्होंने कहा, मैं नहीं जानता। यह कविता ही है या स्टेटमेंट। जो भी है, यही है–

अगर ज़रूरतें न होतीं
तो रब की भी ज़रूरत न होती...

अमृता के लेखन के बारे में पूछने पर उन्होंने कहा कि उसका कथानक कहीं से भी ढीला नहीं होता। पूरी तरह गठा हुआ। एकदम कम्पैक्ट !

उन्होंने एक न्यारी बात कही कि "शमा में लगातार छपता क़तील शिफाई उनका बढ़िया दोस्त था। कभी मैं पहले डिजाइन करता, कहता तू इसके मुताबिक इसके साथ फबती हुई ग़ज़ल लिख। कभी वह ग़ज़ल लिख कर मुझे भेजता, इसके अनुसार चित्रण कर। यह सिलसिला चलता रहा।"

अफ़रोज़ ने कहा, "भविष्य में उनका क्या प्लान है?"

इमरोज़ जी ने कहा, "वे कैलीग्राफ़ी की किताब तैयार करना चाहते हैं।"

जितने सहज प्रश्न थे, उतने ही सहज जवाब थे।

ख़्यालों के सियाड़-अमृता प्रीतम

अमृता : इमरोज़ ! हल-पंजाली वाले घराने में पैदा होकर तुमने गुड़ाई के औज़ार पकड़ने की जगह हाथों में रंग और ब्रुश कैसे पकड़ लिए?

इमरोज़ : यह भी हल ही चला रहा था-ख़्यालों की ज़मीन का। बचपन में भी घर में हर वक़्त ड्राईंग करता रहता था, हालाँकि स्कूल में ड्राईंग नहीं थी। यह ठीक है कि शुरू में जिन चीज़ों की भी ड्राईंग की, वह खेतों और हल-पंजाली के साथ ही सम्बन्ध रखती थीं।

अमृता : आप औरत की ड्राईंग के माहिर हो, क्या औरत का तसव्वुर खेतों में भत्ता (खाना) लेकर जाने वाली औरत का था?

इमरोज़ : नहीं, जब हल-पंजालियों की ड्राईंग करता था, तब औरत की ड्राईंग नहीं करता था। हल-पंजाली मेरा सपना कभी नहीं थे-वे सिर्फ़ आब्जेक्ट थे।

अमृता : सब कलाकार यथार्थ की तशरीह अलग-अलग तरह से करते हैं। यथार्थ को बहुत न्यारे कोण से देखने का नाम भी यथार्थ होता है। यथार्थ में से फिर से यथार्थ का निर्माण भी यथार्थ होता है। कई लोगों के लिए एबस्टरेक्शन भी उनका यथार्थ होती है। और कई लोगों के लिए किसी कल्पना का रंगों से लकीरों में तर्जुमा भी यथार्थ होता है। इमरोज़ ! आप यथार्थ की तशरीह कैसे करते हो?

इमरोज़ : मेरे अनुसार हर यथार्थ एक नये यथार्थ को जन्म देता है। यह शायद सामान्य आँख की पकड़ में नहीं आता, पर इसे कलाकार की नज़र ज़रूर पहचान लेती है। यह बिल्कुल इस तरह है जैसे किसी फिलासफ़र को आज में से कल भी नज़र आ जाता है। यहाँ मैं पाब्लो पिकासो के 'बुल'ज़ हैड' का उदाहरण दे सकता हूँ-एक ट्राईसाइकिल का हैंडिल है, और एक उसकी गद्दी, उसने गद्दी को हैंडिल के बीच में लटका कर, बैल के सिर का आकार बना दिया। ट्राईसाइकिल के यथार्थ में से उसने बैल के सिर का यथार्थ निकाल लिया। यह तख़्यिल का सफ़र है।

अमृता : सो बाहरी वस्तुओं से जब भीतरी नज़र मिलती है, तब कई नये आकार जन्म लेते हैं, नये यथार्थ। पर यह बताओ कि आप अपनी कला के दर्शन को क्या एहसास देना चाहते हो। ख़ूबसूरत ठहरे पलों के चाँद का या हरकत की बेचैनी का?

इमरोज़ : हरकत की और सोच की बेचैनी का।

अमृता : कैनवस को रंगों से हाथों के सामने रखने से पहले आप पेंसिल-स्केच बनाते हो कि सिर्फ़ ज़ेहनी स्केच?

इमरोज़ : दोनों !

अमृता : अमेरिकन चित्रकार ईवान अलब्राइट अपनी एक पेंटिंग पर बीस साल काम करता रहा था, और उसके शब्दों में यह सारी दुनिया की यात्रा थी, क्या आपको भी किसी एक पेंटिंग ने इस तरह कई वर्ष क़ब्ज़ाये रखा है?

इमरोज़ : औरत की ड्राईंग करते हुए मुझे 30 वर्ष हो गये हैं, मुहारत से मैंने बहुत जल्दी औरत के नयन-नक़्श तो ख़ूबसूरत बना लिये थे, पर उसकी सोच उसके मस्तक में भरते हुए बहुत साल लग गए। सैकड़ों तस्वीरें बनाकर भी मैं औरत के चित्र को 'एक चित्र' कह सकता हूँ, जिसके ऊपर मैंने 30 वर्ष लगा दिये हैं, चित्र अब इस वर्ष बना है...

अमृता : कौन सा?

इमरोज़ : मेरे कमरे में सिर्फ़ एक पेंटिंग है, वही।

अमृता : जिसमें एक औरत एक साज़ की सूरत में है और उसका बदन ऐसा, जैसे साज़ की तारें सुर हुई हों।

इमरोज़ : हाँ, वह पेंटिंग सिर्फ़ एक लाइन की पेंटिंग है—औरत, सोच की सूरत में भी, साज़ की सूरत में भी।

अमृता : सो ईमा ! पिछले 30 वर्ष से औरत आपकी कला की थीम है। आपने कभी इन वर्षों में इस थीम की पकड़ से स्वतन्त्र होना नहीं चाहा?

इमरोज़ : मैं इस थीम की पकड़ में नहीं, इसके साथ चल रहा हूँ। हम दोनों चल रहे हैं। हमसफ़र की तरह।

अमृता : कई आर्टिस्टों के ख़्याल में किसी की पोरट्रेट बनाना विवाह करने जैसा होता है। मॉडल के साथ अजीब-सी सांझ पैदा हो जाती है। और पोरट्रेट कभी अच्छी भी बनती है, कभी बुरी भी, जैसे विवाह सफल भी हो सकता है, असफल भी। आपका क्या ख़्याल है?

इमरोज़ : मैंने ज़िन्दगी में सिर्फ़ एक पोरट्रेट बनायी है। एक ही व्यक्ति की और मेरे तजुर्बे में यह विवाह नहीं, इश्क़ है। अब मैं उसे बिना देखे भी उसकी पोरट्रेट बना सकता हूँ।

अमृता : पर इश्क़ भी तो दिव्य विवाह होता है, क्या नहीं?

इमरोज़ : अगर विवाह के साथ दिव्य शब्द लग सकता है, तो बहुत ख़ुशी से इश्क़ को दिव्य विवाह कह लो। फिर यह विवाह भी जहे-किस्मत !

अमृता : कई चित्रकारों के लिए कोई ख़ास रंग बहुत लाडला होता है, कोई इस तरह का रंग जो आपको भी ख़ास आकर्षित करता है। जिस तरह कालडर कहता है कि सुर्ख़ रंग उसको इतना अच्छा लगता है कि उसका दिल करता है—वह हर चीज़ को सुर्ख़ रंग में रंग दे।

इमरोज़ : धूप का रंग मुझ पर इतना छाया रहता है कि मेरा दिल चाहता है–हर चीज़ धूप-रंगी कर दूँ...

अमृता : आपने आज तक अपने चित्रों की एक भी नुमाइश नहीं की, क्यों?

इमरोज़ : दो बातों के लिए नुमाइश की जाती है–एक दूसरों की राय लेने के लिए और दूसरा तस्वीरों को बेचने के लिए। किसी की राय की मुझे ज़रूरत नहीं, फिर मैं नुमाइश क्यों करूँ? वैसे मुझे नुमाइश शब्द पर भी ऐतराज़ है।

अमृता : क्यों?

इमरोज़ : क्योंकि इस शब्द की रूह में हमारी अपनी सभ्यता की रूह नहीं। कोई इन्सान ख़ूबसूरती का मुज्जसमा हो, ख़ुदा की नेमत है, पर उसे शो-केस में खड़ा कर दिया जाये, यह मेरी आँखों को कबूल नहीं होता।

अमृता : पर फिर कला दर्शकों तक कैसे पहुँचे?

इमरोज़ : यह ख़ूबसूरती का करम नहीं कि वह दर्शकों को ढूँढ़ती रहे, यह दर्शकों का करम है कि वह ख़ूबसूरती को ढूँढ़े।

अमृता : जिस तरह संगीतकार अपने साज़ों को पूजा की हद तक आदर देते हैं, साज खोलने से पहले उन्हें प्रणाम करते हैं या साहित्यकार लिखे काग़ज़ों पर पैर नहीं आने देते, इस तरह आपके चित्र-कला के कस्ब में भी अपने रंग-ब्रुशों के लिए ख़ास आदर की कोई रस्म है?

इमरोज़ : माहौल का अदब और काम करने वाली जगह की पाकीज़गी मेरे नज़दीक ज़रूर है, बाक़ी आर्टिस्टों का मुझे ज़्यादा पता नहीं। हाँ, कारीगरों में यह अदब पुश्त-दर-पुश्त चलता आ रहा दिखता है।

1950 की एक बात बताता हूँ–मैं एक आर्टिस्ट के पास काम करता था। कुछ समय बाद मुझे पता चला कि वह वहाँ औरतें लाता है। एक दिन मैंने ख़ुद उसे एक औरत लाते हुए देखा। मुझे अच्छा नहीं लगा, शाम को जाते वक़्त मैंने उस आर्टिस्ट को बहुत अदब से कहा कि वह काम के वक़्त औरतें न लाये। काम के घण्टे काम को अर्पित होने चाहिए, एक मन से। पर उसे मेरी बात समझ नहीं आयी, न मेरा अदब और न काम के स्थान की ओर मेरा नज़रिया। वे औरतें फिर भी आती रहीं। आख़िर हार, मैंने उस आर्टिस्ट को एक दिन सोचने की मोहलत दी, कहा, अगर वे काम के वक़्त आयीं, तो मैं कल से काम पर नहीं आऊँगा। पर उस दिन भी वह औरतों को वहाँ लाया था और मैं फिर दूसरे दिन से काम पर नहीं गया।

अमृता : ज़ेहनी तसुव्वर को बाहर उतारने के लिए आप रंग, कैनवस, लकड़ी, कई तरह की चीज़ों का इस्तेमाल करते हो, कभी इसमें उल्टा तजुर्बा भी हुआ है कि किसी तरह के मैटेरियल ने आपके पास से अपनी ज़रूरत अनुसार किसी आकार की माँग की हो।

इमरोज़ : बिल्कुल हुआ है, मैं जब भी टाइम पीस को देखता था, हमेशा उसमें कुछ ख़ालीपन दिखता था। एक दिन जाने किस तरह मैंने टाइम पीस को देखा और

उसने मुझे। और मैंने उसमें दो वक़्त इकट्ठे कर दिये। एक, जिसका संकेत देने के लिए दो सुइयाँ थीं और दूसरा–एक नज़्म, जिसके अक्षर सुइयों की तरह उसकी सोच की चाल बताते हैं और इस तरह से मैंने उसका ख़ालीपन नज़्म की सोच से भर दिया।

अमृता : यह तजुर्बा सिर्फ़ एक बार हुआ?

इमरोज़ : इससे पहले भी एक बार हुआ था। मैं एक नया कैनवस घर में ला रहा था, रास्ते में उससे कोई चीज़ टकरा गयी और वह एक जगह से थोड़ा सी फट गई। मैंने वह कैनवस एक तरफ़ रख दी। कई दिन उसी जगह पड़ी रही। फिर लगने लगा कि उस कैनवस की फटी हुई जगह रोज़ मेरी ओर देखती है...मुझसे कोई नया वजूद माँगती है। मैंने उस फटी हुई जगह पर पतझड़ का एक पीला पत्ता बना दिया, जो हवा में अकेला उड़ता हुआ बीच में से फट गया हो...बाक़ी सारी कैनवस पर ख़ालीपन और वीरानी पेंट कर दी...

अमृता : पंजाब ने चित्रकला का म्यूज़ियम बनाया है, पंजाब के कलाकारों की कृतियाँ सँभालने के लिए। उसमें आपकी एक भी कलाकृति नहीं, क्यों?

इमरोज़ : संस्था कोई भी हो, उसका करम, कला को प्यार करना नहीं होता, पेट्रोनेस करना होता है। वह कलाकारों को अपना सम्मान नहीं समझतीं, उन्हें सम्मान प्रदान करना चाहती हैं--देना चाहती हैं। बख्शिश की तरह। इसीलिए वह कभी कलाकार के पास चल कर नहीं जातीं, हमेशा चाहती हैं कि कलाकार उनके पास चल कर आये। अफ़सरशाही ख़ुशामद पसन्द होती है, आर्ट-पसन्द नहीं।

अमृता : पर अधिकतर कलाकार संस्थाओं से लिए हुए तमगे और अवार्ड बहुत गर्व से दिखाते हैं...

इमरोज़ : हाँ सम्मान वाला पक्ष तो दिखाते हैं, पर अपमान वाला नहीं। तमगे तो दिखाते हैं, पर यह नहीं बताते कि वह कैसे लिए? वैसे भी–अफ़सरशाही से अपमान करवा कर लिया हुआ सम्मान, सम्मान कैसे हो सकता है? ख़ास कर अपनी नज़र में...

अमृता : कला के आलोचकों के बारे में आपका क्या ख़्याल है?

इमरोज़ : वे अधिकतर गमलों में लगे हुए बरगद हैं–डेढ़ फुटिया कद्दावर चीज़ों के दुश्मन।

अमृता : आर्ट क्रिटिक तो बड़े हाई ब्रो होते हैं...

इमरोज़ : हाँ ! अकसर होते हैं, पर मस्तकरहित हाई ब्रो...

अमृता : आर्टिस्टों की ज़िन्दगी में वक़्ती लगाव बहुत आते हैं–अफेयर्स, यह क्यों होता है। आपकी नज़र में मोहब्बत शब्द का क्या विश्लेषण है?

इमरोज़ : मोहब्बत का अर्थ जब तक सिर्फ़ 'जीत' शब्द में होगा, तब तक यही होता रहेगा। वक़्ती लगाव बार-बार जीतने का क्रम होते हैं। क्योंकि एक बार अर्थ ख़त्म हो जाते हैं। जीती हुई चीज़ मल्कियत हो जाती है–व्यर्थ। मेरे नज़दीक मोहब्बत किसी को जीतना नहीं, किसी को पाना है। जैसे कोई जीतने के बाद जीतने के

कोने में पड़े हुए अपने आपको पाता है, अपने भीतर की सब सम्भावनाओं को तलाश कर, पहचान कर। आर्टिस्ट की मुश्किल यह होती है कि वह ख़ुद महबूब रहना चाहता है, पर औरत को या बीवी बना लेता है या रखैल। उसे महबूब नहीं बनाता। यह नज़र की समस्या है, मेरे नज़दीक मोहब्बत सिर्फ़ नज़र नहीं होती, नुक्ता नज़र होती है, मोहब्बत एक-दूसरे की ज़मीन में उगना होता है, उगना और खिलना...

अमृता : इमरोज़ ! शख़्सियत के विकास को आपने धरती के ज़रखेज-करम के साथ जोड़ा है। यह शायद किसानी नज़रिया है। इस नज़रिये को देखकर सोचती हूँ–अगर हम सभी कलाकार किसानी परिवारों से आते तो शायद कला के साथ कलाकार की शख़्सियत भी निखर जाती–पर यहाँ एक सवाल और उठता है कि दूसरे की ज़मीन में उगना, अगर मैं के उगने की सम्भावना न रहे, तो फिर?

इमरोज़ : मैंने यह कब कहा कि हर ज़मीन में हर बीज उग सकता है और फल सकता है। हर बीज के लिए एक मुनासिब ज़मीन होती है, कोई भी ज़मीन नहीं। मोहब्बत इसी मुनासिब ज़मीन की तलाश का और पहचान का नाम है...

अमृता : मेरा मतलब था जिसे अपने बीज के लिए जरखेज़ धरती समझा हो, पर अगर वह जरखेज़ न निकले तो?

इमरोज़ : फिर वह ज़मीन बदल लें। जिसे ख़ुद के विकास का इश्क़ है। उसे जरखेज़ धरती तलाशनी पड़ेगी। घास-फूस तो कहीं भी उग जाता है। एक सवाल तो यह है–जरखेज़ धरती तलाशने का। यही असल में मोहब्बत की तलाश होती है। और दूसरा बड़ा सवाल है–बीज को साबुत रखने का। शायद इस बात पर कभी किसी ने ग़ौर नहीं किया कि कुछ भी उगाने के लिए साबुत बीज बीजना होता है। बीज के टुकड़े कर दो, तो कोई टुकड़ा नहीं उगता। कलाकार जब छोटे-छोटे अफेयर्स में बँट जाता है, उसका स्वः कभी नहीं उग सकता।

अमृता : मेंटल इंटैरोगेशन के बारे में दुनिया की कई कॉन्फ्रेंस हो चुकी हैं, पर उसे शायद कभी भी इतने सादा शब्दों में परिभाषित नहीं किया गया। आई थैंक यू, फ़ार ऐज़ यू आर ! पर एक सवाल और, तबीयत में कभी आपने कोई बेबसी जैसी चीज़ महसूस की है?

इमरोज़ : काम मेरी बेबसी है।

अमृता : काम हद की बेबसी होता है। वह सच्चे कलाकार की बेबसी है, पर मेरा मतलब था कि आम साधारण चीज़ों में से कोई चीज़ बेबसी का दर्ज़ा ले सकी है?

इमरोज़ : अंगूर ! मुझे मौसम के बढ़िया अंगूर अगर कहीं दिख जायें...

अमृता : फिर मेरा ख़्याल है आदम के नाम के साथ सेब खाने की जो घटना दोहराई जाती है, वह सेब वाली जगह अंगूरों को भी दी जा सकती है...

इमरोज़ : मेरे सम्बन्ध में ज़रूर दी जा सकती है...

अमृता : कला में आधुनिकता के बारे में और कुछ कहना चाहोगे?

इमरोज़ : यह ज़रूर कहना चाहूँगा कि आधुनिकता कला में आने से पहले ज़िन्दगी में आनी चाहिए—जीने की सोच में। वह तब ही कला में स्वभाविक हो सकती है। आज की कला में जो आधुनिकता दिखती है, वह स्वभाविक नहीं—वह बिल्कुल इस तरह है—जैसे कैनवस की जगह मूँज की चारपाई को दीवार पर लटका कर उसकी रस्सी बीच में से तोड़ दी हो और नीचे इस 'पेंटिंग' का नाम लिख दिया हो, 'बॉडी एंड सोल'।

इमरोज़ का ज़ेहनी म्यूज़ियम

–अमृता प्रीतम

? : ईमा ! वृक्ष की एक टहनीनुमा लकड़ी की डण्डी पर, लकड़ी के पत्ते लगाकर, उन पर तारीख़ें लिखना, उन्हें एक कैलेंडर का रूप देना या इस तरह एक सितार को, उसकी चाबियों पर तारीख़ें लिख कर कैलेंडर बनाना, तेरे हुनर का हिस्सा है। कोई शौक़ जैसी आदत है?

ईमा : मेरे लिए किसी शौक़ को और मेरे हुनरी तजुर्बों को अलहदा करना मुमकिन नहीं। मेरा हर शौक़ मेरे हुनर से जुड़ा हुआ है। मेरे शौक़ और काम में अगर कोई फ़ासला है भी, तो न होने जैसा। घड़ियों के डायल बदल कर उनकी सुइयाँ निकाल कर अपनी पसन्द के शेर लिखे हैं, पर यह शौक़ नहीं। मेरी सामर्थ्य में इतना ही था, मैंने कर लिया, पर काम के तौर पर मैं चाहता हूँ कि किसी क्लॉक का घण्टा बजता है, ईजाद इस तरह की हो कि घण्टे की जगह हर बार किसी शेर की आवाज़ आये या डायल पर शेर बदल जाये। तकनीकी तौर पर इसे हक़ीक़त बना सकना मेरे वश में नहीं, इसलिए, नयी घड़ी ख़रीद कर, नया शेर लिख लेता हूँ...

? : ये चीज़ें हमारे घर में नुमायाँ हैं। कोई इनके अलावा शुगल जैसा शौक़?

ईमा : वह मेरा ज़हनी म्यूज़ियम है, जिसमें विरासत की तरह हर कलाकृति सँभाली हुई है। उदाहरण के लिए अब जब घर में रंगीन टाइलें लगाने लगे, मैंने उन्हें ऊँची-नीची करके, समतल और उभरी हुई करके, किसी जगह माचिस की डिब्बी रखने की जगह बनायी है, किसी जगह चाकू रखने की, किसी जगह मोमबत्ती रखने की या प्रेशर कुकर की सीटी रखने की, तब उस समय मेरे ज़ेहन में मेरी माँ का वह चौका मौजूद था जिसमें मिट्टी की चापड़ियाँ लगी होती थीं, मोरों और फ़ाख़्ताओं के साथ सजी हुई जाली। यह आज का चौका, उसी पुराने चौके की नयी सूरत है। इस तरह, ज़ेहन के म्यूज़ियम में–मैंने कई पुरानी कला कृतियाँ सँभाली हुई हैं, उन्हें स्मृति में से चुन-चुन कर ज़ेहन में रखना मेरा शौक़ कहा जा सकता है...

? : कइयों के शुगल में सिर्फ़ ख़ाली समय के शौक़ होते हैं...

ईमा : होते होंगे, जिनके पास ख़ाली समय होता होगा। पर रोटी कमाने वाले काम के बाद मेरे पास जो वक़्त होता है, वही समय किसी नये तुजुर्बे के लिए होता है, जिसे मैं काम वाले समय से भी बढ़कर क्रिएटिव समझता हूँ। इस समय में मैंने कविताओं के लैंप शेड भी बनाये हैं, दीवारें और दरवाज़े कविताओं के साथ चित्रित किये हैं या घर में इस्तेमाल होने वाली हर चीज़ को नयी सूरत दी है। यही चीज़ें जो मशीनी मदद में से गुज़र सकती हैं, ईज़ाद का हिस्सा हो जाती हैं। पर मशीनें और कारख़ाने लगाने मेरे वश की बात नहीं, सिर्फ़ मेरी सोच मेरे वश में है। इसलिए सब कुछ सोच तक महदूद है, वश में सिर्फ़ इतना होता है कि अपनी पसन्दीदा किताबों के अगर मुझे कवर डिजाइन पसन्द न आयें, तो मैं अपनी कापी के लिए नये डिजाइन बना कर हर एक को ज़िल्द पर चढ़ा देता हूँ। इसी तरह पसन्द के गीतों, ग़ज़लों के हर रिकॉर्ड पर।

? : जेहनी म्यूज़ियम में और क्या-क्या सँभाला हुआ है?

ईमा : ख़ूबसूरती और सजावट का हर पहलू। चाहे वह कभी मैंने अपने गाँव में फ़सल कटाई की दराती को लगे कोकों की सूरत में देखा हो और चाहे पेरिस के एक शो केस में लगे किसी लैंप-शेड की सूरत में। पर सजावट के बारे में मेरा ज़ेहनी तकाज़ा है कि वह जिस घर में हो, ज़िन्दगी का हिस्सा बन कर हो, घर की सोच का अंग बनकर। मांस के बेशक्ल ढेर में पड़े हुए वीनस के बुत की तरह नहीं।

इमरोज़ चित्रकार से सात सवाल

–अमृता प्रीतम

? : ज़िन्दगी और कला को आप दो अलग-अलग हक़ीकत समझते हैं या एक?

ईमा : मेरी नज़र में–आज की मिट्टी में चिन्तन का बीज डालकर, उसे कल के सूर्य की धूप लगवा सकना कला है। दूसरे शब्दों में ज़िन्दगी एक कला बिन्दु है और कला उस बिन्दु का विस्तार ! यह सवाल ही नहीं पैदा होता कि ज़िन्दगी और कला दो अलग-अलग हक़ीक़तें होती हैं। ज़िन्दगी एक धरती है और कला धरती की उर्वरता। यह भी कह सकता हूँ कि ज़िन्दगी पानी है और कला उसकी रवानी। हमारे प्राचीन फलसफ़े के अनुसार जो शिव शक्ति का तख़्यिल है, वही मेरी नज़र में ज़िन्दगी और कला का।

ज़िन्दगी आँख है और कला उसकी नज़र और नुक्ता नज़र।

मैं तो इन्सान की ज़ात को भी उसके करम और काम (पेशा) के मुताबिक समझता हूँ। मेरी नज़र में एक चित्रकार की ज़ात उसका रंग होती है। एक शायर या अदीब की ज़ात उसके अक्षर, एक संगीतकार की ज़ात उसके सुर।

इस तरह अगर हर एक का कस्ब उसकी ज़ात हो जाये, तब कस्ब का ईमान उसका मज़हब हो जायेगा।

? : कला और क्राफ़्ट की तशरीह करेंगे?

ईमा : मेरी नज़र में एहसास की अमीरी वह दूध है, जिसे सिर्फ़ तख़्यिल की जाग लगती है। इसी तख़्यिल का नाम कला है और उसे बिलौने का कर्म एक क्राफ़्ट है। बड़ा अहम कर्म, पर कला की जाग के बिना अर्थरहित।

कई प्राचीन चित्र इस तरह के हैं, जिन पर किसी मुग़ल बादशाह का नाम भी लिखा जा सकता है, किसी बहादुर राजपूत का भी और किसी जाहोज़लाल वाले गुरु पीर का भी। इसीलिए कुछ चित्रकारों ने इन चित्रों में तख़्यिल को नहीं चित्रित किया, सिर्फ़ श्रद्धा को शृंगारित किया है। ऐसे चित्र वक़्त के दस्तावेज़ भी नहीं बनते।

? : कला में अवचेतन आरज़ू और चेतन यत्न की क्या अहमियत है?

ईमा : अवचेतन आरज़ू एक शय है और मन की मिट्टी की गुड़ाई करना, सिंचाई करना, उसमें खाद, पानी और बीज को बोने के बाद उसे सही वक़्त पर पानी देना, धूप लगाना, फिर उस पौधे की फालतू टहनियों की छँटनी करना और उसके आसपास उगी खरपतवार को निकालना–चेतन यत्न हैं।

? : ज़िन्दगी का कोई हादसा बतायेंगे, जिसने धर्म और समाज की या उस समय के इन्साफ़ के स्थापित मूल्यों के सामने, पहली बार कोई सवालिया निशान लगा दिया हो?

ईमा : मैं तब लगभग ग्यारह वर्ष का था। दादा-दादी जीवित थे, पर उनके पाँच बेटों में से सिर्फ़ बड़ा बेटा विवाहित था, मेरे पिता और बाक़ी कुँआरे थे। ज़मीन कम थी। जिससे मुश्किल से सबका गुज़ारा हो सकता था, पर विवाहित बेटे के परिवार का बोझ, बाक़ियों को खटकने लगा, तब दादी ने पशुओं वाले अहाते में एक कोठरी बनवा कर, बड़े बेटे को, उसके परिवार सहित अलग कर दिया।

घर में और अहाते में सिर्फ़ आने-जाने का रास्ता बनता था, वैसे दोनों आमने-सामने थे। जब तक मेरी माँ जीवित रही, दोनों घरों में पड़ती छोटी-सी राहदारी जैसे कोसों दूरी की बनी रही। पर, माँ का देहान्त हो गया। मेरी छोटी बहन जीता, जो उस समय सिर्फ़ नौ बरस की थी, चूल्हे पर कच्ची-पक्की रोटियाँ सेंकने लगी। तब दादी को माँ से वंचित बच्चों पर मोह उमड़ आया। फिर वह कभी आते-जाते बच्चों को बुलाकर भोजन खिलाने लगी। दादा भी बच्चों को रजाई में बिठाकर प्यार करने लगे।

मेरे कुँआरे चाचों में से बड़ा सुन्दर नम्बरदार हो गया था, और छोटे खेतों में हल चलाते थे। हमारे गाँव में जो व्यक्ति बाकायदगी से खेतों में काम नहीं करता, पर ऊपर के काम करता है, सब उसे नम्बरदार कहने लग जाते हैं। यह मेरा नम्बरदार चाचा बस सानगी बजाता था...

और फिर 'होती किसी ने नहीं देखी' वाली बात हो गयी। सानगी वाले चाचा को गाँव की करालों की बंसों से इश्क़ हो गया।

मुझे याद है बंसों के घर में कोई नया कमरा बन रहा था, जहाँ घर के सभी सदस्य दिन भर गारा बनाते और ईंटें ढोते थे और मेरा चाचा भी सानगी को भूल कर बंसों के घर में गारा बनाने बैठ गया था।

यह 'हीर निमाणी ईंटें ढोये, रांझा ढोये गारा' वाली कोठरी नहीं थी बन रही यह तो स्याल वालों की गाय-भैंसे चरवाने वाली हालत थी।

बंसों ने माँ से चोरी सुन्दर चाचा के लिए कभी चूरी बनायी होगी या नहीं, मुझे नहीं मालूम ! मुझे भी होनी की ख़बर तभी हुई, जब सारे गाँव को हुई कि एक रात बंसों घर का दरवाज़ा बन्द कर, बाहर वाली दहलीज़ के पास आयी और दहलीज़ लाँघ कर बाहर ही आ गयी और फिर घर वापस नहीं गयी। और सुबह

गाँव में न बंसों थी, न सुन्दर चाचा। बंसों के घर के जट्ट नहीं थे, कराल थे, (जिन्हें शहरों में लोग अहलुवालिया कहते हैं।) इसलिए घर में लगी आग का धुआँ भीतर ही दबाकर, बन्द होंठों से बंसों को ढूँढ़ने लगे।

हमारा यह गाँव चक्क नम्बर छत्तीस, लायलपुर से बारह कोस पर पड़ता था। बंसों के घर वाले सीधा लायलपुर गये और वहाँ इधर-उधर भटक रहे थे कि एक टैक्सी वाले ने कुछ ख़बर दी कि वह दो आशिकों को लायलपुर के दूसरी ओर, जड़ों वाले के नज़दीक एक गाँव में उतार कर आया था। पद-चिह्न मिल गये, तो आशिक भी मिल गये।

बंसों के घर वालों ने फिर भी मुँह नहीं खोला, पर लड़की को बाँध कर घर ले आये और उसे घर की पिछली कोठरी में बन्द कर दिया। सुन्दर को उन्होंने कुछ नहीं कहा, नहीं तो गर्मा-गर्मी में कइयों के सिर कट जाते। पर टूटती को जग ने जान लिया था, इसलिए बंसों के घर वालों ने एक दिन बंसों को लायलपुर ले जाकर किसी दुहाजू बूढ़े के साथ ब्याह दिया।

भट्ठी पर कुछ दिन बातों की चिंगारियाँ उठती रहीं, पर अंगारे दोनों पक्षों में से किसी की झोली में न पड़े।

सिर्फ़ कुछ चिंगारियाँ थीं, जो गाँव के लड़कों ने चुन लीं और वे कभी-कभी उनके होंठों पर जल उठती थीं...

यह भी कह सकता हूँ कि वे लड़के नन्हे-नन्हे दमोदर थे, जिन्होंने सुन्दर पर कुछ गीत बनाये थे, पर वे जब अकेले-दुकेले होते थे, तब ही होंठ खोलते थे, किसी के सामने कुछ नहीं बोलते थे।

मुझे सिर्फ़ एक बोल याद है, जो परस्पर मशकरी करते हुए वे लड़के गाते थे–"मुझे सानगी बना ले सुन्दरा। काँधे के साथ लगी बजती रहूँ..."

एक और घड़ी याद आती है, जब गाँव में हीर गाते चेतू ने एक दिन ख़ुद ही हीर क़ी कलियों में एक कली जोड़ दी थी–

डोली चढ़ते बंसों ने चीख़ मारी, मुझे ले चले सुन्दरा ले चले वे...
तेरी भरी जवानी का रब राखा, हम बूढ़े के वश में पड़ चले वे...

और फिर एक दिन अचिन्ते बाज पड़ गये...किसी होनी का ख़्वाबों- ख़्याल नहीं था। गाँव के नम्बरदार से, खेतों में पानी देने में बिगड़ी चली आ रही थी, पर बात कहने-सुनने तक ही थी पर कभी किसी ने दूसरी तरफ़ के लोगों को मारने-काटने की बात नहीं की थी पर एक शाम को

नम्बरदार के कड़ियल जवान भांजे बर्छियाँ लेकर चाचों के खेत में पहुँच गये। एक ही ललकार लगायी और चाचों पर टूट कर हमला कर दिया...

उस समय खेत में सिर्फ़ मेरा दादा था और एक चाचा। पर वह सानगी वाला सुन्दर चाचा नहीं था। दादा ने अपनी लाठी से बर्छी का वार रोक लिया। पर चाचा के सिर को बर्छी लग गयी। उस समय चाचे ने एक बर्छी वाले को कमर से पकड़ कर पीछे गिरा दिया और उसी के हाथ से बर्छी छीन कर उसके पेट में खुभो दी। दादा गतके का खिलाड़ी था, इसलिए बर्छी के वार को रोकता रहा, दूसरे बर्छी वाले को भी दादा और चाचा ने गिरा कर उसकी बर्छी उसके ही पेट में खुभो दी...

मिनटों में ही ये दो कत्ल हो गये, तब गाँव में थाने वाले आ गये। नम्बरदार की ऊँची पहुँच थी, इसलिए मेरा दादा, तीन चाचे और मेरा पिता, सबको क़ैद कर लिया गया। मुक़दमा चला। मेरा पिता, सुन्दर चाचा और छोटा चाचा मौक़े पर मौजूद नहीं थे, इसलिए तीनों बरी हो गये। पर दादा और चाचा को फाँसी की सज़ा हो गयी।

अपील की गयी तब चाचा की सज़ा फाँसी की जगह काले पानी की हो गयी और दादा को मुल्तान जेल में 14 वर्ष की।

गाँव में बुझी हुई आग, नम्बरदार को पैसे मिलने पर फिर से धधकने लगी। लोग क़ियाफा लगाते थे कि करालों ने अपने हाथ तो बचा लिए पर जट्टों के हाथ ख़ून में भिगो कर अपना बदला ले लिया। मैं आज तक नहीं जानता कि इस क्याफ़े में कितनी सच्चाई है और कितना झूठ। मैंने सिर्फ़ वीरान होता घर देखा है और सुन्दर चाचा की वह सानगी सुनी है, जो आधी-आधी रात तक मातमी धुन में बजा करती थी...

? : कला के आलोचकों का कर्म आपकी नज़र में क्या है?

ईमा : कला के फलों से फूलों का माली मैं सिर्फ़ कलाकार को गिनता हूँ। कोई आलोचक उसका माली नहीं हो सकता। पर वह एक अच्छा मौसम ज़रूर हो सकता है। यह उदास तवारीख़ है कि आलोचक एक अच्छा मौसम होने की जगह, अकसर फलों को ढूँढ़ने वाला जंगली तोता हो जाता है और कई बार पत्तों को खाने वाला कीड़ा तक भी।

? : ज़िन्दगी में आपने कभी कलयुग की घड़ी देखी है? या सतयुग की?

ईमा : अपनी मन चाही औरत के साथ 20 बरस जी लेना मेरे लिए सतयुग है। 1960 में जब मैं अपने मन की दुविधा में से उसी औरत को क़बूल कर भी नहीं कबूला था, तब मेरे लिए वह कलयुग की घड़ी थी।

? : हमारे देश के सात पवित्र स्थान सात पुरियाँ कहे जाते हैं। अयोध्या, मथुरा, माया, काशी, कांची, अवन्ती और दारावती। यह सातवीं पुरी दारावती समुद्र में अलोप

हो गयी थी। अब चाहे यह द्वारका के नाम पर दूसरी जगह बस गयी है, पर अपने मूल स्थान से अलोप हो चुकी है। मेरा सातवाँ सवाल आपके मन के समुद्र में अलोप हो गयी पुरी जैसा है, जिसकी खोज आपने ख़ुद करनी है और उसका इतिहास ख़ुद ढूँढ़ना है।

ईमा : यहाँ मैं कुलैक्टिव मन की बात करना चाहता हूँ। इस मन के समुद्र में जो पुरी अलोप हो गयी है वह इन्सान के धर्म की पुरी है। वह दारावती अब चाहे अनेक धर्म-स्थलों के नाम पर जगह-जगह बस गयी है, पर किसी स्थल पर भी धर्म की आत्मा नहीं बस सकी। आत्मा समुद्र में अलोप हो गयी है।

स्थलों की स्थापना अन्धी श्रद्धा में से हुई है, आँखों वाले विश्वास में से नहीं। धर्म कभी आँखों की बलि नहीं माँगता।

–'नागमणि', अगस्त 1981

धूप वाली महफ़िल

–अमिया कुँवर

इमरोज़ जैसे बेलौस, बेख़ौफ़, बिन्दास और सहज इन्सान का इंटरव्यू लेना बहुत सरल भी है और मुश्किल भी। कारण–कितने वर्षों से इस फ़क़ीर, दरवेश को मैंने अमृता-प्यार में, लोगों से बेपरवाह, सम्पूर्ण, सादगी से जीते, विचरण करते देखा है। जो अमृता को प्यार करता है, वह उन्हें भी प्रिय हो जाता है। इमरोज़ और मेरे बीच पिता-पुत्री का रिश्ता होकर भी साधारण पारम्परिक सोच से बहुत ऊपर का है। सच्चे-सुच्चे दोस्तों वाला...मैंने उन्हें प्रत्यक्षत: कभी पिता नहीं कहा और न तो उन्होंने कभी मुझे बेटी ही कहकर पुकारा है। वैसे किसी विशेष अवसर पर दोनों के होंठों से सहज ही इस रिश्ते की उच्चता, निर्मलता ज़ाहिर करती भावनाएँ उमड़ आती हैं। इसके लिए सिर्फ़ एक दृष्टान्त देना चाहूँगी–हर बरस भापा प्रीतम सिंह के फार्म हाउस में होती 'धूप की महफ़िल' में हम दोनों हर बार की तरह पिछले वर्ष भी शमुलियत कर रहे थे। उत्सव सम्पन्न होने के बाद हम वहाँ कुर्सियों पर बैठे खाना खा रहे थे। इमरोज़ जी को पानी की तलब हुई। मैंने कहा, "अभी लायी"। कहने लगे–"यह तेरे सामने पानी का गिलास पड़ा तो है।" मैं उसमें से घूँट ले चुकी थी। कहा–"इमरोज़ जी यह मेरा जूठा है।" हँसते हुए मेरे सामने से गिलास उठा कर होंठों से लगा लिया–बेटियों का जूठा नहीं होता...इस तरह के सैकड़ों उदाहरण याद आते हैं।

6 जनवरी, 2008, भापा प्रीतम सिंह के फार्म हाउस पर

ख़ैर 'अक्खर' (अक्षर) पंजाबी मैगजीन में मेरा एक ख़त छपने के बाद पाठकों, लेखकों की बहुत-सी प्रतिक्रियाएँ मिलीं,

इनमें एक देस राज काली की भी थी कि इमरोज़ जी के साथ इसी सिलसिले में इंटरव्यू लेकर भेजूँ... सोच रही थी कि यह कैसे सहज और स्वाभाविक हो कि मेरे पिता को न कुछ अटपटा लगे, न दिल दुखे, न वे जवाब देते हुए असहज हों...न कुछ यत्न करना पड़े...और मौक़ा बन गया। 'धूप वाली महफ़िल' के लिए इमरोज़ जी का फ़ोन आया–अमिया हौज़ ख़ास आ जाना। यहीं से इकट्ठे चलेंगे। रेनुका गाड़ी भेज रही है। अवतार (अमृता जी की बचपन की दोस्त) भी जायेगी। सो कुछ देर बाद मैं उनके यहाँ थी और हम रेनुका की गाड़ी में फार्म हाउस की ओर रवाना हुए। शायर-चित्रकार देव भी हमारे साथ थे। हम महफ़िल आरम्भ होने से कुछ पूर्व ही पहुँच गये थे। इमरोज़ मेरा हाथ पकड़ कर कहने लगे–चल, तब तलक कुदरत का आनन्द लें। फूलों, पौधों, लताओं, वृक्षों, सब्ज़ियों को निहारते, सराहते, प्रशंसक दृष्टि डालते सहज ही इंटरव्यू का सूत्र बँध गया। वह भी इमरोज़ जी की ओर से। कहने लगे अमुक कह रहा था–अच्छा हुआ, अमिया ने अक्खर में छपवा दिया। लोगों के भ्रम कुछ तो दूर हुए...कुछ के होंठों पर ताले लगे।

मैं : *(बेज़ारी से) – पर लोगों को ऐसा झूठ बोल कर क्या मिलता है...*

इमरोज़ : जो अमृता तक नहीं पहुँच पाये, वे उसे अपने क़द जितना करना चाहते हैं। ख़ुद को उच्च स्तर पर लाकर नहीं, अमृता को निम्न स्तर पर देखकर। उनका उद्देश्य सिर्फ़ अमृता की नुक्ता-चीनी करना है, उसे बुरा कहना है।

मैं : पर इमरोज़ जी...

इमरोज़ : अमिया एक बात बता, तूने मुझमें, मेरे व्यवहार में, मेरी कविताओं में कोई दुविधा, फ्रस्ट्रेशन या सन्ताप महसूस किया या देखा है...? (इस लबालब बहते शान्त, पवित्र दरिया; अमृता समाधि में लीन ऋषि, कथनी और करनी में अन्तर न करने वाले सच्चे, पाक मर्द की मैं कायल भी रही हूँ और उनके इस कथन की साक्षी भी।)

मैं : इमरोज़ जी, राई का पर्वत, पंखों की डार बनते तो सुना है पर जहाँ तिल-मात्र तथ्य न हो तो कैसे यह मनगढ़न्त...
(इमरोज़ हँस दिये। कहने लगे–)

इमरोज़ : यह दो तरह के आलोचक हैं–एक वे जो अमृता को अपने से बहुत उच्च जगह देखकर ईर्ष्या से भर गये कि वे वहाँ तक क्यों नहीं पहुँच पाये। दूसरे वे जो आने बहाने अमृता के नज़दीक जुड़कर बैठते थे कि शायद कभी अमृता उन पर मेहरबान हो जाये। मेरे आने पर उन सबने पहले तो प्रतीक्षा की, सम्भावना बनायी कि शायद अमृता मुझे छोड़ दें या मैं उसे...पर उन्होंने हमें श्वास-श्वास निभते हुए देखा जो उनकी ओर से नहीं होना था...ये दोनों तरह के आलोचक मेरी आड़ लेकर अमृता की निन्दा करते हैं...जिस जगह ये अमृता को वहाँ देखना चाहते थे, वहाँ उसने कभी होना नहीं था और जिस जगह वह पहुँच गयी थी, उस जगह इनकी रसाई (पहुँच) कभी नहीं हो सकती...

मैं : सो हार में गुस्साये, दाँत पीसते, खीझते लोगों की यह जुगाली है। आजकल यह अफ़वाह है कि अमृता ने अपनी जायदाद सिर्फ़ बच्चों के नाम की...पूरी उम्र की

वफ़ा के एवज़ आपके पाँवों तले की ज़मीन सरका ली...वह जो आपके संग-साथ आसमान में परवाज़ भरती रही....

(इस प्रश्न के उत्तर में साईं लोग बेलाग मुस्कराहट देते हुए कहने लगे...)

इमरोज़ : अमिया, लोग नहीं जानते कि अमृता की जायदाद सम्बन्धी वसीयत मैंने ही बदलवायी। आज मेरे नाम, फिर बाद में मैं बच्चों के नाम करता...मैं इस बदला-बदली के चक्करों की जहमत नहीं भुगतना चाहता था। यह वसीयत आज भी मेरे पास है। मैं जो चाहता था, वह मुझे मिला है। अमृता मेरी वसीयत में हैं और बच्चों की वसीयत में जायदाद।

मैं : किसी प्रकार की असुरक्षा की भावना, कोई डर या शंका जैसा कि यह अफ़वाह है कि अमृता के जाने के बाद बच्चों ने इमरोज़ को बाहर कर दिया है और के–25 बहुमंज़िली इमारत में तब्दील हो रहा है।

इमरोज़ : मेरी वसीयत में जहाँ अमृता है, वहाँ उसके बच्चे भी हैं (मैं जानती हूँ इस पर लेशमात्र भी किन्तु नहीं किया जा सकता। इमरोज़ जब भी शैली का ज़िक्र करते हैं–हमारे बेटे को यह...हमारे बेटे को वह...चाहे वह उसकी ख़ूबी का वर्णन हो या ख़ामी का...) हमने मिल कर फ़ैसला किया था कि हमने इन दो बच्चों के बीच कोई और बच्चा नहीं लाना है। बच्चों से भी बढ़कर उनके बच्चों ने मुझे अपनाया है (यह मैंने ख़ुद पिछले 17-18 वर्षों से महसूस किया है। बच्चों के बचपन से लेकर अब तक वे अपनी अमृता दादी और इमरोज़ बाबा के फ़ैन हैं।) इन्हीं दिनों जब अमृता की पोती शिल्पी का विवाह मुम्बई में हुआ तब उसने विवाह में इमरोज़ जी की उपस्थिति सबसे ज़रूरी समझी। इमरोज़ जी के जन्मदिवस – 26 जनवरी को बच्चों की ओर से ढेर सारे फूल तथा तोहफ़े भेजे जाते हैं। सो एक दृढ़ विश्वास था इमरोज़ के स्वर में, "नहीं ! मुझे किसी बच्चे ने घर से नहीं निकालना..."

मैं : अमृता जी की जायदाद सम्बन्धी, उसके साथ जुड़ी वसीयत से जुड़े आपके एहसास...?

इमरोज़ : जो शय मैंने कमाई नहीं, अर्जित नहीं की, वह मेरी नहीं। अमृता और मैं घर का ख़र्च मिल कर किया करते थे (और आज वही किचन-ख़र्च अलका और इमरोज़ का सांझा हो गया है), मैंने तो अपने पिता की जायदाद में से भी हिस्सा नहीं लिया। (सो यह निश्चित है। इमरोज़ जी ने अमृता अर्जित की है। उसका मूल्य उम्र भर का विश्वास, प्यार तथा अमृता के अन्तिम समय में उनकी सेवा करते हुए चुकाया है।)

इमरोज़ के साथ साझा संवाद

–अमिया कुँवर

संयोग से जसवीर और देविन्द्र कौर इंडिया आयी हुई थीं। उनसे मिलने के लिए इमरोज़ जी के यहाँ फ़ोन किया। अलका ने बताया कि जसवीर महाराजा होटल (पहाड़गंज) ठहरी हैं और वहाँ इमरोज़ भी गये हैं और दीदी उन्होंने आपको वहीं आने को बोला है। सो ख़्याल आया कि आज अमृता जी के पाठक-प्रशंसकों के साथ इमरोज़ जी से साक्षात्कार किया जाये और इस तरह से इन दोस्तों की भी राय मिल जायेगी...मैं होटल के 406 नम्बर कमरे में दाख़िल हुई तो चौकड़ी (साधू सिंह, देविन्दर, इमरोज़ और जसवीर) खाने पर मेरा इन्तज़ार कर रहे थे। जसवीर ने मेरे सामने प्लेट कर दी–अमिया, पहले कुछ खा लें...मैं हँस दी। देविन्दर दोस्ताना मुस्कराहट देते हुए, मेरी ओर देख इमरोज़ को कहने लगी–इतने बरसों बाद अमिया को देख रही हूँ–वही ताज़गी लिए हँसी। इमरोज़ के चेहरे पर पिता वाला फ़ख़्र था। देविन्दर, ये तो जब पैदा हुई, उस वक़्त भी हँसी थी, रोई नहीं...

(पहाड़गंज के महाराजा होटल, कमरा नम्बर 406 में इमरोज़ का लिया गया साक्षात्कार–16 अप्रैल, 2008 साधु सिंह, देविन्द्र कौर, जसवीर और अमिया कुँवर)

मैं लाडली बेटी वाले नखरीले स्वर में कह उठी : "नहीं, इमरोज़ जी। आप शायद भूल रहे हैं, बचपन में तो मैं बहुत रोंदू थी।" होटल के कमरा नम्बर 406 में जहाँ अमृता की याद में चार चिराग जल रहे थे पाँचवाँ चिराग जलाने के लिए मैं हाज़िरी देने लगी।

हमारे बीच फिर वही बेगाने लोगों की बातें चल पड़ी...

अमिया : सोचा था, 'अक्षर' में मेरा ख़त बढ़कर लोगों के ग़लत विचार और ख़्याल कुछ देर के लिए ठप हो जायेंगे–पर फार्म हाउस पर इमरोज़ को ख़ुश, सन्तुष्ट, सेहतमन्द देख कर भी लोग शान्त नहीं हुए। वे अपनी सोच को हर हाल में उचित सिद्ध करने पर तुले हुए हैं। मेरी एक दोस्त ने बताया–रास्ते में एक मेहरबान सज्जन कह रहे थे–अमिया तो भोली है, उसे क्या पता इमरोज़ अपने निजी दोस्तों के सामने रोता है–अमृता के इस काम से दुखी होकर, उसे कोसता है?

साधु सिंह : अमिया, रचना, सृजना और ज़ेहनी तबीयत से जितना आप अमृता-इमरोज़ के क़रीब हैं, उससे नज़दीक और कौन हैं?

अमिया : मैं सोच रही हूँ, वे कौन से दोस्त हो सकते हैं, जिनसे इमरोज़ मन की बात कह लें...दूर तक दृष्टि डालती हूँ तो तीन-चार नाम उभर कर सामने आते हैं...एक चित्रकार हरबंस का, जिनके घर मैं और इमरोज़ एक दिन लंच पर निमन्त्रित थे, वहाँ भी हँसी-मज़ाक़, पुरानी यादों की मिठास थी और इसके सिवाय कुछ नहीं था। वहाँ हरबंस अंकल की बनायी अमृता की तस्वीर भी दीवार पर टँगी देखी। (हरबंस अंकल का पिछले दिनों इन्तकाल हो गया है) और एक और...मुम्बई में एक बहुत पुराने दोस्त की बड़ी बहन, जो अपनी बीमारी तथा वृद्धावस्था के एहसास...उभरती जवानी के दिनों की अमृता जी की दोस्त अवतार। ये सब इमरोज़ के साथ मिलकर अमृता जी से जुड़ी यादें बाँटते हैं। हाँ सच, अमृतसर में रहती इमरोज़ जी की बहन सुभाग–जब पिछले बरस मैं और इमरोज़ (26 फरवरी, 2007) एक रात उनके पास ठहरे थे–अमृता जी की इज़्ज़त और सम्मान को छोटा करता एक शब्द भी मैंने उनके होंठों से निकलता नहीं सुना था। इमरोज़ के सामने तो दुश्मनों, आलोचकों की भी जुर्रत नहीं होती कि अमृता जी के लिए हल्के शब्दों का प्रयोग करें।

इमरोज़ : अमिया, इन बेगाने लोगों की तो बात जाने ही दें। इनमें से कोई मुझे नज़दीक होकर मिला नहीं, किसी ने देखा नहीं कि मैं कैसे जी रहा हूँ। लोग मुझे तकलीफ़ में देखना चाहते हैं। ऐसा सोचकर उन्हें अन्दरूनी ख़ुशी मिलती है, बात धन और जायदाद की नहीं। न इसमें कोई तथ्य-सत्य है, वह तो सिर्फ़ अपने ढंग से इसे परिभाषित करना चाहते हैं। मेरी ओट लेकर अमृता को बुरा कहना चाहते हैं।

साधू सिंह : अमृता जी के बारे में बहुत सारी ग़लफ़हमियाँ और झूठी कहानियाँ गढ़ी गयी हैं...दरअसल आप दोनों अलग तरह के हैं...सामान्य दुनिया से हट कर। लोगों

को आपका रिश्ता इतने ऊँचे पैडस्टल पर देखना अच्छा नहीं लगता, न उनकी समझ में यह आता है...उन्हें तो इस पर भी तकलीफ़ होती है कि आपको कोई तकलीफ़ क्यों नहीं। वास्तव में आप जैसे रिश्ते का कोई दृष्टान्त भी नहीं मिलता। सो आपका सम्बन्ध बहुतों को समझ नहीं आता और कुछ को हज़म नहीं होता...

इमरोज़ : सो वे हमारी बात नहीं कर रहे होते, वे अपना अन्तर परख रहे होते हैं, जो वे ख़ुद हैं...दरअसल इन लोगों को सकारात्मकता सहन नहीं होती। इनके पास जीने की जुर्रत नहीं...सो ये सोच भी नहीं सकते...कि कोई यूँ भी जी सकता है...इन्हें रूहों की समझ कहाँ...इनके गिर्द तो दो जिस्म ही विचरण करते दिखते हैं...और इनके साथ ही उनसे जुड़ी कमज़ोरियाँ, दुश्वारियाँ...

अमिया : हाँ, ये लोग अपनी जगह पर आपको रख कर देखते हैं–सोचते हैं कि अगर ऐसे हालात में वे होते तो यही करते...

देविन्दर : मैं तो हमेशा ही अमृता-इमरोज़ को मोहब्बत का जीता-जागता ताजमहल कहती हूँ–यहाँ लोगों की अपनी साइकी बोल रही है।

अमिया : ताजमहल मोहब्बत की सम्पूर्णता का प्रतीक...उसके चटखने की सम्भावना नहीं...और हाँ...बहुत से लोग कहते हैं–इमरोज़ अब ख़ुद को असुरक्षित महसूसते हैं। अमृता ने यह बहुत ग़लत किया...यह कहकर इमरोज़ पर तरस खाते हैं कि अब उसका निर्वाह मुश्किल है...

जसवीर : सुरक्षा वह तलाशता है, जो पहले सुरक्षित नहीं। जिसे ख़ुद पर भरोसा है, जो अपने साथ जीता है...वह बाहर से सुरक्षा नहीं तलाशता...

साधु सिंह : जो वे अपने अर्थ दे रहे हैं....जो वे इच्छा करते थे, उसकी पूर्ति नहीं हुई...

अमिया : और अब उनके लिए दुश्वारी यह है कि इमरोज़ बेचारा बना क्यों नहीं दिखाई देता...वह अमृता की शिकायत क्यों नहीं करता...आप दोनों दो व्यक्ति न होकर, दो स्तम्भ हैं...आप दोनों ने मिलकर नया इतिहास बनाया है।

देविन्दर : इन लोगों द्वारा की जा रही नुक्ताचीनी को एक ही नाम दिया जा सकता है–हमारे साहित्य के गॉसिप गलियारे...साहित्यिक दलों को क्या कहें...सब अपने-अपने स्वार्थ, उद्देश्य को लिये, उसी नज़रिये से दूसरे को जाँचते हैं...

अमिया : हाँ, इनके पास ढले-ढलाये साँचे हैं...जिन पर अपने विचारों का घोल उड़ेल कर मनमर्ज़ी की विचारधारा गढ़ते हैं और गर भट्ठी ही बिगड़ी हुई है...

इमरोज़ : लोगों का क्या है...एक लेखक ने कहीं ज़िक्र किया कि मैं इमरोज़ को जानता हूँ–वह शराब पीकर बेसुध रहता है। इस बात के कुछ बरसों बाद वह अमृता से मिलने आया। अमृता ने मेरी ओर संकेत करते हुए कहा...आपने इन्हें पहचाना नहीं...यह वही शख़्स हैं जो पीकर बेसुध...हम लिखते क्या हैं और जीते क्या हैं...

अमिया : चलो, अब बात दूसरी ओर जाने लगी है...मैंने बात करनी थी...जनसाधारण में जो अमृता की वसीयत को लेकर प्रचारित किया जा रहा है...उसकी जायदाद से जुड़ी अफ़वाहें, उसके साथ जुड़े आपके एहसास !

इमरोज़ : अमिया, क्या तुम मेरे स्वभाव से परिचित नहीं। मेरे इतने ख़र्च ही नहीं कि मुझे पैसे की कमी आये। अभी पीछे ही पंजाबी अकादमी, दिल्ली ने 'जशन जारी है' पर 21 हज़ार रुपये का अवार्ड दिया। रुपये हाथ आते ही सबसे पहला काम घर में दाख़िल होते ही पूरा आँगन मौसमी फूलों वाले पौधों से भर दिया, इन फूलों की मियाद सिर्फ़ एक या दो महीने की। ऐसे अस्थायी खिलाव के लिए पाँच हज़ार ख़र्च कर देने...

अमिया : हाँ, के-पच्चीस का गेट खोलते ही, फ़्लाक्स, पिटोनिया, ज़रबेरा, चाँदनी, पेपर फ्लावर, कार्नेशन, महक बिखेरते, आने वालों का स्वागत करते, इमरोज़ की शाहदिली की साक्षी देते हैं। जसवीर के हाथों में जो कैमरा है...यह भी उसी इनाम की बदौलत 10 हज़ार की क़ीमत चुका कर लिया है...

इमरोज़ : और तूने मेरे नये फ़ैब इंडिया के कपड़े नहीं देखे ! दो वर्ष का कोटा एक ही बार में पूरा कर लिया है...

अमिया : आपके एक जैसे दिखते कपड़े कहाँ पता चलने देते हैं कि आपने कुछ नया पहना है या पुराना...सबकी दिखावट एक जैसी...सूफ़ियाना रंगत...सो...

इमरोज़ : यही मेरा ज़िन्दगी जीने का अंदाज़ है। मैंने अपनी पुश्तैनी जायदाद से भी कुछ लेना मुनासिब नहीं समझा। मैं अपनी रोज़ी-रोटी कमा सकता हूँ और मैं अपनी कमाई में ही भरोसा रखता हूँ। मेरे पास कोई स्थायी नौकरी नहीं, सो मैंने कभी रिटायर नहीं होना। अन्त तलक काम करते रहना है...मुझे कोई गढ़ी-गढ़ाई सुरक्षा नहीं चाहिए...

अमिया : हाँ, इस सन्दर्भ में मुझे एक पुरानी बात याद आ रही है–जब कभी अमृता जी को लगता, इन दिनों उनके ईमा के पास काम की कमी है...वह ख़ामोशी से उनकी जेब में कुछ रुपये रख देते...वे रुपये, कुछ दिन इमरोज़ की जेब में बिना कोई खट-पट किये, बिना ख़र्च किये, होंठ भींचे, कान बन्द किये पड़े रहते। अपने

किसी काम से पैसे आने पर जेब में पड़ी उधार की रक़म फिर से अमृता की मेज़ के दराज में वापस रखकर यह फ़क़ीर बादशाह मुक्ति और चैन की साँस लेता...

इमरोज़ : हाँ, अठारह वर्ष की उम्र से ही मैंने अपना ख़र्च ख़ुद कमाया है। अपनी कमाई से ही जीने में ख़ुशी मिलती है।

अमिया : अल्लाह करे ! ज़ोरे करम और भी ज़्यादा... !

सब (एक स्वर में)–आमीन !

इमरोज़ के साथ अनौपचारिक संवाद

–डॉ. तेजिन्द्र हरजीत

('इमरोज़' फ़िल्म की शूटिंग के दौरान वक़्त-ब-वक़्त डॉ. तेजिन्द्र हरजीत इमरोज़ जी के साथ संवाद करती रहीं। उसी बातचीत के कुछ अंश, जिनसे इमरोज़ के किरदार के कई ख़ूबसूरत पक्ष पता चलते हैं।)

अन्दरेटा, शोभा सिंह आर्टिस्ट का घर।

इमरोज़ डॉ. तेजिन्द्र के साथ संवाद रचाते हैं : "मैं इस कमरे में बहुत समय बाद आया हूँ। पर मैं दारजी से कई बार मिलता रहा हूँ। (कुछ सोचते हुए) पहली बार तो मैं अमृता के साथ आया था। उनके साथ अधिक बातचीत नहीं हुआ करती थी। मुझे उनको देखना बहुत अच्छा लगता था। 1958 की बात है–घर से प्रोग्राम बना था कि हमें डलहौजी होटल में रहना पड़ेगा। होटल में रहना मुझे पसन्द नहीं। सो सोचा–घर, घर ही होना चाहिए। सो सोचा चाचा जी (शोभा सिंह जी) के पास चलते हैं। उनका काम भी देखने को मिलेगा उनको सुनना भी अच्छा लगता है। वहाँ कितने ही आर्टिस्ट आ जाते।

एक ज्योतिषी ने कहा कि अमृता और मेरा रिश्ता सिर्फ़ ढाई घड़ियों का है या ढाई घण्टों का। अधिक-से-अधिक ढाई महीनों का। ज़्यादा हुआ तो ढाई बरसों का। अमृता ने हँस कर कहा, "ढाई जन्मों का भी तो हो सकता है।" ज्योतिषियों को भी पता नहीं लगता कि मोहब्बत का भी वक़्त होता है। मोहब्बत कोई हिसाब-किताब तो है नहीं। कई लेखकों ने भी कहा कि यह साथ नहीं निभेगा। हमने तो सहज ही साथ-साथ जिया।

कौन सा रंग पसन्द है?

- मुझे सन्तरी रंग बहुत पसन्द है, रोशनी का रंग। कभी मद्धिम कभी गहरा। रंग एक ही है, रोशनी का रंग। मुझे रोशनी अच्छी लगती है। हल्की हो या तेज़। मैं तो सुबह सूरज देखकर बहुत ख़ुश होता हूँ। उसके वक़्त बदलते रहते हैं। कभी साढ़े पाँच बजे, कभी साढ़े सात। मैं काफ़ी देर वहाँ ही रहता हूँ सूरज को निहारते हुए।
- मैं के–25 के लिए नहीं गया। मैं अमृता के लिए गया। अगर वह झोंपड़ी में होती तो मैं वहाँ भी जाता।

- मुझे पता था अमृता आज़ाद है। मैं आज़ाद के साथ आज़ाद रहने के लिए गया था। के–25 मेरा हासिल नहीं हो सकता था। मेरा हासिल तो अमृता ही है। अब मैं ग्रेटर कैलाश रह रहा हूँ। मुझे अब भी लगता है कि मैं अमृता के साथ ही रह रहा हूँ...मेरा पता तो मेरा अपना आप ही है। मैं कैसे इस एड्रेस में नहीं रह रहा। के–25 सिर्फ़ एक पता है। के–25 कोई हासिल नहीं हो सकता। मैं जहाँ भी होऊँगा, मेरा पता मेरा अपना आप होगा।
- सिर्फ़ प्यार अहम् है, वह मैंने पा लिया...मैं अपने आपको चाहता हूँ...मैं अपने आपको चाहता हूँ...वहीं...मैं इमरोज़ भी हूँ और अमृता भी हूँ। प्यार आपको विशाल करता है। अमृता ने मुझे विशाल किया है,दबाया नहीं।
- अगर मैं अमृता को न मिलता तब भी मैं इमरोज़ ही होता। अमृता कोई बादशाह थोड़ी है, जो मुझे दबाती। अमृत तो प्यार है। आप प्यार करने से विकास करते हो, बढ़ते हो, कम नहीं, यह तो लोगों की सोच है, लोग ही जानें। मेरी सोच यह नहीं है। यह मेरी ज़िन्दगी हैं। मैं खुलकर सोचता हूँ...
- मैं किसी से उम्मीद नहीं रखता। आशा नहीं करता। अमृता के साथ मैं जी सकता हूँ। किसी और के साथ जी नहीं सकता था। उसके साथ एक ख़ास बात है। वह मेरी आशा है। वही मेरा हासिल है।
- जिनको मोहब्बत नहीं हुई, उनको मोहब्बत देखकर दिक़्क़त क्यों होती है? किसी को मोहब्बत करते देखकर आपको अच्छा लगना चाहिए। मैं और अमृता इकट्ठे रहे, कई लोगों को यह अच्छा नहीं लगा–वे नज़्में लिखते हैं, चर्चा करते हैं पर बोलते वक़्त अच्छा बोला नहीं जाता।
- मोहब्बत ज़िन्दगी है। मोहब्बत ही ज़िन्दगी है।
- रोटी से भी ज़रूरी, पानी से भी ज़रूरी है। रोशनी से भी ज़रूरी।
- जंगल में घूमते वक़्त गुफ्तगू कोई ख़ास नहीं होती थी, क्योंकि अमृता बहुत बोलती नहीं। धीरे-धीरे तरीक़ा आ गया बिना बोले बोलना भी और बिना बोले सुनना भी। वह ख़ास कुछ कहती नहीं। सिर्फ़ नज़रों से बात करती। देखती रहती। उसने कभी यह लफ़्ज़ों में नहीं बयान किया कि वह मुझे प्यार करती है। वह अपनी तरह की औरत है। बिल्कुल विलक्षण पर बहुत ज़्यादा इंटेलिजेंट। लोग बोलते तो बार-बार हैं कि मोहब्बत करते हैं। पर वास्तव में दूसरी ओर से अधिक उम्मीद करते हैं। प्यार जब हो तब बोलने की ज़रूरत नहीं पड़ती, क्योंकि प्यार बोलने वाली चीज़ है ही नहीं।

ख़ुदा का पता

–दिनेश द्विवेदी

? : इमरोज़ जी, लेखनी और तूलिका का अलग-अलग इश्क़ कब, कहाँ और किस तरह सांझा हो गया...उन हसीन क्षणों पर रोशनी डालेंगे आप?

* : जिस तरह एक ओमकार में अंक विद्या और अक्षर विद्या इकट्ठी हो गयी। कुछ इसी तरह क़लम और ब्रुश का इश्क़ सांझा हुआ।

बात तो इश्क़ की है। बाक़ी तो हर विद्या उसका एक माध्यम है। अंक विद्या के माध्यम से इश्क़ का दीदार हो या अक्षर विद्या के माध्यम से, इसका फ़र्क नहीं पड़ता।

उसी तरह उसका इजहार क़लम से हो या ब्रुश से, फ़र्क़ नहीं पड़ता। बात तो अपने अन्तर में सोये हुए अपने 'मैं' के जागने की थी। एक वाक़या सामने रखता हूँ–अमृता को देखने से पहले का। जब मैंने अमृता का नॉवेल 'डॉक्टर देव' पढ़ा था। तभी मेरे अन्तर में सोया हुआ 'मैं' जाग गया था, और उसी ने मुझे धीरे से कहा था–"यह डॉक्टर देव मैं हूँ।"

? : अमृता जी का आपके और आपका उनके बग़ैर तसव्वुर ही नहीं किया जा सकता–द्वैत से अद्वैत हो जाने का मन्त्र आपने किस तरह हासिल किया?

* : एक वाक़या सुनाता हूँ–अमृता की गर्दन में दर्द था, बरसों पुराना। एक बार दिल्ली के कलावती अस्पताल में कुछ रूसी डॉक्टर आये हुए थे, जो इसका इलाज जानते थे। उन्होंने करीबन एक सौ टीके अमृता को देने थे, एक ही वक़्त में ! जब बीस-एक टीके लग चुके और अमृता की गर्दन ख़ून में भीग गयी, तो मैं पास खड़ा रह नहीं सका, बोल उठा–"डॉक्टर ! बाक़ी के अस्सी टीके मेरी गर्दन में लगा दीजिए–उसे आराम आ जायेगा..." डॉक्टर मेरी बात समझ नहीं पाये और मुझे पकड़कर दूसरे कमरे में ले गये।

इसी तरह–जिन दिनों मेरा काम के सिलसिले में बम्बई जाना होता था, पीछे अमृता को रोज़ बुख़ार आने लगता था। और जब मैं वापस आता, अमृता स्टेशन पर लेने आती, तो वहीं प्लेटफॉर्म पर ही अमृता का बुख़ार उतर जाता। इस अद्वैत का कोई मन्त्र होता है या नहीं, यह मैं नहीं जानता।

? : अमृता जी ने जब 'बाप, भाई, दोस्त और खाविन्द' इन चारों का रिश्ता एक ही मर्द में तलाशा तो वह आपमें मिल गया...पर क्या आप भी 'माँ, बहन, दोस्त और बीवी'–अमृता में पा सके?

* : हाँ यह चारों रिश्ते भी और यह भी कि कई बार वह मुझे अपनी बेटी भी लगती है और मुर्शिद भी लगती है–ख़ुदा का पता भी।

? : अमृता जी के परिवार में आपने अपनी पहचान किन अर्थों में और किस तरह तलाश ली?

* : जब मेरा और उसका लफ़्ज़ों का अन्तर मिट गया, तब उसका परिवार सिर्फ़ उसका कैसे रहेगा?

उसके लफ़्ज की काया में जब मेरा लफ़्ज प्राणों की तरह धड़कने लगा, तो अलग से अपने लिए जगह बनाने का सवाल ही मिट गया। जगह तो वहाँ पहले से थी, उसमें सिर्फ़ प्राणों की तरह बसना था।

? : इमरोज जी, आप दोनों ही अपने-अपने फन की अज़ीम शख़्सियत हैं...दोनों ही सरस्वती की मानस-सृष्टि हैं, एक को क़लम और दूसरे को तूलिका की महारत हासिल है–क्या कभी ऐसे लमहात आप दोनों के बीच नहीं आये जब दोनों सर्जकों का 'अहं' आपस में टकराया हो?

* : 'अहं' दीवार भी होता है, द्वार भी होता है। मैं और अमृता जब मिले तब जो पाया, यही पाया कि मेरा और अमृता का अहं द्वार बन गया। यह जब दीवार होता है, तब इस दीवार से टकराव पैदा होता है, लेकिन जब वही द्वार बन जाये तो यात्रा का संकेत बन जाता है। दीवार बन्धन है, द्वार मुक्ति है...

? : आप जब भी अपने फलक पर किसी औरत की तस्वीर उकेरते हैं, अकसर उसमें अमृता जी की झलक नज़र आती है...ऐसा क्यों?

* : झलक अमृता की नहीं है, झलक उस ग़ैरफानी औरत की है जो मेरे अन्तर में थी। मैंने उसकी पहचान अमृता में पायी, इसलिए कई और लोगों की तरह आपको भी मेरे चित्रों में उसी के नक़्शो-निगार दिखाई देते हैं।

? : इमरोज़ जी–अमृता जी ने अपनी आत्मकथा 'रसीदी टिकट' में जिन सच्चाइयों को रखा है–उन पर सकारात्मक और नकारात्मक दोनों तरह की प्रतिक्रिया हुई हैं। आपकी अपनी प्रतिक्रिया क्या है?

* : जिन हालात और वाक़यात को अमृता ने 'रसीदी टिकट' में लिखा है, वे मेरी आँखों देखी है। मेरा कहना सिर्फ़ इतना है कि बहुत दु:खदायी बातों को अमृता ने सहज से लिखा है, लेकिन संकोच से लिखा है। लेकिन इस नज़रिये से भी मैं सहमत हूँ कि फूलों के रंगों का और उसकी सुगन्धि का ज़िक्र तो ब्यौरे से होना चाहिए, पर काँटों का दर्द संकोच से ही होना चाहिए। नागवार बातों का ब्योरा स्मरण में नहीं उतरना चाहिए। उनका संकेत भर ही काफ़ी होता है। और वही हुआ है।

? : रंग और रोशनाई–दोनों की उम्र दराज हो–क्या 'रंग' इस बात को स्वीकारता है कि 'रोशनाई' की ज़िन्दगी में आमद से पेश्तर वह पूरी तरह बेरंग था या कुछ ऐसे रंगीन नुक्ते अब भी बच रहे हैं, कैनवस पर जिनका रंग अभी भी चटख बना हुआ है?

* : नहीं, रोशनाई की आमद से पेश्तर जो था, उसे बेरंग नहीं कहा जा सकता। रंग थे, लेकिन वह रंग काया की तरह थे, महज एक काया की तरह और रोशनाई की आमद में वे प्राणमय हो गये। इतने कि मैं उनकी आवाज़ सुन सकता हूँ। उनके खिलखिलाने की आवाज़, उनके सुबकने की आवाज़। यह आवाज़ भी एक लम्बी यात्रा है, जिसमें कायनात की ध्वनियाँ भी शामिल होती हैं। वह ध्वनियाँ कितनी उनमें बस गयी हैं, कितनी और बसेंगी, यह यात्रा का तकाजा है, मैं जितना भर कर सकूँ। इस अन्तर यात्रा का कोई मुकाम आख़िरी मुकाम नहीं होता।

दीप्ति नवल से इमरोज़ बाबत

–अमिया कुँवर

दीप्ति : अमिया ! आप मुझसे क्या जानना चाहती हैं?

अमिया : इमरोज़ जी के बारे में, उनके किरदार में आपने ऐसा क्या देखा है, जो आपको अच्छा लगा है। आप इतनी बार उनसे मिली हैं, जब भी अमृता जी से मिलने गयी हैं तो क्या अलग-सा नज़र आया उनमें?

दीप्ति : जब मैं अमृता जी और इमरोज़ से मिली, तब मैं उनके इस ख़ूबसूरत और बेहतरीन रिश्ते को जान-देखकर बहुत प्रभावित हुई। मुझे इसमें एक ज़बरदस्त प्रेम-कहानी दिखती रही हमेशा ही। मैं इसको आइडिलाइज़्ड करती थी और कहा करती थी कि हर औरत की ज़िन्दगी में एक इमरोज़ होना चाहिए।

अमिया : हाँ यह तो हर औरत की ख़्वाहिश है, हसरत है। जाने कितनी औरतों ने इस भावना को लिए हुए मुझसे बातें की। हिन्दी कवयित्री कमल कुमार, इतिहास पढ़ाती शालिनी नारंग।

दीप्ति : इमरोज़ मुझे इतने भले इन्सान लगते थे। ज़मीन से जुड़े हुए। सबसे प्यार करने वाले थे। उनकी शख़्सियत में समर्पण की भावना थी जो कि आम मर्दों में बहुत मुश्किल से दिखाई देती है। अपने आपको अपने प्रिय के सुपुर्द कर देना। एक मर्द होकर भी यह मीरी गुण था उनकी शख़्सियत में। अमृता जी का एक कवि, एक लेखक के रूप में जो ऊँचा दर्जा है, ऐसा लगता था कि इमरोज़ उस बात को सेलिब्रेट करते थे। लुत्फ लेते थे कि जो इतनी ऊँची लेखिका है, इन्सान है, मैं उसकी ज़िन्दगी का हिस्सा हूँ या वह मेरी ज़िन्दगी का हिस्सा है। असली प्रेम कहानी यहाँ है। वे कभी मुझे लैंप शेड पर अपने हाथों से पेंट की हुई अमृता की कविता दिखाते। किचन में चाय बनाते हुए बात करते कि मर्दों को अपनी औरत के लिए चाय बनाने में क्यों दिक़्क़त होती है। मुझे कोई दिक़्क़त नहीं होती यह करने में। अमृता लिख रही हो या उससे लोग मिलने आयें, वह किसी को इंटरव्यू दे रही हो, मैं उनके लिए चाय बना कर ले जाता हूँ। मैं यह सब देखकर बहुत प्रभावित होती थी। एक कलाकार, एक शख़्सियत के रूप में इमरोज़ की

जो पहचान थी, वह इससे कम नहीं हो जाती थी। मुझे लगता था कि उनके भीतर कितनी खुली हुई जगह है, जो उन्होंने ख़ुद से अपने लिए और अमृता के लिए बनाई। उनके भीतर था वह स्पेस। बहुत-बहुत संक्रमित। एक औरत होने के नाते आप ऐसा स्पेस चाहते हो। और फिर ऐसा स्पेस देने वाला मुझे भी मिल गया। मेरी निजी ज़िन्दगी में कोई मेरे नज़दीक आया। अमृता-इमरोज़ के रिश्ते को लेकर मैं अकसर अपने दोस्तों के सामने ज़िक्र करती थी। जब मेरी ज़िन्दगी में ऐसा स्पेस देने वाला शख़्स आया तो मेरे दोस्त कहने लगे, लो तुम्हें भी तुम्हारा इमरोज़ मिल गया है। विनोद मेरी ज़िन्दगी का हिस्सा बने, चाहे कुछ साल के लिए ही (6-7 वर्ष) फिर कैंसर होने पर उनकी मृत्यु हो गयी। वे पण्डित जसराज के बड़े भाई के बेटे थे–विनोद पण्डित। वह ख़ुद भी गायक थे। वे बहुत अच्छे इन्सान थे। इतना प्रोत्साहित करने वाले, अपना आपा देने वाले। वो जो कहते हैं न, जब कोई किसी के लिए मनोकामना रखता हो तो पूरी कायनात उसे मिलाने के लिए जुट जाती है। सो यह सन्तुलित रिश्ता मुझे भी नसीब हुआ। एक और बात जो मेरे ज़ेहन में आती है कि इमरोज़ साहब इतने सादा इन्सान नहीं थे। एक ओर तो वे बहुत सादा इन्सान थे पर फिर भी वे इतने सादा नहीं हो सकते। वे बहुत समझ-बूझ वाले इन्सान थे। यह उनका चेतन यत्न था कि मैं यह भूमिका अदा करूँगा। इतने सुलझे हुए। यह सिर्फ़ सादगी से नहीं आता ये स्याने होने से आता है। गहराई से आता है। अपने आपके हकीक समर्पण से। एक विशालता जो आपकी शख़्सियत में होती है, जिसमें आप कुछ भी लाद सकते हैं, उसमें कुछ भी जब्त कर सकते हैं। उसी को आप फिर सेलिब्रेट करने की हिम्मत रखते हैं, मैंने अमृता जी के माध्यम से इमरोज़ के बारे में यही जाना है।

अमिया : शुक्रिया दीप्ति दोस्त ! तुमने इमरोज़ जी के किरदार के कुछ नये नुक्ते सामने लाये हैं।

मोहब्बत का लोक-गीत
(जिसे नाम की ज़रूरत नहीं)

–सलीम पाशा

मौलिक नाम इन्द्रजीत, क्योंकि यही नाम माँ-बाप ने रखा था। मैं चार वर्ष का था, जब अम्मी दुनिया को अलविदा कह गयी। सिख बच्चा था, इसलिए लम्बे बाल धोना, साफ़ रखना और जूड़ा बाँधना, नित्य-प्रति का यह काम बापू के लिए बहुत मुश्किल हो गया था। एक दिन बापू ने तंग आकर मेरे सिर के बाल काटकर मुझे मोना बना दिया। सच्ची बात तो यह है कि मुझे बहुत ख़ुशी हुई, एक मुसीबत से जान छूट गयी। पर पूरे गाँव की बातें हम बाप-बेटे को कहीं जीने नहीं देती थीं। स्कूल में मेरे मास्टर और हैड मास्टर ने भी मेरे साथ अपना व्यवहार सख़्त कर लिया था। स्कूल वालों की बातों से तंग आकर मेरे पिता ने मुझे शहर के स्कूल में दाख़िल करवा दिया।

इमरोज़ बीते हुए समय को अपनी मुट्ठी में करने का यत्न कर रहे थे। मेरी दादी मुझे हर बार घर आने पर घर में निकाले घी का एक डिब्बा देती थी ताकि मैं शहर की उल्टी-सीधी ख़ुराक से कमज़ोर न हो जाऊँ। एक बार दादी ने मुझे घी का डिब्बा देते हुए कहा, "बेटा, आख़िरी बारी का घी ले जा।" मैं उस वक़्त कुछ समझ नहीं सका और शहर आ गया। दूसरे-तीसरे दिन ही शहर में मुझे दादी के मरने की ख़बर मिल गयी।

बिछड़ा हुआ बचपन और खोया हुआ वक़्त इमरोज़ की आँखों को भिगो रहा था।

मैं 19 फरवरी, 2007 की रात को लाहौर से दिल्ली जाने वाली बस में बैठ कर अजीत कौर जी की दावत पर सार्क पंजाबी राइटर कॉन्फ्रेंस में शिरकत करने के लिए आया था।

सार्क राइटरर्स तंज़ीम के बैनर तले होने वाला तीन दिन का प्रोग्राम हिन्दुस्तान की सरसब्ज़ और ख़ूबसूरत रियासत ओडिशा के तीन तवारीख़ी शहरों भुवनेश्वर, कटक और पुरी में हो रहा था। ज्यों ही हमारी कॉन्फ्रेंस के प्रोग्राम ख़त्म हुए, हम सब वफ़द के साथ दिल्ली लौट आये।

अगले दिन हमें दिल्ली यूनिवर्सिटी के पंजाबी विभाग ने अपने कैंपस में बुलाया। इस विभाग की कनवीनर (हैड) डॉ. कुलजीत कौर शैली के साथ कुलवीर गोजरा और अमिया कुँवर जैसे खुलूस लोगों ने हमारा स्वागत किया। डॉ. जतिन्द्र जौली भी मौजूद थे। कुलवीर उनके शागिर्द हैं और पाकिस्तानी पंजाबी शायरों के साथ उनकी बहुत अकीदत है। डॉक्टर जौली ने हमारा तआरूफ़ करवाया। डॉ. जौली ने मुझे अमिया कुँवर के साथ मिलाते हुए, अमिया को कहा कि सलीम इमरोज़

से मिलना चाहता है। उन्होंने मुझे बताया कि अमिया को अमृता के घर का ही सदस्य समझ लो। मैंने मौक़ा देख कर अमिया जी से अमृता प्रीतम के घर जाने की ख़्वाहिश ज़ाहिर की। अगले दिन मैंने अजीत कौर जी के दफ़्तर से अमिया जी को फ़ोन करके इमरोज़ जी के बारे में पूछा। उन्होंने बताया कि वह कल ही अमृतसर से अपने भाँजे के विवाह में शिरकत कर वापस दिल्ली लौटे हैं और मैंने उन्हें आपके बारे में बताया है। वह हमारा इन्तज़ार कर रहे हैं। मैंने अमिया जी को कहा, फिर आप इधर अजीत कौर जी के दफ़्तर ही आ जाइए। मैं झट से तैयार होकर अमिया जी की प्रतीक्षा करने लगा। ठीक ग्यारह बजे हम ऑटो रिक्शा से उतरकर अमृता जी के घर के गेट से दाख़िल हो, दरवाज़े के पास लगी घण्टी बजा रहे थे।

इमरोज़ जी प्यार भरी बाँहें फैला कर "जी आयां नू" कहने के लिए तैयार खड़े थे। इमरोज़ जैसे मीठे और नाज़ुक व्यक्ति हर एक दिल में जगह बना लेते हैं।

मैं देख रहा था उनकी कारीगर अँगुलियों और ख़ूबसूरत दिमाग़ ने सारे घर की दीवारों पर रंगों की बारिश की हुई है। यूँ लगता था जैसे मैं किसी तिलिस्म हुशरबा में आ गया होऊँ। रंग लहरें बन कर हमारे इर्द-गिर्द बादलों की तरह उड़ते निकल रहे थे। जगह-जगह पर अमृता प्रीतम का चेहरा मुस्कुराता हुआ और सोचता हुआ हमारे पास आकर हमें देखता और फिर अपने फ्रेम में जाकर बस जाता। अन्ततः मुझे इस सुनहरे सपने में से इमरोज़ जी की एक नज़्म ने निकाला–

सारे रंग, सारे शब्द
मिल कर
प्यार की तस्वीर नहीं बन सकते
प्यार की तस्वीर देखी जा सकती है
पल-पल मोहब्बत जी रही
ज़िन्दगी के आईने में

कलाकार को अपना अलग अंदाज़ अपनाना चाहिए। मैं लाहौर आर्ट कॉलेज में पढ़ता था। उस ज़माने में जो विद्यार्थी हर साल प्रथम आता था, उसे शहर का मशहूर आर्टिस्ट अपने स्टूडियो में असिस्टेंट बनाकर ले जाता था। जब मैं अव्वल आया तब वह एक अच्छा ऑफ़र लेकर मेरे पास भी पहुँचा। मैंने पूछा, करना क्या है? बोला, मैं ड्राईंग करूँगा, आप उसमें रंग भरना। मैंने उसी समय इनकार कर दिया और साथ ही यह भी कहा, यह काम मैं नहीं कर सकता। मैं जो भी करूँगा अपना ही करूँगा।

मैंने बतौर आर्ट डाइरेक्टर भी काम किया है, पर मेरी तबीयत में लोगों का हुक्म मानना नहीं है। यह दुखान्त तख़्लीक ज़ेहन वाले इन्सानों के साथ बहुत है कि वह किसी के अधीन होकर काम नहीं कर सकते। मुग़ले-आज़म बन रही थी। उसका पब्लिसिटी इंचार्ज मुझे जानता था। उसने मुझे बुलाया। वह मुझे वेटिंग रूम में बिठा कर शायद भूल गया। मैं इन्तज़ार कर-कर के जब थक गया, तब यह सोच कर वापस आया कि आसिफ़ ख़ान को मेरी ज़रूरत हुई तो मेरे पास ख़ुद आयेगा, नहीं तो मुझे इस तरह का काम नहीं चाहिए। फिर वह वक़्त भी आ ही गया, जब आसिफ़ ख़ान मेरे पास आया और इस तरह मुझे इस फ़िल्म के इतिहास में अपना रंग भरने का मौक़ा भी मिला।

अब मैं घर में बैठकर काम करता हूँ, जिसे मेरी ज़रूरत होती है वह ख़ुद आ जाता है, अपने काम करा कर ले जाता है। मैं अपनी ज़रूरत से अब भी कुछ ज़्यादा ही कमा लेता हूँ और मेरे लिए यह बहुत है। ग़रीबी उस समय होती है जब ख़र्चे आय से बढ़कर होते हैं। मेरा कोई ख़ास ख़र्चा तो है नहीं, रक़म मेरे पास बची हुई पड़ी रहती है।

मैं चित्रकारी करते-करते ख़ताती भी करने लगा। पर मैं कैलीग्राफ़ी करते हुए यह ज़रूर सोच रहा होता हूँ कि मैं फूल लिख रहा हूँ तो इसमें से फूलों जैसी ख़ुशबू ज़रूर आये या पत्थर लिखूँ तो अक्षरों में पत्थर जैसी सख़्ती और मज़बूती हो। मैं अक्षरों की फ़ितरत देखकर कैलीग्राफ़ी करता हूँ।

उर्दू की मैगजीन 'शमा' एक बहुत बड़ी मैगजीन थी। अपने ज़माने में उस का सर्कुलेशन एक लाख से अधिक था। जामा मस्जिद, दिल्ली के सामने एक छोटे से सेटअप से शुरू होने वाली यह पत्रिका हर पढ़े-लिखे घर की ज़ीनत बन गयी। मैं इस पत्रिका में बतौर डिज़ाइनर भर्ती हुआ।

हैनरी मिलर ने कहा था, "एक दिन आयेगा, जब सारे आर्ट दम दे जायेंगे बस ज़िन्दगी बाक़ी रह जायेगी।" मेरा ख़्याल भी हैनरी मिलर से मिलता-जुलता है। मेरे ख़्याल में सारे आर्ट रास्ते हैं और ज़िन्दगी मंज़िल है।

इन्सान को न माँ-बाप अपनी मर्ज़ी के मिलते हैं और न ही अपने बच्चे। मर्ज़ी का अपना-आप भी कब किसी को मिला है, ख़ून के रिश्ते देखने को रिश्ते लगते हैं पर रिश्तों के असल मायनों से दूर होते हैं। सिर्फ़ मनपसन्द रिश्तों के साथ ही ज़िन्दगी होती है।

मैं एक दोस्त के घर पेइंग गेस्ट बनकर भी रहा। दोनों मियाँ-बीवी रात को ख़ूब लड़ते। एक सुबह मेरे पूछने पर बीवी ने बताया, उसकी तबीयत नहीं ठीक पर पति इस हाल में भी शारीरिक सम्बन्ध चाहता है। कहता है, "यह मेरा हक़ है।" मैंने कहा, "यह आपके मियाँ बीवी के रिश्ते की नफ़ी है। दूसरे की मर्ज़ी के बिना उसके बदन को छूना भी पाप है। रेप है। यह रेप हर घर में हो रहा है। बीवियों के साथ भी और खाविन्दों के साथ भी। फिर इस रेप के नतीज़ें में जो औलाद पैदा होती है, वह भी नाजायज़ ही होती है। जिस्मों के साथ-साथ हक़ों की ज़्यादती भी मुसलसल ज़ारी है।

इन्सान का सबसे बड़ा दुखान्त भी यही है कि उसे औरत सेक्स से आगे दिखती ही नहीं। बड़ी-बड़ी आर्ट गैलरियों में भी औरत आपको नंगे बदन ही मिलती है। औरत ख़ुद भी औरत को इसी तरह प्रस्तुत कर रही है। अभी तक मर्द ने औरत के साथ सिर्फ़ सोकर देखा है, उसके साथ जाग कर कभी नहीं देखा। अगर देखा होता तब मर्द अपनी हयाती ही नहीं, अपितु अपनी नस्ल, सब कुछ बदल चुका होता।"

ज़हीन औरत के साथ आप चाय तो पी सकते हो, बातें भी कर सकते हो पर उसे जीवन साथी बनाने की हिम्मत नहीं कर सकते क्योंकि ज़हीन औरत के साथ में आपकी सोच की चिड़िया पंख नहीं फड़फड़ा सकती। मैंने अपने से कई गुना अधिक दिमाग़ वाली औरत के साथ रहना शुरू किया और उसकी सोहबत में ख़ुद भी मैच्योर हो गया हूँ। ज़िन्दगी अमृता की अपनी थी, जिसे वह अपने अंदाज़ में जीना चाहती थी और यह उसका क्या, हर इन्सान का पैदाइशी हक़ है। प्रीतम सिंह इतना बड़ा दिल नहीं कर पाया, इसलिए उसे अमृता का फ़ैसला सुनना पड़ा। प्रीतम सिंह रोज़ मुझे देखता

था, मैं उसके बच्चों को सुबह स्कूल छोड़कर आता हूँ और फिर दोपहर को स्कूल से वापस भी लेकर आता हूँ। मोटरसाइकिल प्रीतम सिंह के पास भी थी पर यह ज़िम्मेदारी मैंने अपने ऊपर ले ली।

जागते इन्सान को
ज़िन्दगी हर मोड़ पर प्रतीक्षित मिलती है
और सोये हुए को
ज़िन्दगी ख़ामोशी से बाईपास कर जाती है।

इन्सान वहाँ रहता है, जहाँ वह प्यार करता है। चाहे उसका बदन किसी ओर जगह पर हो। जहाँ इन्सान का जिस्म होता है, प्यार नहीं होता, वहाँ वह हाज़िर होकर भी ग़ैर-हाज़िर ही रहता है।

इसीलिए मैंने अपना कोई बच्चा नहीं किया। मैं अमृता के बेटे नवराज को ही अपना बेटा मानता हूँ। पर उसके ख़्याल में उसकी माँ का उसके पिता से अलग होने का फ़ैसला ठीक नहीं था।

जागा हुआ इन्सान ही इन्कलाब बनता है। भीड़ को जगाया नहीं जा सकता, सिर्फ़ अकेला व्यक्ति ही जाग सकता है। मज़हब के नाम पर लोगों को इस्तेमाल किया जाता है। पर जागता हुआ इन्सान कभी उनके कहने में नहीं आता। हमारा संयोग प्यार के रिश्ते का है, निकाह के काग़ज़ का नहीं। हम दोनों ने एक साथ रहना था और यही बहुत है।

अमृता ने साहिर के साथ इश्क़ किया, सच्चा इश्क़ किया। यह सिर्फ़ अमृता के अपने कलबूत के भीतर से अंकुरित हुआ था। सिर्फ़ विवाह प्रीतम सिंह के साथ हुआ था। वह भी अधूरा-सा। इस तरह के विवाह को आप दो जिस्मों की कैद तो कह सकते हो पर संयोग नहीं कहा जा सकता।

यह 1964 की बात है, जब मैं पटेल नगर वाले छोटे घर में से अपने थोड़े से सामान सहित अमृता के घर आ गया। यह घर अमृता ने पैसा-पैसा जोड़ कर बनाया था और इसकी उसारी में भी अमृता की हक़-हलाल की कमाई लगी हुई थी, सरकार ने अमृता की किताब पर जो साहित्यिक अवार्ड और उसके साथ रकम दी थी, उससे अमृता ने हौज़ ख़ास दिल्ली में यह छह मरले का प्लाट ख़रीद लिया। मैं उन दिनों एक एडवरटाइजिंग फ़र्म में बतौर आर्ट डायरेक्टर काम करता था। बारह-तेरह सौ मिल जाते थे। गुज़ारा ठीक-ठाक हो जाता था। पर अन्दर का बाग़ी मुझे पाबन्द रह कर काम नहीं करने देता था। मैं किसी का हुक्म नहीं मान सकता।

मैंने अपना प्लाट बेच कर और कुछ और जमा किये हुए पैसे डाल कर अलग-सा तज़ुर्बा किया। पहले एक मकान किराये पर लिया। फिर कुछ कारीगर मँगवाए। कपड़े रंगने, उनको सिल कर रेडीमेड आर्टिस्टिक शूटिंग का नाकाम तज़ुर्बा। मेरा प्लाट, वक़्त और मेहनत सब कुछ दाव पर लग गये। हाथ क्या आया, एक सिल्क की कमीज़ और एक साड़ी। कभी-कभार अमृता को पैसों के बेकार होने का बहुत अफ़सोस होता और मैं कहता इतनी महँगी साड़ी तो किसी मलिका ने भी नहीं पहनी होगी, तुम्हें तो इस पर फ़ख़्र होना चाहिए–

"आपके आर्ट वर्क में फ़िल्मी टच ख़ास-सा दिखता है, जैसे फ़िल्मी पोस्टरों में बड़ा ग्लैमर्स सा मेकअप दिखाई देता है इसकी कोई ख़ास वजह है या आप काम से ख़ूब मुतासिर हो..." मैंने

पूछा, "वही स्टाइल आपने मीर तकी मीर, गालिब, शोभा सिंह (मुस्सवर), शिव कुमार बटालवी तथा कुछ और लोगों, औरतों के पोरट्रैट में इस्तेमाल किया है।"

इमरोज़ ने हँसते हुए बताया, आपने ठीक अनुमान लगाया है, पाशा जी ! इस बात को कोई आर्टिस्ट ही देख सकता है, दूसरों के लिए तभी यह सिर्फ़ तस्वीर है सुन्दर सी या प्यारी दिखती हुई। आप ख़ुद मुस्सबर भी हो और इसीलिए फ़न की मीन-मेख पर आपकी नज़र गयी है। असल में लाहौर का लक्ष्मी चौक नये सुखन वालों के लिए बड़ा पीर ख़ाना है, मैंने भी दो साल वहाँ लगाए हैं और बहुत-बहुत बड़े फ़िल्मी बोर्ड बनाये हैं। अपने कॉलेज के ज़माने में मैं वहाँ अपना हाथ साफ़ करने जाता था। बहुत उस्तादी शागिर्दी वाला माहौल होता था। हम फुटों और गजों के हिसाब से तस्वीरें बनाते थे। जिस सिनेमा के मस्तक पर किसी मशहूर उस्ताद के हाथ का पेंट किया हुआ सैट लगता, हम सब लोग उसे देखने जाते थे। आजकल तो पीनाफ़लिक्स ने इस फ़न को भी ज़िन्दा दरगुज़र कर दिया है। आर्टिस्ट भूखे मर रहे हैं, सारा काम कम्प्यूटर पर चला गया है, जैसे ख़ताती का काम कम्प्यूटर कम्पोजिंग ने हड़प कर लिया है।

यह जानते हुए भी अगर अमृता साहिर के साथ इश्क़ करती है, मैं अमृता से प्यार करता हूँ। इस मोहब्बत में कभी कमी नहीं आयी। मेरे दिल में तो साहिर के लिए भी बहुत प्यार था। कभी हसद या शरीके-बाज़ी का जज़्बा पैदा नहीं हुआ था। हम तो फक्कड़ दोस्त थे और अमृता मुझे हर हाल में कबूल थी। साहिर के इश्क़ में डूबी हुई भी, दिवानगी में भी।

अमृता और मैंने 'नागमणि' निकालने का इरादा किया। पत्रिका निकालने के लिए हमें बहुत पापड़ बेलने पड़े। पंजाब के एक बहुत बड़े लेखक ने शहर के सारे प्रिंटिंग प्रेस वालों को हमारा रसाला छापने से रोक दिया। जैसे हमारा पहला क़दम उठाने से पहले ही बाँध दिया गया। यहाँ मेरा आर्टिस्ट होना काम आ गया। कुछ प्रिंटिंग वालों से मेरा दुआ-सलाम थी। यह छोटे-छोटे प्रेस हैं दिल्ली के, जहाँ सिर्फ़ सेहरे और बसों में बिकने वाले छोटे-मोटे क़िस्से-कहानियाँ और नीम हकीमों के पैमफ़लेट छपते थे। वहाँ अब 'नागमिण' भी छपने लग गयी। मैं और अमृता जब पत्रिका के लिए अपने हिस्से का काम पूरा कर लेते थे, मतलब रचनाओं का चुनाव, पूरे पृष्ठों के लेआऊट और डिज़ाइन आदि, जब पूरे हो जाते तब हम यह पूरी फ़ाइल उठा कर टैक्सी में रखते। प्रिंटिंग प्रेस जाते।

पत्रिका की पॉलिसी ऐसी बनायी कि इसमें कोई इश्तिहार नहीं होगा और न ही इसे अपनी कमाई का ज़रिया बनायेंगे। हमने फ़ैसला किया जैसा हम ख़ुद जी रहे हैं, पत्रिका को भी ऐसे ही जीना होगा। बिना किसी के सामने हाथ फैलाये, अपनी अना के साथ, झूठ और कम्परोमाईज़ के बिना। सौ-सौ रुपए देकर मैं और अमृता इस पत्रिका के पहले लाईफ-पार्टनर बन गये। 'नागमणि' के सम्पादक और आर्टिस्ट घर में ही मिल गये थे, और वह भी बिना किसी तनख़्वाह के, चौबीस घण्टे के मुलाज़िम।

पत्रिका को स्टॉल पर बिकने के लिए नहीं रखा गया। ख़रीददारों को वी.पी.पी. द्वारा भेजा जाता था। इसकी क़ीमत उस समय बहुत कम रखी थी। 2002 में जब यह बन्द हुआ तब इसकी क़ीमत दस रुपए थी। लेखन अगर बुरा होता तब बड़े से बड़े लेखक का काम भी छाँट कर परे कर दिया जाता था।

बातें करते-करते इमरोज़ मुझे घर की छत पर ले गये। पूरी छत गमलों और पौधों से भरी हुई थी। इमरोज़ पौधों को पानी देने लग गये। मैंने ग़ौर किया गमले ढेर सारे हैं और इमरोज़ जी 80 वर्ष के बुज़ुर्ग। मैं कुर्सी से उठा और एक छोटी सी बाल्टी लेकर मैंने भी पौधों को पानी देना शुरू किया। इमरोज़ मुझे अपने साथ देख कर ख़ुश हो गये और बोले, "पाशा ! तुम्हें एक बात बताऊँ। मैं और अमृता सुबह नाश्ते के बाद इन कुर्सियों पर आकर बैठते थे। फिर अमृता इन पौधों को प्यार करती, पानी देती, और मैं अमृता को अख़बार पढ़ कर सुनाता।"

मैंने इमरोज़ जी से पूछा, "आप रोज़ इतने सारे पौधों को पानी देते हो?" "हाँ बिल्कुल।" "पर यह तो बहुत ज़्यादा हैं !" "यार, कितने ज़्यादा हैं?" मैंने जवाब दिया, "पूरे 99 हैं, एक कम सौ !" इमरोज़ हँस कर बोले, तुमने इतनी जल्दी गिन भी लिए हैं। अमृता के बाद इस चमन की हिफाज़त करना और पानी देना मेरी इबादत का हिस्सा बन गया है। अगर मैंने एक दिन की भी छुट्टी कर ली तो फिर अमृता क्या सोचेगी? वह सामने बैठी यह ही तो देख रही है। मैं इन पौधों की ख़ातिर घर छोड़ कर कहीं नहीं जाता। कोई मुझे अमेरिका बुलाता है, कोई कनेडा, बर्तानिया। मेरी बहन और उसके बच्चे अमृतसर रहते हैं। कुछ दिन पहले मेरा उसके बेटे के विवाह में अमृतसर जाना हुआ था। मैंने तीन दिन बहुत मुश्किल से बिताए और जल्दी लौट आया। मेरा कहीं ओर दिल नहीं लगता। लोगों को अब क्या ख़बर कि मैं इस घर में अमृता के नाम का दीया जला कर बैठा हूँ। सो लोग उसके नाम पर चले आते हैं। अगर मैं यहाँ नहीं होऊँगा तो फिर कौन इनकी देखभाल करेगा। अब यह ही मेरी इबादत भी है, ज़िन्दगी भी और कमाई भी।

मैंने एक बार फिर बात को इमरोज़, अमृता और साहिर के त्रिकोण की ओर जोड़ा। मैंने साहिर को हमेशा दोस्त और साथी समझा है, कभी भी रकीब नहीं। कभी कोई नैगेटिव जज़्बा हमारे बीच में नहीं आया। न ही मैंने कभी उसे बुरी नज़र से देखा है और न ही बुरे दिल से समझा है। मैंने उसे हमेशा अच्छा और प्यारा इन्सान ही जाना है। शायर भी कमाल का और बातें भी ख़ूबसूरत करने वाला। अमृता और साहिर के ताल्लुक पर एक लम्बी नज़्म भी लिखी है, जिसका एक हिस्सा साझा करता हूँ–

चाहत

नौ सौ मील का फ़ासला
कोई फ़ासला नहीं था
और भी होंगे अनदेखे, फ़ासले
जो तय नहीं हुए
चलते तो यह फ़ासले
कभी फ़ासले ही न रहते
चाहतें तो, कहते हैं हज़ारों मील चलती हैं
उसकी मोहब्बत गवाह है
तवारीख़ गवाह है

वक़्त के साथ दोनों,
कविता से बेहतरीन कविता तक
नज़्म से बेहतरीन नज़्म तक पहुँच गये
पर ज़िन्दगी तक नहीं पहुँचे।
पहुँच जाते तब दोनों की ज़िन्दगी भी
कविता हो जाती, नज़्म हो जाती...

इस नज़्म में कविता से मुराद अमृता प्रीतम और नज़्म से मुराद साहिर है। यह नज़्म उन दोनों का मुतालिया भी है जो मैंने दोनों के सामने बैठ कर किया है।

नवराज़ का बेटा आजकल मुम्बई में कम्प्यूटर ऐमीनेशन पर काम करता है, बहुत अच्छा फील्ड है उसका वहाँ। और अपने पिता से बिल्कुल अलग स्वभाव का है। दोनों भाई-बहन मुझे बहुत प्यार करते हैं। पोत्री कॉलेज में पढ़ रही है और पोता कमा रहा है।

इस घर की एक-एक ईंट प्यार और मोहब्बत के गारे से जोड़ी गयी है और इस की छत हम दोनों के ऐतिमाद पर खड़ी है। इसीलिए घर को आशिकों की जन्नत कहा जाता है।

मैं जब से इस घर में आया था, इमरोज़ के सामने बैठा उनकी नज़्मों जैसी बातें और बातों जैसी नज़्में सुन रहा था। शाम के छह बज गये थे।

अमिया जी के घर से दो बार टेलीफ़ोन आया और उन्होंने अपने घर जाने की इजाज़त माँगी। इमरोज़ जी ने कहा, तुझे इजाज़त की क्या ज़रूरत है, तू जब दिल करे आ जाया कर। अमिया जी ने हमारी ग्रुप फ़ोटोस लीं और फिर मिलने का वादा कर चली गयीं। (कैमरे में कोई तकनीकी ख़राबी होने के कारण वह तस्वीरें नहीं बन पायीं –अमिया) उनके भीतर का आर्टिस्ट कितना मासूम है जिसे कभी भी किसी से प्यार के अलावा कोई अपेक्षा नहीं होती।

मैंने पूछा–"आप अमृता की मौत पर रोये थे?"

मुझे कभी भी किसी की मौत पर रोना नहीं आता, चाहे वह अमृता ही क्यों न हो। "इमरोज़ कहने लगे", मुझे रोना सिर्फ़ उस समय आता है जब कोई मुझे बहुत ही इज्ज़त देता है, प्यार देता है। अमृता की मौत पर इसलिए रोना नहीं आया कि उसे जो तकलीफ़ थी उससे छुटकारे की सिर्फ़ यही एक सूरत बाक़ी रह गयी थी। मेरा दुखान्त यह है कि मैं उसकी इस तकलीफ़ को बाँट नहीं सकता था। अब अगर कुदरत ने उसकी यह तकलीफ़ ख़त्म कर दी तो इस पर रोना क्या? अमृता को भी यह एहसास था कि उसकी यह तकलीफ़ यूँही ख़त्म होने वाली नहीं। एक दिन वह बीमारी से घबरा कर मुझे कहती है, इमरोज़, मैंने सुना है साइनाइड से ज़िन्दगी जल्दी ख़त्म हो जाती है। तू ऐसा कर, मुझे थोड़ा-सा ला दे। मैं ख़त्म होना चाहती हूँ, इस मर्ज़ से भी और ज़िन्दगी से भी।

मैंने हँस कर कहा, पगली न हो तो, आजकल कहाँ मिलता है ख़ालिस साइनाइड, मिलावट वाले से तकलीफ़ और बढ़ जायेगी। इस तरह मैं उसे उसके अन्तिम समय तक दिलासे देता रहा। अब वह जहाँ है, वहाँ मुझे देख-देख कर मुस्कराती है और कहती है–

मैं तुम्हें फिर मिलूँगी
कहाँ? किस तरह? नहीं जानती
शायद तुम्हारे तख़्यिल की चिंगारी बन कर तुम्हारी कैनवस पर
रहस्यमय लकीर बन कर
ख़ामोश तुम्हें देखती रहूँगी...

रात के दो बज रहे थे, मैंने अपना सामान बाँधा। इमरोज़ ने मेरे सामने अमृता की तस्वीरें रखीं, मैंने उनमें से सिर्फ़ वह उठायी, जिनकी डुप्लीकेट इमरोज़ के पास थीं। बतौर सौगात 'नागमणि' का एक परचा, इमरोज़ के बनाये हुए कुछ स्केच (कॉपियाँ) और नये साल का इमरोज़ का डिज़ाइन किया हुआ कैलेंडर, यह सब तोहफ़े मैंने अपने झोले में डाल लिए और चलते हुए अमृता प्रीतम के दरवाज़े को चूम कर धीरे-धीरे आशिकों की इस जन्नत से बाहर आ गया।

(सलीम पाशा द्वारा इमरोज़ से किए लम्बे अनौपचारिक इंटरव्यू के कुछ अंश–सांझ, त्रैमासिक अप्रैल 2008)

अदीब दोस्तों ने लिखा है :

इमरोज़

–अमृता प्रीतम

'उमरा दे इस काग़ज़ उत्ते इश्क़ तेरे अँगूठा लाया, कौन हिसाब चुकायेगा।'[1] इस कविता की पृष्ठभूमि यह थी कि एक बार एक उर्दू मुशायरे के मौक़े पर लोग साहिर से ऑटोग्राफ़ ले रहे थे। लोग कुछ परे हुए तो मैंने हँसकर अपनी हथेली उसके आगे कर दी और कहा, 'ऑटोग्राफ़!' साहिर ने हाथ में लिए हुए क़लम की स्याही अपने अँगूठे पर लगाकर, वह अँगूठा मेरी हथेली पर लगा दिया, मानो मेरी हथेली के काग़ज़ पर हस्ताक्षर कर दिया हो। मेरे इस काग़ज़ पर क्या लिखा हुआ था जिस पर उसने हस्ताक्षर किया था, यह सब हवाओं के हवाले है। उसे न उसने कभी पढ़ा, न ज़िन्दगी ने, इसीलिए कह सकती हूँ–

साहिर एक ख़्याल था–हवा में चमकता हुआ शायद मेरे अपने ही ख़्यालों का एक जादू, पर इमरोज़ के साथ बितायी हुई ज़िन्दगी शुरू के कुछ बरसों को छोड़कर, एक बेख़ुदी के आलम तक पहुँच गयी है। इस आलम को शायद–इस वक़्त याद आयी हुई एक बात से कुछ पकड़ा जा सकता है। एक दिन घर आये हुए एक मेहमान ने मेरा और इमरोज़ का हाथ देखा। मुझसे कहा–"आपके हाथ में धन की बड़ी गहरी और लम्बी रेखा है, आपको ज़िन्दगी में धन की कमी नहीं हो सकती।" पर इमरोज़ से उसने कहा–"आपके पास रुपया कभी नहीं जमा होगा। आपके हाथ की रेखा जगह-जगह से टूटी हुई है।" इमरोज़ ने अपने हाथ में मेरा हाथ लेकर कहा–"अच्छा है, फिर हम दोनों एक ही रेखा से गुज़ारा कर लेंगे।"

1964 में जब इमरोज़ ने हौज़ ख़ास में रहने के लिए पटेल नगर का मकान छोड़ा था, तब अपने नौकर को आख़िरी तनख़्वाह देकर उसके पास एक सौ और कुछ रुपये बचे थे। पर उन दिनों उसने एक एडवर्टाइजिंग फ़र्म में नौकरी कर ली थी, बारह-तेरह सौ वेतन था, इसलिए उसे कोई चिन्ता नहीं थी। पर एक दिन दो-तीन महीने बाद उसने लाउड-थिंकिंग के तौर पर मुझसे कहा–"मेरा जी करता है, मेरे पास

1. मेरी उम्र के इस काग़ज़ पर तेरे इश्क़ ने अँगूठा लगाया, इसका हिसाब कौन देगा...

दस हज़ार रुपये हों, ताकि जब जी में आये नौकरी छोड़ सकूँ और अपने मन का कोई तजुर्बा कर सकूँ।" महँगाई बढ़ रही थी, पर उसकी कही हुई बात, मेरा जी करता था, पूरी हो जाये। जल्दी ही एक साधन भी बन गया–इमरोज़ को वेतन के अतिरिक्त पाँच सौ रुपये मासिक का काम अलग मिल गया। सो, ख़र्च में जितनी कमी कर सकती थी, की, और इमरोज़ के दस हज़ार रुपये जोड़ने की लगन लगा ली।

लगभग सवा बरस में सचमुच दस हज़ार रुपये इकट्ठे हो गये और इमरोज़ ने एक दिन अचानक नौकरी छोड़ दी। अलग काम का पाँच सौ का अलग आसरा था, वह भी अगले महीने अचानक बन्द हो गया। मुझे तीन महीने के लिए यूरोप जाना था, चली गयी। मेरी अनुपस्थिति में इमरोज़ ने बाटिक का तजुर्बा करना सोच लिया और उसके लिए अपने भाई को दक्षिण की ओर भेज दिया कि वहाँ से बाटिक का एक अच्छा कारीगर खोजकर ले आये।

मैं यूरोप से वापस आयी तो पहले से ही इमरोज़ ने ग्रीन पार्क में तीन सौ रुपये मासिक पर एक मकान किराये पर लिया हुआ था, जिसमें दो कारीगर रहते थे और कड़ाहों में रंग उबालकर नये ख़रीदे हुए कपड़ों के थानों पर बाटिक का तजुर्बा कर रहे थे। रंग एकसार नहीं आ रहे थे और इन धब्बेदार कपड़ों को ढेर-के-ढेर फेंका जा रहा था।

उन दिनों इमरोज़ का मिज़ाज दिल्ली के उस मौसम की तरह था, जब दोपहर के समय शरीर लू की तपिश से जलने लगता है और शाम पड़ते ही ठण्ड से सिहरने लगता है। कुछ कहना चाहा पर सारे शब्द व्यर्थ थे।

ढाई सौ रुपये महीने पर एक दर्जी और आ गया, जो अच्छे बने कपड़ों को काट-काटकर क़मीज़ों की शक्ल में सिलता था।

पर कमीज़ों की कमर का साइज़ उर्दू शायरी की हसीना की कमर की तरह था...

ऐसी कोई पाँच सौ क़मीज़ों का हश्र यह हुआ कि इन्हें बरसों तक सँभालकर रखने के लिए एक अलमारी बनवानी पड़ी और एक बड़ा ट्रंक ख़रीदना पड़ा। एक दिन की बात याद आ जाती है तो आज भी हँसी छूट पड़ती है। एक दिन एक अमेरिकन स्त्री को एक क़मीज़ बहुत पसन्द आयी, वह देख रही थी कि उर्दू शायरी की हसीना की कमर के लिए सिली हुई यह क़मीज़ उसके नहीं आयेगी, पर उसने एक पर्दे की ओट में होकर किसी तरह उस क़मीज़ को अपने शरीर पर फँसा लिया। उतारने लगी तो गले से न निकले। हारकर उसने पर्दे के पीछे से आवाज़ दी–"प्लीज़ गैट मी आउट ऑफ़ दिस शर्ट।"

दस हज़ार बिल्कुल ख़त्म हो गये तो इमरोज़ ने अपना इकलौता प्लॉट बेच दिया। साढ़े छह हज़ार में बिका। एक बरस के इस तुजुर्बे में, किताबों के इक्का-दुक्का टाइटल बनाकर उसने जो कमाया था–उसे भी मिलाकर–ख़र्च का पूरा जोड़ बीस हज़ार हो गया।

और फिर, बाटिक से उसका जी भर गया। इस तुजुर्बे में सिल्क की एक क़मीज़ और सिल्क की एक साड़ी जो इमरोज़ ने अपने हाथों से बनायी थी, मेरे पास है। जब भी यह कमीज़ या साड़ी पहनने लगती हूँ, बीस हज़ार का ख़्याल आ जाता है। और कभी उदास होने लगती हूँ तो इमरोज़ हँसकर कहता है–"इतनी क़ीमती साड़ी तो किसी मलिका ने भी न पहनी होगी, तुम्हें ख़ुश होना

चाहिए कि आज तुमने दस हज़ार की साड़ी पहनी हुई है। सो, मेरी यह साड़ी भी दस हज़ार की है और कमीज़ भी दस हज़ार की..."

मैं सचमुच अमीर हूँ—यह इमरोज़ के उस हौसले की अमीरी है जो बीस हज़ार रुपये खोकर इस तरह हँस सकता है। और यह बीस हज़ार भी वह, जो उसने न उससे पहले कभी देखे थे, न बाद में...

इमरोज़ को समझना कठिन नहीं। उसमें एक रेखा है जो बराबर चली आ रही है—हथेली पर नहीं, मस्तिष्क के सोचने में। उसके मन में चीज़ों के वे रूप उभरते हैं, जिन्हें काग़ज़ पर, कपड़े पर या लकड़ी-लोहे पर उतारना, उसके वश की बात है। केवल बड़े साधन उसके वश के नहीं हैं।

उसने टैक्सटाइल के अत्यन्त सुन्दर डिज़ाइन बनाये थे। मैं उन्हें देखती थी तो कहती थी—"यह अगर सचमुच काग़ज़ों से उतरकर दो-दो गज़ के कपड़ों पर आ जायें तो सारे हिन्दुस्तान की लड़कियाँ परियाँ बन जायें... !"

यह डिज़ाइन काग़ज़ों पर बनाना उसके वश में था, उसने बना लिये, पर इन्हें कपड़ों पर उतारने के लिए एक मिल की आवश्यकता थी। हमारे मुल्क की ग़रीबी यह नहीं है कि उसके पास मिलें नहीं हैं, ग़रीबी यह है कि मिलवालों के पास दृष्टि नहीं है। ये डिज़ाइन दो बार दो मिल मालिकों को दिखाये थे, पर अनुभव यह हुआ कि वे लोग, आइन रैंड के उस वाक्य के अनुरूप हैं जो ऐसे लोगों के लिए उसने उनके भाग्य के समान ही लिखा था—पर्फेक्ट इडियट्स।

वास्तव में इसी विवशता के कारण इमरोज़ ने बाटिक का माध्यम सोचा था कि कुछ डिज़ाइन मिलों की मोहताजी से मुक्त होकर कपड़ों का शरीर छू सकें।

यह और बात है कि यह काम जब तक कारीगरों के हाथ में रहा, वर्णन योग्य नहीं था, पर जब अन्त में इमरोज़ ने उसका सारा अमल अपने हाथ में ले लिया, कुछ चीज़ें ऐसी तैयार हुईं कि आँख हटाये नहीं हटती थी। पर ऐसी चीज़ों के लिए कुछ जापानियों और अमरीकनों के सिवाय कोई ख़रीदार नहीं था और साथ ही यह भी था कि यह हुनर जब इस शिखर पर पहुँचा, तब दो गज़ कपड़ा ख़रीदने के लिए भी पैसे नहीं रह गये थे।

यह साधारण-सा माध्यम भी पहुँच के बाहर हो गया, तो इस तुजुर्बे का सिलसिला ख़त्म हो गया। फिर धीरे-धीरे वे तुजुर्बे अस्तित्व में आये जिनके लिए एक बार में सौ-पचास रुपयों से अधिक की आवश्यकता नहीं होती थी। इमरोज़ ने घड़ियों के डायल डिज़ाइन करने शुरू किये। जब चालीस-पचास रुपये इकट्ठे हो जाते वह एक घड़ी ख़रीद लाता और उसका डायल डिज़ाइन करता। आज भी हमारी एक अलमारी उन घड़ियों से भरी हुई है जिन्हें रोज़ चाबी देना मुमकिन नहीं है—पर कभी-कभी हम वह अलमारी खोलते हैं तो सारी घड़ियों को चाबी देकर उनकी टिक-टिक बेथोवन की सिम्फनी की तरह सुनते हैं।

घड़ियों में सदा 'एक समय' होता है, पर इमरोज़ ने 'दो समय' घड़ियों में पकड़ने चाहे। एक तो साधारण समय जो सूइयाँ बताती हैं और दूसरा वह जो विश्व के कुछ कवि शब्दों में पकड़ते हैं। इसलिए इमरोज़ ने नम्बर वाले डायल निकालकर घड़ियों में वे डायल डाले जिन पर उसने विश्व के कवियों की वे पंक्तियाँ लिखी थीं जिनमें अनेक पल-छिन पकड़े हुए थे।

जो घड़ियाँ सँभालकर रखी हुई हैं, उनमें से किसी के डायल पर फ़ैज़ का शेर है, किसी पर क़ासमी का, किसी पर वारिस शाह का, किसी पर शिवकुमार का...

इसी तरह इमरोज़ के कुछ कैलेंडर डिज़ाइन हैं। किसी की सूरत चौकोर मेज़ के समान है जिस पर तारीख़ और वार शतरंज के मोहरों की तरह बिछे हुए हैं। किसी की सूरत एक वृक्ष के समान है जिस पर तारीख़ और वार के हरे-हरे पत्ते लगे हुए हैं। किसी की सूरत एक साज़ के समान है जिसके तार कसने वाली चाबियाँ बरस के महीने और वार हैं।

यह सब कुछ अगर अपने देश में और विदेशों में दिखाया जा सकता तो हिन्दुस्तान का नाम अमीर हो सकता था। पर किसी सरकारी मशीनरी को चाबी दे सकना न मेरे वश की बात है, न इमरोज़ के।

जब कोई किसी का वर्तमान अपनाता है, तो वास्तविक अपनाने में, उसका और दूसरे का अतीत भी, शामिल हो जाता है–अलग-अलग नहीं रह जाता–भले ही वह आँखों देखा नहीं होता, फिर भी वह अपने अस्तित्व का हिस्सा बन जाता है–अपने शरीर के किसी पुराने घाव की भाँति।

इमरोज़ जानता है, मोहन सिंह जी के प्रति मेरे आदर में मेरी मुहब्बत शामिल नहीं थी। एक बार जब उनकी किताब 'जंदरे' (ताले) का वह कवर-डिज़ाइन बना रहा था, तो किताब की मुख्य कविता के अनुसार उसे टाइटिल के ऊपर दो ताले बनाने थे–मेरे दो बच्चे जो मोहन सिंह के विचार में दो फूलों के ताले थे पर – उसने टाइटिल पर तीन ताले बनाये। कहने लगा–तीसरा सबसे बड़ा ताला तो ख़ुद बच्चों की माँ थी, जो मोहन सिंह को दिखाई नहीं दिया। इसलिए मैंने अधूरी कविता को पूरा करने के लिए दो की जगह तीन ताले बना दिये हैं।

और इमरोज़ जानता है, मैंने साहिर से मुहब्बत की थी। यह जानकारी अपने आप में बड़ी बात नहीं है, इससे आगे जो सचमुच बड़ा है वह इमरोज़ का मेरी असफलता को अपनी असफलता समझ लेना है।

इमरोज़ जब साहिर की किताब 'आओ कोई ख़्वाब बुनें' का टाइटिल बना रहा था तो काग़ज़ लिए हुए कमरे के बाहर आ गया। बाहर के कमरे में मैं और देविन्दर बैठे हुए थे। उसने टाइटिल दिखाया। देविन्दर ही एकमात्र वह दोस्त है जिससे मैं साहिर की बात कर लेती थी, इसलिए देविन्दर ने कुछ अतीत में उतरकर, एक बार टाइटिल की ओर देखा, एक बार मेरी ओर। पर मुझसे और देविन्दर से भी, कहीं अधिक इमरोज़ ने मेरे अतीत में उतरकर कहा–"साला ख़्वाब बुनने की बात करता है, बनने की नहीं।"

मैं हँस पड़ी, "साला जुलाहा, सारी उम्र ख़्वाब बुनता ही रहा, किसी का ख़्वाब न बना।"

मैं, देविन्दर, इमरोज़ कितनी ही देर तक हँसते रहे – उस दर्द के साथ जो ऐसे अवसर पर ऐसी हँसी में शामिल होता है।

कभी हैरान हो जाती हूँ–इमरोज़ ने मुझे कैसा अपनाया है, उस दर्द के समेत जो उसकी अपनी ख़ुशी का मुखालिफ़ है...

एक बार मैंने हँसकर कहा था, "ईमू ! अगर मुझे साहिर मिल जाता, तो फिर तू न मिलता"–

और वह मुझे, मुझसे भी आगे, अपनाकर कहने लगा, "मैं तो तुझे मिलता-ही-मिलता भले ही तुझे साहिर के घर नमाज़ पढ़ते हुए ढूँढ़ लेता !"

सोचती हूँ–क्या कोई ख़ुदा इस जैसे इन्सान से कहीं अलग होता है।

इमरोज़ अगर ऐसा न होता जैसा है तो मैं उसकी ओर देखकर यह शेर कभी न लिख सकती–"बाप वीर दोस्त ते खाविन्द, किसे लफ़्ज़ दा कोई नहीं रिश्ता, उंज जदों मैं तैनूं तक्किया-सारे अक्खर गूढ़े हो गये।"[1]

इमरोज़ के पास मेरे कई पत्र हैं, पर इनमें से एक मेरे मन का चित्रण करने वाला वह पत्र मिलता है जो मैंने अगस्त, 1967 में उसे यूगोस्लाविया से लिखा था–

'ईमवा' : यथार्थ की सीमाबन्दी से घबराकर पायी हुई एक वस्तु होती है–फैंटेसी ! पर सोचती हूँ, जो स्थिरता से प्राप्त किया जाता है वह फैंटेसी के आगे होता है। इसलिए तेरा ज़िक्र उससे आगे है–बियांड फैंटेसी।

"हेनरी मिलर के शब्दों में सारे आर्ट एक दिन समाप्त हो जायेंगे, पर आर्टिस्ट अवश्य रहेंगे और ज़िन्दगी 'एक आर्ट' नहीं होगी, 'आर्ट' होगी। अगर यह मान लिया जाये कि हेनरी मिलर का यह कल्पित समय एक हज़ार वर्ष बाद आ जायेगा तो यह कहूँगी कि समय से एक हज़ार साल पहले पैदा हो जाना तेरा कसूर है। यह हर उस व्यक्ति का कसूर है जो सिर से पैर तक जीता है। इस दुनिया में अभी लोग इस तरह के नहीं होते। हर व्यक्ति का आधा कुछ जन्म लेता है, आधा माँ की कोख में ही मर जाता है। हर मनुष्य अभी अपना बहुत-सा भाग कोख की क़ब्र में दफ़न करके जन्म लेता है और उसके लिए किसी पूर्ण मनुष्य को देखने से बढ़कर और कोई दुखदायी बात नहीं होती। सो इस दुनिया की तेरे प्रति उदासीनता स्वाभाविक है या ऐसे कहूँ कि हर वर्तमान की जड़ें केवल अतीत में होती हैं, पर तेरे जैसे उस व्यक्ति का क्या हो जिसके वर्तमान की जड़ें केवल भविष्य में हैं। अगर एक हज़ार साल बाद छपने वाले किसी अख़बार की प्रति मैं आज बाज़ार में ख़रीद सकूँ तो मुझे विश्वास है कि मैं उसमें तेरे कमरे में बन्द पड़ी हुई तेरी कलाकृतियों का विवरण पढ़ सकती हूँ।"

'पर्फेक्शन' जैसा शब्द तेरे साथ नहीं जोड़ूँगी। यह एक ठण्डी और ठोस-सी वस्तु का आभास देता है और यह आभास भी कि इसमें से न कुछ घटाया जा सकता है, न बढ़ाया जा सकता है। पर तू एक विकास है, जिससे नित्य कुछ झड़ता है और जिस पर नित्य कुछ उगता है। पर्फेक्शन शब्द एक गिरजाघर की दीवार पर लगे हुए ईसा के चित्र के समान है – जिसके आगे खड़े होने से बात ठहर जाती है। पर तुझसे बात करने से बात चलती है–एक सहजता के साथ–जैसे एक साँस में से दूसरी साँस निकलती है। *तू जीती हुई हड्डियों का ईसा !*

"एक पराये देश से तुझे पत्र लिखते हुए याद आया है कि आज 15 अगस्त है–हमारे देश की स्वतन्त्रता का दिन। अगर कोई इन्सान किसी दिन का चिह्न बन सकता हो तो कहना चाहूँगी कि तू मेरा 15 अगस्त है, मेरे अस्तित्व की और मेरे मन की अवस्था की स्वतन्त्रता का दिन !"

–अमृता, दुब्रोवनिक (यूगोस्लाविया)

---

1. पिता, भाई, मित्र और पति – किसी शब्द का कोई रिश्ता नहीं। पर जब तुझे देखा, ये सारे अक्षर गाढ़े हो गये।

प्रेम का पर्यायवाची शब्द : इमरोज़

–अमिया कुँवर

सच में, प्रेम का दूसरा नाम सोचें तो बेसाख़्ता ही इमरोज़ का चेहरा सामने आ जाता है। 22 दिसम्बर 2023, इमरोज़ के बेजान मस्तक पर चुम्बन देते हुए यादों की रील घूमने लगी।

उनसे पहली बार मिलने से लेकर यह अन्तिम मुलाक़ात : जीवन्त हादसों का हुजूम मेरे साथ-साथ चहलक़दमी करने लगा। पहली मुलाक़ात मेरी अल्हड़ जवानी की धुँधली याद है। बी.ए. द्वितीय वर्ष की एक छात्रा, जो अमृता प्रीतम की बेइन्तहा प्रशंसक थी, उनसे मिलने की चाहत लिये, उनसे फ़ोन पर मिलने की इच्छा ज़ाहिर की। उन्होंने भी हामी भर दी। यह सन् 1975 की बात है। एक बार 1972 में भी उन्होंने मुझे मिलने की स्वीकृति दी थी। पर, किसी कारणवश मैं उनके यहाँ जा नहीं पायी। ख़ैर ! उस दिन मैं उनके घर गयी। इमरोज़ चाय बनाने चले गये। अमृता जी को जब मुझसे पता चला कि मैं कमला नेहरू कॉलेज में पढ़ रही हूँ तब उन्होंने इमरोज़ को ऊँचे स्वर में आवाज़ लगायी–"ईमा, यह अपनी कृष्णा के कॉलेज में पढ़ती है।" (कृष्णा ग्रोवर, हमारे कॉलेज की प्रिंसिपल, अमृता जी के उपन्यास 'चक नम्बर छत्तीस' का उन्होंने अंग्रेज़ी में अनुवाद किया था और वह अमृता जी की दोस्त थी।) इमरोज़ का मुस्कुराता चेहरा अपनत्व भरा हाथ मेरे शीश और पेशानी को स्पर्श कर रहा। कुछ बातें हुईं,...अब याद नहीं, जाने किस-किस विषय पर...ज़रूर किताबों, साहित्य और कुछ इधर-उधर की होंगी। फिर बरस-दर-बरस बीत गये। ज़िन्दगी ने कभी मोहलत ही न दी। 1984 में मेरा विवाह हौज़ ख़ास, उनकी रिहायश के साथ जुड़े, सफ़दरजंग डेवलपमेंट एरिया में हो गया। पाँच साल बीत गये। उनके घर के पास से आने-बहाने निकलती, हसरत से उस घर को निहारती कि यहाँ मेरी दिलनशीन लेखिका रहती है पर जाने की हिम्मत न जुटा पाती।

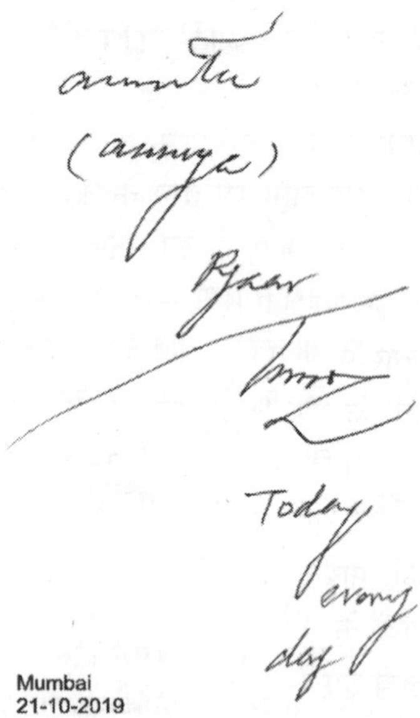

Mumbai
21-10-2019

पर...कभी काम पर जाने के लिए सुबह घर का गेट खोलती (उन दिनों मैं गुरु हरिकृष्ण पब्लिक स्कूल, वसन्त विहार में पढ़ा रही थी।) घर के सामने वाले पार्क के इर्द-गिर्द कुछ साहित्य

से जुड़े लोग कर्तार सिंह दुग्गल, भापा प्रीतम सिंह, कभी-कभी जसवन्त आर्टिस्ट सैर करते दिखाई देते। हाँ, पर अमृता जी अकसर ही इमरोज़ के काँधे पर हाथ टिकाये सैर करते नज़र आते। एक दिन हम हौज़ ख़ास मार्केट से आ रहे थे (मैं और मेरे पति हरप्रीत) इमरोज़, देव (पंजाबी कवि, चित्रकार) के साथ मार्केट से आते दिखे। देव की पत्नी जोगिन्द्र (जोगी दीदी) मेरी बहुत प्यारी दोस्त थी। मैंने उन्हें घर आने का निमन्त्रण दिया।

कुछ ही देर में वे हमारे घर बैठे, चाय पी रहे थे। जैसे जाने कितनी पुरानी पहचान हो। उसके बाद इमरोज़ कई बार आये। दरअसल बातों-बातों में उन्हें हरप्रीत से पता चला कि जालन्धर में कोई वैद्य है, जिसे एक्ज़िमा दूर करने का शफ़ा हासिल है। अमृता जी के पति स. प्रीतम सिंह क्वात्रा का एक्ज़िमा ठीक नहीं हो रहा था। उन्हीं की दवाई के लिए हरप्रीत से मिलने आते थे। फिर एक दिन अचानक अमृता जी का फ़ोन आया, "मुझे एक निजी अनुवादक की ज़रूरत है, मुझे पता चला है तुम्हारी हिन्दी और पंजाबी दोनों भाषाओं में बराबर की कमाण्ड है।" पूरा दिन उनके कहे बोल कानों में गूँजते रहे। यक़ीन ही न आये कि सचमुच फ़ोन की दूसरी ओर अमृता प्रीतम की आवाज़ थी। यही लगे कि किसी ने मुझे मूर्ख बनाया है। यह मेरे जानने वालों में आम थी कि मैं अमृता जी की जुनून की हद तक प्रशंसक हूँ। ख़ैर ! अगले दिन उनके यहाँ गयी और फिर उस घर से जो राबता क़ायम हुआ, वह अभी तक बरकरार है। अमृता जी के होते हुए भी इमरोज़ जी का मेरे प्रति पिता वाला मोह झलकता रहता था। एक बार एक हादसे में, मई 1993 में मेरे टखने की हड्डी चटख गयी। पता चलने पर इमरोज़ हमारे घर आये और ढेर सारी किताबें दे गये। "जब तक बिस्तर पर हो, इन पुस्तकों के साथ समय बिता।" एक और ख़ूबसूरत बात याद आती है–एक दिन उनकी दीवार पर लगी एक तस्वीर मुझे बहुत पसन्द आयी ख़ूबसूरत पेंटिंग जैसी। अमृता जी ज़मीन पर पाँवों के भार, चूल्हे के पास बैठे, तवे पर फुल्के सेंक रहे–पास ही मूढ़े पर बैठे इमरोज़ खाना खा रहे। मैंने झिझकते हुए वह तस्वीर माँगी तब इमरोज़ मेरा हाथ पकड़कर अमृता जी के पास ले गये, "देखना माज़ा ! यह अपने घर से कोई चीज़ लेते हुए झिझक रही है। इससे कहो, यह तेरी ससुराल नहीं, मायका है। जो दिल चाहे, उठा ले। इजाज़त की ज़रूरत नहीं।" फिर मुझे रसोई के साथ जुड़ी लॉबी के एक ओर दीवार पर बने ब्लैक बोर्ड की ओर ले गये, जहाँ कुछ लोगों के फ़ोन नम्बर लिखे हुए थे, जिस पर मेरे ससुराल, मायका, मेरी बहन और मेरी एक-दो दोस्तों के फ़ोन नम्बर भी दर्ज़ थे। उन दिनों मेरे पास मोबाइल नहीं था। (सो जहाँ मेरे होने का पता चलता, अमृता जी को ज़रूरत पड़ती, वहाँ उनका फ़ोन आ जाता) उसी ब्लैक बोर्ड पर सबसे ऊपर चॉक से इमरोज़ जी ने कैलीग्राफ़ी से लिखा हुआ था–Every thing you love is yours, उसकी ओर अँगुली से इंगित कर कहा, "आगे से यह ध्यान में रखना।" जब कभी मैं फूल लेकर जाती। सीढ़ियों से आवाज़ देते हुए अमृता के कमरे में जाते हुए कहते, देख बरकते ! फूलों जैसे चेहरे और खिली मुस्कान वाली लड़की तेरे लिए फूल लेकर आयी है। अमृता जी की जब साँसें टूट रही थीं तो घबरा कर सबसे पहले मुझे ही फ़ोन किया–अमिया, जहाँ भी है, जल्दी आ जा। मैं उस समय विज्ञान भवन में भाई वीर सिंह सदन की ओर से करवाए गये सेमिनार में शिरकत कर रही थी। इतने ग़म में भी वे अपनी ज़िम्मेदारी और तहज़ीब नहीं भूले थे। रात बहुत हो गयी थी। अमृता जी के दाह-संस्कार के

बाद वह मुझे और असमा सलीम को स्कूटर दिलाने के लिए घर से बाहर स्टॉप तक आये। अमृता के जाने के बाद, उनकी यादों से हर क्षण जुड़े रहने के बावजूद इमरोज़ भीतर से कहीं बहुत अकेले भी हो गये थे। चाहे घर के लोग उनका पहले से अधिक ध्यान रखने लगे थे। अलका, शिल्पी, अमान उनकी हर इच्छा पर फूल चढ़ाते। इसलिए वे कहीं भी जायें, कभी उनके चाहने पर और कभी अपनी मर्ज़ी से, अपनी ज़िम्मेदारी समझ कर मैं उनके साथ होती। हम हर समागम में एक साथ जाने लगे। पटियाला, अमृतसर, चण्डीगढ़, जाने कहाँ-कहाँ, दिल्ली में भी पंजाबी अकादमी, साहित्य अकादमी, पंजाबी भवन, उमा के घर, इंडिया हैबिटेट सेंटर, छत्तरपुर फ़ार्म हाउस, धूप की महफ़िल और मेरे घर। एक ख़ूबसूरत याद...धूप वाली महफ़िल में भापा प्रीतम सिंह के फ़ार्म हाउस पर हम सब खाना खा रहे थे। मेरी बेटी पंखुड़ी मेरे साथ थी, तब वह बहुत छोटी थी, 10-11 बरस की। इमरोज़ जी ने पानी माँगा। मैं उठकर पानी लेने के लिए जाने लगी कि मेरे नज़दीक रखा पानी का गिलास उन्होंने उठा लिया। मैंने रोकते हुए उन्हें कहा, "इमरोज़ जी, यह मेरा जूठा है।" इमरोज़ जी ने हँसते हुए यह कहकर, "बेटियों का जूठा नहीं होता।" गिलास होंठों से लगा लिया। अमृता उनसे मनफ़ी नहीं हुई थी, अपितु पहले से अधिक जमा-गुणा हो गयी थी, पर इसके साथ ही उनके कहीं भीतर असुरक्षा की भावना आ गयी थी। उम्र का भी तकाज़ा था। अब वे कहीं अकेले बाहर जाते, चाहे नज़दीक हौज़ ख़ास मार्केट ही। वह एक सादा सफ़ेद लिफ़ाफ़ा हमेशा अपने कुर्ते की जेब में रखते, जिसमें वह ज़रूरत के मुताबिक रुपये-पैसे रखते। पर्स रखना उन्हें पसन्द नहीं था। लिफ़ाफ़े के बाहर अलका (अमृता जी की बहू), शिल्पी (पोती), अमान (पौत्र) और अमिया कुँवर के मोबाइल नम्बर लिखे होते। जब वह लिफ़ाफ़ा पुराना, फटने जैसा हो जाता, तब नया लिफ़ाफ़ा लेकर फिर से इन चार नम्बरों को उतार लिया जाता, ताकि अगर कोई अनहोनी हो जाये या कोई हादसा हो जाये तो हमारे नम्बरों पर सम्पर्क किया जाये। मैं 'अक्खरां दी जाई' (अक्षरों की बेटी) सम्पादित कर रही थी। दुनिया भर के कवियों की अमृता प्रीतम पर लिखी कविताएँ उसमें संकलित थीं और मुझे हर समय यह अफ़सोस लगता था कि इमरोज़ का कोई भी लेखन इसमें शामिल नहीं... जब उन्हें कहा, "आप कुछ इसमें लिख दें, कहने लगे, मैं कवि नहीं हूँ।" मैंने कहा, "आप कुछ भी ख़्याल लिख दें, मैं उसे काव्य-रूप दे दूँगी।" और एक दिन (24 दिसम्बर, 2004) उनका फ़ोन आ गया, "अमिया ! आकर कविता ले जा।" वह कविता 'अमृता' मेरी किताब की पृष्ठ आवरण जिल्द को सजाने के लिए रख ली। पर पूरे एक महीने बाद (24 जनवरी, 2005) इमरोज़ जी का फ़ोन आ गया, अमिया, वह कविता हटा दे। यह नयी लिखी है, 'नीड़-गृह', यह लगा दे। इस तरह से इस कवि का जन्म हुआ। जिसके लिए मैं कभी-कभी अपना कन्धा थपथपा लेती हूँ। जिस समय इमरोज़ ने कविता लिखनी शुरू की, उसके कुछ महीनों पूर्व ही अमृता ने न सिर्फ़ कविता लिखनी बन्द की थी, अपितु अपने लेखन, कविता और किताबों के प्रति भी उदासीन हो गयी थी। अमृता को कुछ दिनों के लिए उनके कमरे की जगह, उनकी लाइब्रेरी में शिफ़्ट किया गया था, यह इमरोज़ की सुविधा को ध्यान में रख कर किया गया था। लाइब्रेरी इमरोज़ के कमरे के साथ जुड़ी हुई थी कि जब अमृता को ज़रूरत हो, इमरोज़ झट से उनके पास पहुँच जायें। पर अमृता को यह सब कुछ बहुत अजनबी-सा लगता और मुझे 'नागमणि' के पुराने अंक टटोलते देखकर कहती–"यह तू क्या

हर समय किताबों में खोयी रहती है। ऊबती-थकती नहीं।" मैंने अमृता जी के कान के नज़दीक होकर कहा, "आपको पता है, इमरोज़ जी ने भी लिखना शुरू कर दिया है।" अमृता के चेहरे पर कोई भाव नहीं आए। इमरोज़ उदास हँसी हँसकर कहने लगे, "कभी अमृता को शिकवा था कि जिस साहिर के लिए 'सुनेहड़े' लिखे, उसने ही पढ़े नहीं और आज अमृता मेरे कवि होने से बेखबर है।"

हाँ, मैं और इमरोज़ दो बार एक-दूसरे से नाराज़ भी हुए। उसमें मेरा बचपना भी था। वह अपनी जगह ठीक थे। पर मैं उनके साथ नाराज़ होने का पूरा हक़ रखती थी। सो चार-पाँच दिन हौज़ ख़ास और उसमें रहने वालों के बिना बीत गये (के–25 मेरे लिए पूरा हौज़ ख़ास ही है।) अलका हैरान-परेशान। उसे इस सबका पता था। वह रह-रह कर इमरोज़ जी के पास जाये, "बाबा जी, अमिया दीदी नाराज़ हो गयीं। रूठ गयी हैं। उन्हें फ़ोन करें।" इमरोज़ जी सहज ही कहने लगे, "जब ग़ुस्सा शान्त होगा, आ जायेगी।" पर भीतर से कहीं, वे भी बेचैन थे। अलका का फ़ोन आया, "दीदी ! यह आपका भी तो घर है। अपने घर से कोई ऐसे नहीं रूठता।" और उसने मुझे मना लिया। पर दरवाज़े की दहलीज़ मुझ से पार नहीं हो रही थी। इमरोज़ सामने अपने स्टूडियो में पेंटिंग कर रहे थे। उन्होंने टेढ़ी नज़र से मुझे देखा। मेरी झिझक को महसूस किया। काम बीच में छोड़ कर, दरवाज़े के पास आये। मुझे बाजुओं में लेते हुए, मेरे मस्तक पर चुम्बन दिया और मैं फिर उस सल्तनत की रियाया हो गयी। मेरा धर्मी बाबुल, कैसे न उस पर गर्व करूँ। अमृता के जाने के बाद अकसर फ़ोन कर मुझे बुलाते...क्या बात है, तुझे अमृता याद नहीं आ रही...आ जा। टैरेस पर बैठ कर कॉफ़ी पीएँ और अमृता को याद करें, उस सोहणी की बातें करें। कुछ ही देर में हम दोनों छत पर बैठे कॉफ़ी पी रहे होते। अमृता के हाथों से लगाये पौधे हवा में लहरा रहे होते और हम अमृता को उस सुगन्धित हवा में साँस लेते हुए महसूस करते। मेरे जन्मदिन पर घर बुलाकर केक काटते। कितनी ही यादें हैं, जिन्हें फ़ुरसत में बैठकर लिखूँगी। बीते वर्ष 26 जनवरी, 2022 को उनके जन्मदिन पर मुम्बई गयी। बहुत ख़ुश हुए। हल्के-फुल्के मज़ाक चलते रहे। केक ख़ुश होकर खाया। मई में फिर जाना हुआ, किसी पारिवारिक फ़ंक्शन में। चार महीनों के अन्तराल में ही वह बहुत ढल गये थे। बहुत कमज़ोर लग रहे। मुझे पहचाना। बातें कीं। मेरा और पंखुड़ी का हाथ कसकर पकड़े रखा, जैसे कुछ छूटने का डर लग रहा हो, उसे कस कर अपने साथ जोड़े रखना चाह रहे हों। नवम्बर के अन्तिम सप्ताह, अलका का फ़ोन आया, दीदी बाबा जी बीमार हो गये थे। कुछ दिन अस्पताल रहे। अब घर आ गये हैं। कुछ बेचैनी हुई। पंखुड़ी को कहा, 26 जनवरी, 2024 की मुम्बई की टिकटें बुक करा दे। इमरोज़ जी का जन्मदिन है। 6 दिसम्बर सुबह-सुबह अपनी दोस्त कँवल ढिल्लों को कैब में बिठाने गयी, उसे कलकत्ता की फ्लाइट पकड़नी थी। मौसम ख़ुशगवार देख सामने पार्क में सैर करने चली गयी। ऊँची-नीची जगह पर चलते हुए, सन्तुलन बिगड़ जाने पर, गिर गयी और दायें पैर के अँगूठे से ऊपर की हड्डी चटख गयी। दर्द से बेहाल थी। अलका के साथ फ़ोन पर बात होती रहती थी। इमरोज़ जी की तबीयत की नासाज़ी को लेकर। जब 7 दिसम्बर अलका का फ़ोन आया, मेरी तकलीफ़ सुनकर चुप हो गयी। पर मेरे भीतर कुछ बुझ-सा गया था। कई बार अलका से बात हुई। डॉक्टर ने मुझे इक्कीस दिन बिस्तर पर आराम करने के लिए कहा था। दर्द के साथ बेचैनी भी लगातार चल रही थी। 20 दिसम्बर अलका को फ़ोन किया।

अलका को कहा, "रात नींद नहीं आयी।" अलका कहने लगी, "दीदी ! पैर में दर्द ज़्यादा था?" मैंने कहा, इमरोज़ जी की फ़िक्र से कम। अलका की निराश आवाज़ सुन मेरी बेटी ने मेरा चेहरा देखा और 21 दिसम्बर की टिकट बुक करवा दी और वापसी 23 दिसम्बर दोपहर की। कहने लगी, "माँ ! वैसे कौन-सा अपना सेहत और दर्द की परवाह करती हो।" अलका, शिल्पी का घर मेहमानों से भरा हुआ था। सो मेरे फ़ोन करने पर डॉ. गुरप्रीत मुझे अपने घर लेने के लिए आ गये, कहने लगे, सुबह दफ़्तर जाते वक़्त आपको इमरोज़ के यहाँ छोड़ दूँगा। मैं चाह कर भी उसे कुछ कह न सकी। हालाँकि दिल इमरोज़ को देखने के लिए बेचैन था। अगली सुबह मुँह-अँधेरे शिल्पी का फ़ोन आने से मेरी नींद खुली।...आंटी ! आंटी !...बाबा जी...उसके बाद उससे वाक्य पूरा न हो पाया। आवाज़ आँसुओं से भरी हुई थी। मेरे होंठों से सहज ही बोल निकले, "नहीं रहे !" लगा, जैसे वह मेरा ही इन्तज़ार कर रहे थे। अपनी अन्तिम रीतियों में शामिल होने के लिए। गुरप्रीत के कमरे के बाहर खड़े होकर, दरवाज़ा खटखटाया, आवाज़ लगायी, गुरप्रीत ! जल्दी से तैयार होकर मेरे साथ चल। कांदिवली पहुँचे। इमरोज़ अपने कमरे में बिस्तर पर चिर-निद्रा में लीन, ख़ामोश, शान्त। नज़दीक जाकर उनके मस्तक को सहलाया। चुम्बन दिया। आँखों से टपका आँसू, जाने कहाँ गिरा। सम्पूर्ण रीति-रिवाज़ों के साथ, फूलों और लोइयों के साथ इमरोज़ का पूरा जिस्म ढक गया था। मन्त्र-उच्चारण होते रहे। विशाल (शिल्पी के पति) के चाचा जी ने शान्ति-सुक्त पाठ किया। सिख-मर्यादा को ध्यान में रखते हुए मैंने भी संक्षिप्त-सी अरदास की। विशाल ने इमरोज़ जी के सीने पर दो कोरे काग़ज़, दो पेंटिंग ब्रुश रखे और लाल रंग का छिड़काव किया। फिर सब शान्त, मौन धनुकर बॉड़ी श्मशान घाट की ओर चल दिये। हवा में रह-रह कर अलका की सिसकियों की आवाज़ गूँजती। विद्युत शवदाह गृह में इमरोज़ जी का दाह-संस्कार किया गया। अगले दिन उनके फूल और राख चुन कर नज़दीक बहते समुद्र के अक्षय तट से पानियों के हवाले कर दिये। पाँच तत्त्वों का शरीर पाँच तत्त्वों में विलीन हो गया। वह जो मेरा बाबुल भी था, बाल सखा भी, मेरा सान्ता क्लास भी...जाने कितने रिश्ते थे उस शख़्स के साथ...अब तो सिर्फ़ यादें ही रह गयी हैं...

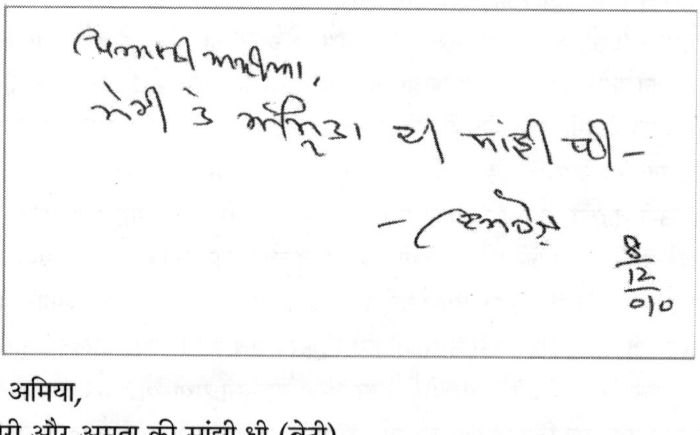
ਪਿਆਰੀ ਅਮੀਆ,
ਮੇਰੀ ਤੇ ਅਮ੍ਰਿਤਾ ਦੀ ਸਾਂਝੀ ਧੀ -
- ਇਮਰੋਜ਼
8/12/010

(प्यारी अमिया,

मेरी और अमृता की सांझी धी (बेटी)

–इमरोज़ 8/12/010)

सुन मेरे जज़मान जी

–अमिया कुँवर

अमृता प्रीतम ने 'नागमणि' के किसी अंक में छोटी-सी एक लोक-कहानी को उसके अनेक-पात्रिये पसारे और अनेक पर्तिये विषय के कारण संसार की सबसे लम्बी कहानी ऐलाना है :

सुण मेरे जज़मान जी
जुल्ली जप्पा सड़ गया।
और धागे अमन-अमान जी।

अमृता-इमरोज़ के सन्दर्भ में भी यह कौतुक हो रहा है। ये दोनों अनादि नायक-नायिका का रूप इसी तरह ही अख़्तियार कर गये हैं–जैसे क़भी हीर-रांझा, सस्सी-पुन्नू, सोहणी-महिवाल, मिर्ज़ा-साहिबाँ का रुतबा था। पर फ़र्क़ सिर्फ़ इतना है कि उन सबका मिलन नहीं हो सका। मौत जैसा दुखान्त उनका भाग्य बना। पर, अमृता-इमरोज़ ने दुनिया, रस्मों, सामाजिक, क़ानूनी, नैतिक नियमों से बेपरवाह होते हुए 48-49 बरस मिल-जुलकर, एक-दूसरे के संग-साथ को जीते हुए ख़ुशहाल ज़िन्दगी जी। इतना ही नहीं, 2005 में अमृता के परलोक गमन होने के बाद भी 18 वर्ष और पौने दो महीने से अधिक इमरोज़ ने अमृता की मौजूदगी को अपनी ज़िन्दगी में क़ायम रखा।

अमृता उनके लिए हमेशा 'है' ही रही, कभी 'थी' नहीं बनी। अगर कभी मोहनजीत, निरूपमा दत्त या किसी और का लेख प्रकाशित हुआ देखते, जिसमें अमृता के लिए 'था' लिखा देखते, झट से 'था' पर काटा (X) लगा कर गहरे अक्षरों में 'है' लिख देते। इमरोज़ के रुखस्त होने के बाद फ़ेसबुक पर प्रतिक्रियाओं का ज्वारभाटा-सा आ गया, जिसमें अधिकतर पोस्ट नकारात्मक थीं पर, कुछ समझदार अदीब-प्रशंसकों ने इन दोनों के रिश्ते के सूक्ष्म धागे को पकड़ते हुए बहुत ख़ूबसूरत कविताएँ भी लिखीं और पुख्ता ख़्याल भी दर्शाये। दोनों के देह रूप ख़त्म होने पर उनके साथ जुड़ी कहानियों के धागे अमन-अमान से क़ायम रहे।

क्या यह इसी युग की बात है? क्या अमृता-इमरोज़ इसी सदी में पैदा हुए हैं। यह हमारी ख़ुशनसीबी है कि एक जीवन्त प्यार को मिथ में रूपान्तरित होते हुए हमने अपनी आँखों से देखा है। जब नानी-दादी बच्चों के सामने बातें (कहानियाँ) कहेंगी, तब इस परी-क़िस्से ने भी अनायास और सहज ही उन बातों में अपनी जगह ले लेनी है।

“एक थी अमृता और एक था इमरोज़।” अब कोई ‘था’ को काटकर ‘है’ नहीं लिखने वाला।

अमृता-इमरोज़ का अनादि साथ दो हसीन स्वतन्त्र हस्तियों का संगम है जिन्होंने एक-दूसरे को पूरी तरह ग्रहण करते हुए भी एक-दूसरे की स्वतन्त्रता का आदर किया है, बरकरार रखा है। उसमें किसी तरह का ख़लल नहीं डाला।

कई सदियों पहले ऋग्वेद की एक विदुषी सूर्या-सावित्री में से ज़रूर अमृता प्रीतम के इमरोज़ से जुड़े रिश्ते की झलक मिलती है। जब इस दुनिया के पहले ग्रन्थ की एक ऋचा में वह कहती है कि “सुबह की रोशनी जब सूर्य को मिले तब उसकी आँखों में ज्ञान का काजल हो, हाथों में अपने प्रेमी को सौगात देने के लिए वेद मन्त्र हो। दुनिया के विद्वान उनसे प्रेरित हों और स्वतन्त्रता उनकी सेज हो।”

इस सदी के अज़ीम कलाकारों अमृता-इमरोज़ का मिलन भी इसी सन्दर्भ में जाना-समझा जा सकता है।

के–25 हौज़ ख़ास मोहब्बत का मुज्जसमा था। जो भी दिल्ली आता... इस घर में आकर, इन प्यारों को मिल कर, उसे लगता, उसका हज हो गया। इतने बड़े घर की सफ़ाई और बर्तन साफ़ करने के अलावा कोई काम वाली नहीं थी। दोनों हँसते-खेलते ही खाना बना लेते। चाय इमरोज़ ही बनाते। पर चपातियाँ अमृता ही बनाती। छोटी-छोटी, गोल, फूली हुई। उसका कहना था अपना खाना आप बनाने का हुनर शोभा सिंह जी के घर अन्दरेटे रहकर बीबी इन्द्रजीत कौर से सीखा। काम वाली का होना, उन्हें अपनी ज़िन्दगी में निरी दख़लअंदाज़ी लगता था।

दोनों ने एक-दूसरे को बुलाने के लिए कई लाडले नाम रखे हुए थे। जहाँ अमृता इमरोज़ को ईमा, ईमू, ईमवा, साईं लोक, जीती जैसे नामों के साथ मोह भरी पुकार लगाती। इमरोज़ उसे माज़ा, आशी, बरकते, बुल्ले शाह आदि नामों से सम्बोधित करते थे।

अमृता-इमरोज़ के रिश्ते के सूक्ष्म धागे को पकड़ने के लिए अमृता के अन्तिम दिनों की झलक दिलानी बनती है।

ज्यों-ज्यों अमृता का जाना नज़दीक आने लगा, निश्चित होने लगा–इमरोज़ और अधिक अमृता के साथ जुड़ने लगे। इमरोज़ ने अपना काम कम करना, अपने कमरे में कम रहना और अमृता के कमरे में अधिक समय बिताना शुरू कर दिया था। पहले जब कभी मुझे कोई किताब दी तो उस पर अकसर लिखा करते, प्यारी अमरजीत के लिए, इमरोज़ की ओर से। पर उन दिनों वह लेखन में भी अपने नाम के साथ अमृता का नाम जोड़ कर उम्र के सिरनावें (एड्रेस) पर मुहर लगा कर पक्की रसीद बनाने लगे। अमृता की ‘मैं तुम्हें फिर मिलूँगी’ के पंजाबी संस्करण पर प्यारी अमरजीत के लिए, अमृता और इमरोज़ 26.05.05 लिखकर जब मेरे हाथों में दी, मैंने उस समय जाना कि कैसे कोई किसी से नि:स्वार्थ, अबोल, मूक, बेपनाह जुड़ जाता है कि उससे बाहर, उससे परे उसे और कुछ नज़र नहीं आता।

कई बार मित्र-लोग चिन्तित हो जाते, इमरोज़ जी की जुनूनी हालत देख, अमृता के प्रति सेवा-भावना देख, इमरोज़ अमृता का जाना कैसे सहन करेंगे। इमरोज़ सहज ही जवाब देते–क्यों? दुखी क्यों होऊँगा। 45-46 वर्ष साथ-साथ रहकर अपनी मर्ज़ी का जीना किसे नसीब होता है।

अमृता के जाने के बाद सिर्फ़ एक नज़्म 'रुख' (वृक्ष) में उन्होंने अमृता के लिए 'थी' का इस्तेमाल किया है, पर वह भी नयी ज़मीन की तलाश में, फिर से उगने के लिए, पर वे फिर से कविताओं में अमृता को हाज़िर-नाज़िर मान उससे बातें करने लगे।

संस्कार के दो दिन बाद की वह नज़्म मेरे सामने है, जो इमरोज़ जब अमृता के अस्थि-फूल चुनकर मजनू का टीला जाकर यमुना नदी में बहाकर आये। तब उन फूलों को पानियों के बहाव के साथ बहते देखकर उनके मस्तक में स्मृतियों ने झुरमुट डाल लिया और बेसाख्ता ही नज़्म को यह बोल (शब्द) मिले–

बहते पानियों के
साथ-साथ चलते हुए
वह पूछती है
तुम मेरे
किस जन्म से साथ हो
मेरे मौन ने जवाब दिया–
जब से जन्म बने हैं
तब से...

अमृता के जाने के बाद अकसर इमरोज़ जी का फ़ोन से बुलावा आ जाता। के–25, हौज़-ख़ास में दाख़िल होते ही, घण्टी का बटन दबाने से पहले ही, वह मेरी आहट सुन लेते। सीढ़ियों से उतर, दरवाज़ा खोल मुझे बाजुओं में बाँध, सेकेंड फ्लोर से ऊपर छत पर ले जाते...जहाँ कॉफ़ी और अमृता-इमरोज़ के हाथों से लगाये फूल-पौधे हमारा इन्तज़ार कर रहे होते...फिर कॉफ़ी की चुस्कियों के साथ हमारी बातों का एक ही केन्द्र-बिन्दु होता...अमृता ! अमृता !! अमृता !! !

कभी कहते–जिन्हें मोहब्बत का पता ही नहीं, वे मोहब्बत करने वाली औरत के बारे में बातें कर रहे हैं, दरअसल, इन्होंने तगड़ी (हिम्मती) औरत देखी ही नहीं, जिसने अपनी मर्ज़ी मुताबिक जिया। अमृता औरों के बारे में सोचकर अपनी एनर्जी नहीं ख़र्च करती। अमृता जी के बारे में ज्ञानपीठ वालों ने अपनी मैगजीन के लिए इमरोज़ जी को कुछ लिखने को कहा, तब मैं उनके लिखे को पंजाबी से हिन्दी में अनुवाद कर रही थी, इस दीवाने के सामने नतमस्तक हो गयी। एक जगह वे कहते हैं कि शुरुआत तो अमृता की किताब के कवर डिज़ाइन के सफ़र से, साहित्य सफ़र की हुई थी, पर वह धीरे-धीरे ज़िन्दगी का सफ़र बन गया। अमृता ख़ुद भी ख़ूबसूरत थी, उसकी सोच भी ख़ूबसूरत थी और उसने मेरी ज़िन्दगी को भी ख़ूबसूरतमय कर दिया। अमृता प्यार-ही-प्यार है। मैं लफ़्ज़ों में नहीं बयान कर सकता कि उसने मुझे कितना प्यार किया-दिया है। मेरी सोच से भी ज़्यादा। औरतें अकसर अमृता पर रश्क करतीं कि उसे इमरोज़ जैसा स्थायी प्रेमी-साथी मिला है। मुझे याद है साहित्य अकादमी की एक गोष्ठी में हिन्दी लेखिका कमल कुमार इमरोज़ जी की ओर देखकर, मेरी ओर देखते हुए मुस्करा कर, हसरत भरे स्वर में कहने लगी; "हमें कोई इमरोज़ नहीं मिला !"

घर वापस आते हुए रास्ते में इमरोज़ जी से जब यह बात कही तब कहने लगे, "इमरोज़ के साथ के लिए अमृता होना पड़ता है, जो और कोई हो ही नहीं सकती।" जैसे इमरोज़ की हर तस्वीर में से अमृता के नक़्श झलकते हैं, वैसे ही उनकी हर कविता में से अमृता का साथ, शख़्सियत की नुहार, उसके प्रति प्यार बेइन्तहा नज़र आता है। अमृता के प्रति उनके यह एहसास अन्त तलक बरकरार रहे। उनकी ओर से तोहफ़े में मिली पुस्तक 'जश्न जारी है', मेरे सामने है, जिस पर उन्होंने लिखा–

प्यारी अमिया,
मेरी और अमृता की सांझी बेटी

–इमरोज़ 8/12/10

मेरी डायरी का एक और पन्ना मेरे सामने है, जब मैं फ़िल्म फेस्टिवल पर मुम्बई गयी थी तब अमृता-इमरोज़ के परिवार के साथ सात दिन रही...एक दिन डायरी उनके सामने की–(21.10.2019) अमृता के जाने के लगभग 14 वर्ष बाद इमरोज़ जी ने अपना पेन उठाया और लिखा–

Amrita (Amiya)
Pyaar
Imroz
Today
Everyday

अमृता इमरोज़ से पहले किसी भी मर्द से जुड़ी हो–चाहे वह पति स. प्रीतम सिंह क्वात्रा हों या साहिर लुध्यानवी के प्रति उसकी एकतरफ़ा चाहत...कोई रूह के, ख़्यालों के, सोचों के, ज़िन्दगी के साथ का नहीं बन पाया। उनके साथ रहकर भी आधी-पौनी रही। इमरोज़ के भरपूर साथ ने उसे मुकम्मल किया। तब ही तो इमरोज़ के चेहरे की ओर देखकर उसे किसी और दुनियावी मर्दाने रिश्ते की ज़रूरत नहीं रही। अपनी क़लम द्वारा उसने इमरोज़ के प्रति अपनी भावनाओं को यूँ उकेरा है–

बाप, वीर, दोस्त और खविन्द
किसी लफ़्ज़ का नहीं कोई रिश्ता
वैसे जब मैंने तुम्हें देखा
सारे अक्षर गहरे हो गये...

इमरोज़ ने अमृता के इस भरोसे को अन्त तलक बरकरार रखा।

कभी अमृता ने साहिर को उलाहना देते हुए लिखा था–

हम जग वाली बाज़ी जीत ही लेते
अगर तू दुक्की भी रंग की लगा देता...

इमरोज़ ने दुक्की से लेकर इक्के तक के सभी रंग के पत्ते उसके हवाले करके उसका ज़िन्दगी-भर का उलाहना उतार दिया।

अमृता की कविता की एक पंक्ति को उसने घर के दरवाज़े पर चित्रित किया था–

परछाइयों को पकड़ने वालो
सीने में जलती आग की परछाईं नहीं होती...

पर वह पिछले कई बरसों से (2005-2023) सीने में जलती आग की तपिश सहन करता परछाइयों के पीछे ही भागता रहा...

हर चेहरे, हर तस्वीर, हर कविता में
उसको अमृता की परछाईं पड़ती रही...

अन्ततः वह चला गया सबसे हाथ छुड़ा कर, उसके पास, जिसके साथ उसका रिश्ता गहरा था। हम तो उसे यूँ ही कस कर पकड़े बैठे थे। वह, जिसने अमृता के फूल यमुना में बहते देख कहा था...

बहते पानियों के साथ-साथ
चलते हुए
वह पूछती है
तू मेरा किस जन्म का साथी है...

23 दिसम्बर, 2023, मुम्बई अक्षय तट से जब इमरोज़ के अस्थि-फूल सागर में बहाए गये तब प्रत्यक्ष में तो कोई नहीं था पर कहीं से अमृता यही सवाल इमरोज़ से कर रही–दोनों एक दूसरे का हुँकारा बन रहे–फ़िज़ा की ख़ामोशी उनका जवाब बन रही–जब से जन्म बने हैं तब से...

मेरे हिस्से का इमरोज़

–अमिया कुँवर

इमरोज़ से जुड़ी यादों, अनुभवों को उकेरते हुए सहज ही इस लेख का यह शीर्षक मेरे ध्यान में आ गया। उनके जीते-जी भी कई बार यह ख़्याल आता रहा कि चाहे इमरोज़ पूरे का पूरा अमृता का था, पर फिर भी हर कोई किसी-न-किसी ओर से उन्हें बहुत ही अपना मानता-समझता था। जब कभी उनके जन्मदिन पर या किसी सेमिनार, किसी पुस्तक की रिलीज़, किसी मुशायरे पर हमारा एक साथ जाने का मौक़ा बनता, अगर कहीं कोई तस्वीर मिलती उसे फ़ेसबुक पर आभासी मित्रों के साथ साझा करती तो कई आभासी मित्र तस्वीर अपनी वॉल पर लगा लेते। मुझे इस पर कोई ऐतराज़ नहीं था पर वे काट-छाँट कर, इमरोज़ को मुझसे अलग कर, उनके अकेले की तस्वीर ले लेते। इमरोज़ की अकेले की तस्वीरें बहुत हैं, पर जो मेरे साथ हैं, उनसे तो मुझे अलग मत करो। इमरोज़ बीमार हुए, अस्पताल में दाख़िल हुए, कुछ ठीक होकर घर वापस आये। अलका लगातार इन सबकी बाबत मुझे मोबाइल पर ख़बर करती रही। बहुत ज़्यादा पारिवारिक झंझटों में मसरूफ़ होने के कारण मुम्बई जाना मुल्तवी होता रहा। साथ ही मन में था कि बस और महीने-डेढ़-महीने की बात है, जनवरी में इमरोज़ जी का जन्मदिन आ रहा है–26 जनवरी, बेटी को कहा 26 जनवरी की टिकटें करवा दे। 5 दिसम्बर मेरी दोस्त कँवल ढिल्लों आयी हुई थी। उसे अगली सुबह टैक्सी में बैठाने के लिए गयी, उसको कलकत्ता की फ्लाइट पकड़नी थी। सुबह 6.30 का वक़्त था। पार्क में कुछ लोग सैर कर रहे थे। मौसम काफ़ी दिलकश था। सोचा, मैं भी सैर कर लूँ। पार्क के गेट में घुसते ही बायीं ओर खोदा गया गड्ढा नज़र नहीं आया। पैर लड़खड़ाया और एकदम से नीचे जा गिरी। शरीर का बायाँ हिस्सा पीड़ा से बेहाल हो गया। अँगूठे से ऊपर की हड्डी चटख गयी। किसी तरह पंखुड़ी और घर में काम करने वाली अलबीना मुझे घर ले आये। अगले दिन अलका का फिर फ़ोन आया। मन शंकित हो उठा–कुछ ज़्यादा ही परेशानी की बात है–पर अपनी तकलीफ़ अलका को बतायी कि मेरा अमृतसर जाना भी रह गया है। 21 दिन डॉक्टर ने बिस्तर पर रहने को कहा है। दिन बीतते गये...एक दिन फिर अलका का फ़ोन आया–मैंने कहा, 30 दिसम्बर, तीन दिन के लिए अमृतसर जा रही हूँ...परिवार के साथ। नया साल वहाँ ही मना कर आऊँगी। अलका शान्त स्वर में, नम्रता से कहने लगी–दुआ करना, सब ठीक रहे। उस समय तो मैं चुप रही। पर फिर पूरी रात बेचैनी में, जागते निकल गयी। एक ख़ौफ़, डर, फ़िक्र जाने क्या-क्या ख़्यालों में चलता रहा। सुबह

अलका को फ़ोन किया–"अलका ! सारी रात नींद नहीं आयी।" अलका कहने लगी, क्यों दीदी ! तकलीफ़ कुछ ज़्यादा बढ़ गयी। मैंने कहा, 'नहीं'। इमरोज़ जी के लिए फ़िक्र तंग कर रही है। मुझे सही हालात बताओ। नये साल तक इमरोज़ जी...बाक़ी कुछ कहने को शब्द ही नहीं मिले...अलका सिसक पड़ी–कुछ निश्चित नहीं दीदी। यह 20 दिसम्बर की सुबह थी। अभी आठ दिन मुझे और बिस्तर पर रहना था। पर चैन नहीं था। रात 12.30 बजे पंखुड़ी कहने लगी–माँ ! आप इमरोज़ बाबा जी के बारे में सोचकर परेशान हो रही हैं ना ! कुछ देर मोबाइल पर उसकी उँगलियाँ थिरकती रहीं। अचानक कहने लगी–माँ ! 21 दिसम्बर, दोपहर की टिकट मिल रही है। चले जाओ ! वापसी की टिकट उसने 23 दिसम्बर की करा दी। पता चला–वहाँ घर मेहमानों से भरा हुआ–शिल्पी के फ्लैट में उसका ससुराल-परिवार। अलका, इमरोज़ के फ्लैट में अमृता की एक प्रशंसक जसविन्द्र अपने पति के साथ, इमरोज़ की तबीयत के बारे में जानकर ख़ास तौर पर लन्दन से आयी हुई थी। अलका से सुन कर मैंने टिकट कैंसिल करवा, पाँच दिन बाद आने के बारे में अलका को कह दिया। 10 मिनट बाद अलका का फ़ोन आया–दीदी। टिकट मत कैंसिल कराना। हम दोनों बहनें ड्रॉइंग रूम में सो जायेंगी। एक गद्दा मेरे पास पड़ा है, टिकट तो कैंसिल नहीं की।

इसी में शायद रब की रज़ा थी। मैंने डॉक्टर गुरप्रीत को फ़ोन कर दिया। वह मुझे एयरपोर्ट पर लेने आ गया। मेरा मन तो था कि वह मुझे इमरोज़ से मिलवाता जाये। पर रात हो गयी थी। गुरप्रीत कहने लगा–सुबह ऑफ़िस जाते वक़्त आपको छोड़ दूँगा, मैं भी मिल लूँगा। सुबह-सुबह मोबाइल की ट्रिन-ट्रिन से नींद खुली। फ़ोन के दूसरी ओर शिल्पी थी, अमृता जी की पौत्री। उदास आवाज़–आंटी बाबा जी...और फिर उससे कुछ बोला नहीं गया। अनायास ही मेरे होंठों से निकला–"नहीं रहे।" गुरप्रीत के कमरे के दरवाज़े को खटखराया–गुरप्रीत मुझे जल्दी से कांदीवली ले चल। शिल्पी का दोबारा फ़ोन आया–"आंटी दिल्ली वालों या और किसी को ख़बर करनी हो तो कर दीजिए।" मैंने फ़ेसबुक पर पोस्ट डाल दी–अपनी और इमरोज़ की आख़िरी मुलाक़ात की तस्वीर–

एक युग का अन्त
ज़ुबान जलती है यह कहते हुए
इमरोज़ इस फ़ानी संसार को अलविदा
कह गये...

इसके बाद आभासी मित्रों ने, कुछ निजी मित्रों और प्रकाशकों ने भी...मेरी तस्वीर को क्रॉप कर इमरोज़ जी की अकेले की तस्वीर डाली। सिर्फ़, डॉक्टर जगदीश कौर ने हम दोनों की तस्वीर अपनी पोस्ट के साथ डाली और साथ ही लिखा–अमिया कुँवर की वॉल से। यहाँ तक ही बात ख़त्म नहीं होती। डी.के. खन्ना ने पूर्णतया मेरी भाषा इस्तेमाल की। जब मैंने कहा–"अपनी भाषा तो बदल लें।" वह हैरान, कहने लगा, "मैंने तो किसी की स्टोरी से लिया–उसने जब स्क्रीन शार्ट लेकर भेजा–

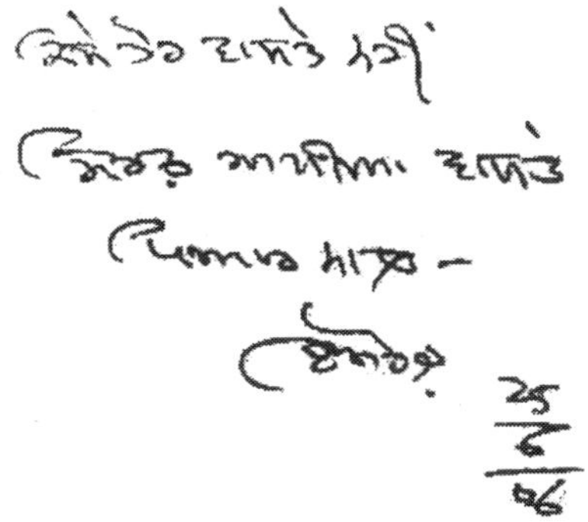

वह एक कवि की ग़ज़लगो बेटी थी। ख़ैर यह लम्बी भूमिका इमरोज़ जी से अपनी ख़ास और निजी सांझ के बारे में बताने की है। अमृता के होते भी वह मेरा ख़ास ख़्याल रखते थे क्योंकि मैं अमृता की लाडली बेटी, अनुवादक, दोस्त और जाने किस-किस रिश्ते के साथ जुड़ी हुई थी और जो अमृता को प्यारा हो या जो अमृता को प्यार करता हो, वह ख़ुद-ब-ख़ुद इमरोज़ का भी प्यारा हो जाता था। यही कारण है कि जब एक दिन मैंने झिझकते-झिझकते इमरोज़ जी से उस तस्वीर की माँग की, जिसमें अमृता जी ज़मीन पर चूल्हे के सामने बैठी चपातियाँ सेंक रही हैं–इमरोज़ मूढ़े पर बैठे खाना खा रहे। यह तस्वीर आते-जाते मेरा ध्यान अपनी ओर कर लेती। इमरोज़ मेरी माँग सुन–मुझे खींच कर अमृता के कमरे की ओर ले गये–माज़ा ! देख ज़रा, यह कुछ माँगते हुए कैसे झिझकती है, इसे बता दे, यह इसका मायका है, ससुराल नहीं ! पूछने की ज़रूरत नहीं, जो दिल चाहे, चुप-चाप उठा ले।" फिर मुझे रसोई-घर के साथ जुड़ी लॉबी की एक नुक्कड़ में दीवार पर बने ब्लैक बोर्ड की ओर ले गये जहाँ कुछ दोस्तों, प्रकाशकों तथा कुछ और लोगों के फ़ोन नम्बर लिखे हुए थे। यहीं मेरे मायका, ससुराल, मेरी बड़ी बहन और मेरी एक दोस्त के फ़ोन नम्बर लिखे हुए थे। उन दिनों मैंने मोबाइल नहीं लिया था। उसी ब्लैक बोर्ड के एक ओर उन्होंने उँगली से इंगित किया, जहाँ लिखा था–Every thing you love is yours. अमृता के इहलोक से विदा होने के बाद तो वह बहुत अकेले, असुरक्षित हो गये थे। हालाँकि अलका, अमन, शिल्पी आदि पूरे परिवार ने ही उन्हें फूलों की तरह सँभाला हुआ था। पर वे अमृता के बारे में अधिक-से-अधिक बात कर उनकी हाज़िरी को बरकरार रखना चाहते थे। ऐसे समय में उन्हें मेरी याद आती। फ़ोन करते–अमिया ! माँ को भूल गयी। आजा ! टैरेस पर बैठेंगे, कॉफ़ी पीयेंगे, उसकी बातें करेंगे। जहाँ भी जाना, इकट्ठे जाना। धूप वाली महफ़िल, पंजाबी भवन में अन्तिम शनिवार होने वाली गोष्ठियाँ, इंडिया हैबिटेट सेंटर, साहित्य अकादमी...पटियाला, चण्डीगढ़ निरुपमा दत्त की ओर से प्रेस क्लब में करवाई काव्य-गोष्ठी, कुरुक्षेत्र, अमृतसर। अमृतसर के साथ एक बहुत ख़ूबसूरत याद जुड़ी है। आज भी उसका ध्यान आने पर होंठों पर अनायास ही मुस्कान आ जाती है। अमृतसर कवि दरबार में शिरकत करने के बाद हम ग्रीन फ़ील्ड चले गये। इमरोज़ जी की बहन सुभाग के घर। रात वहीं बितायी। सुबह स्नान करने गयी तो अजीब हास्यास्पद बात हो गयी। मेरे घुटने तब भी दुखते थे। किसी का सहारा लिए बिना उठ नहीं पाती थी। (यह बात फ़रवरी, 2006 की है) कुछ पकड़ने के लिए दिखाई नहीं दिया, नल को पकड़ कर खड़े होने की कोशिश की तो नल मेरे हाथ में आ गया। पानी का फव्वारा छूट गया। बहुत कोशिश की, किसी कपड़े से बाँधकर पानी रोक लिया जाये। पर...भाग (सुभाग) चिन्ता में डूबी एक ही बात बार-बार दोहरा रही–आज तो छुट्टी है। पलम्बर ने भी नहीं मिलना। हाय ! अमिया ने हमारा नल तोड़ दिया। इमरोज़ जी ने दो बार तो सुन लिया। जब तीसरी बार सुभाग ने यही उलाहना दिया तब इमरोज़ के मस्तक की सिलवटें गहरी हो गयीं–नल तेरा पहले से ही कमज़ोर था। इल्ज़ाम तू हमारी लड़की पर लगाती है। सुभाग हँस पड़ी। आख़िर पिता को कब सहन होता है, उसकी बेटी को कोई बुरा-भला बोले। बोलने वाली चाहे उसकी सगी बहन ही क्यों न हो।

लोगों को यह ग़लतफ़हमी है कि इमरोज़ ने अमृता के जाने के बाद लिखना शुरू किया। इतना ही नहीं, ख़ुद इमरोज़ जी भी भूलने लगे थे। इमरोज़ जी ने अमृता के होते ही कविता लिखनी शुरू

कर दी थी। इस सिलसिले में मैं कई बार अपना कँधा थपथपा लेती हूँ। बात इतनी-सी है, उन दिनों मैं 'अक्खरां दी जाई' (अक्षरों की बेटी) तैयार कर रही थी...जिसमें अमृता पर लिखी कविताओं को संकलित करने के लिए 'नागमणि' के पुराने अंक टटोल रही थी। इमरोज़ के लिए सुविधा को देखते हुए अमृता जी को इमरोज़ के कमरे के साथ जुड़ी लाइब्रेरी में शिफ़्ट किया था। पर अमृता ने इसे स्वीकार नहीं किया। उन्हें यह बहुत बेगानी, अजनबी जगह लगती। कई बार मुझे पढ़ते-लिखते देख खीझ जाते–यह क्या लिए रहती हो। थकती नहीं। यूँ वह पढ़ने-लिखने से भी उपराम हो गये थे। ख़ैर 'अक्खरां दी जाई' के लिए दुनिया-भर के लेखकों की कविताएँ शामिल हो गयी थीं। एक टीस थी कि इमरोज़ जी की कोई कविता इसमें शामिल नहीं थी। मैंने कई बार इमरोज़ जी को इसरार किया कि कुछ लिख दें। उनका एक ही जवाब, "मैं कवि नहीं।" मेरा कहना था, "आप कुछ भी लिख दें। मैं कविता में ढाल लूँगी।" एक दिन सुबह-सुबह उनका फ़ोन आ गया, "अमिया ! कविता ले जा !" वह कविता 'अमृता' (24.12.2004, सुबह 5 बजे) 'अक्खरां दी जाई' पुस्तक की ज़िल्द के पिछली तरफ़ लगायी। सोचा, अब मेरा संग्रह सम्पूर्ण हुआ। पर, पूरे महीने बाद (24.01.2005) इमरोज़ जी का फ़ोन आ गया। अमिया ! वह कविता हटा दे, यह लगा दे 'घोंसला घर'। यूँ उनकी दूसरी कविता मेरे संग्रह के पृष्ठ-वर्क का शृंगार बनी और अब रोज़ कविता इमरोज़ के दिलो-दिमाग़ से काग़ज़ों पर उतरने लगी। आख़िर वह इतने साल एक जीवन्त कविता के साथ जीते रहे थे। मुझे याद है, जब एक बार अमृता जी ने कहा–यह तू क्या लिखती रहती है...मैंने अमृता जी के क़रीब जाकर धीरे से कहा, "आपको पता है, इमरोज़ जी ने भी लिखना शुरू कर दिया है।" अमृता के चेहरे पर कोई भाव नहीं थे। इमरोज़ कहने लगे, "जाने दे अमिया, कभी अमृता को शिकायत थी कि जिस साहिर के लिए 'सुनेहड़े' लिखे, उसी ने नहीं पढ़े और आज उसे भी मेरी बाबत ख़बर नहीं।" "मैं तुम्हें फिर मिलूँगी" किताब खोलते ही पहले पृष्ठ पर इमरोज़ जी की ओर से लिखा पढ़कर होंठों पर मुस्कान आ जाती है–और किसी के लिए नहीं, सिर्फ़ अमिया के लिए–प्यार से इमरोज़–25.06.06। दरअसल यह किताब उनसे कई बार ली थी। पर मेरे पास रहती नहीं थी। कभी डॉ. मोहन जीत, कभी परमिन्द्र जीत ने काम के लिए ली और वापस नहीं मिली। इसे सुधार कर दोबारा प्रकाशन के लिए हिन्द पॉकेट बुक्स को देनी थी। मुझ से यह जान कर कि पुस्तक मेरे पास नहीं है। अलमारी खोल कर, किताब निकाल कर यह ऐलाननामा लिख दिया कि अब यह किताब तू किसी को नहीं देगी। मेरे हर जन्मदिन पर वह केक लाते, मुझे फ़ोन कर बुलाते। एक बार उन्हें अचानक पंजाब जाना पड़ गया। हौज़ ख़ास गयी तो मेज पर एक चिट पड़ी थी–इमरोज़ की ओर से–अमिया, आज तू अलका, केक और बच्चों के साथ जन्मदिन मना ले, दो दिन बाद तू मेरे साथ जन्मदिन मना लेना। जन्मदिन मुबारक, मुबारक, मुबारक...–इमरोज़ 14.5.09।

बहुत, बहुत बातें, घटनाएँ याद आती हैं, जिनसे मेरे साथ, मेरे प्रति उनकी ओर से कुछ ख़ास रिश्ते की महक मिलती है। मेरी किताब 'कवियो वाच' दिसम्बर, 2006 में पंजाबी भवन में रिलीज़ होनी थी। मैं पहले चली गयी। इमरोज़ जी को उमा के साथ आना था। उसने पूरे वक़्त पर किसी बात से इन्कार कर दिया। इमरोज़ अकेले ही ऑटो-रिक्शा पर आ गये। उन दिनों वे कहीं अकेले नहीं जाते थे। उसी वर्ष उन्हें 'जश्न जारी है' पर पंजाबी अकादमी ने अवार्ड दिया। वहाँ सबके सामने

कहने लगे–यह अवार्ड तो अमिया का है। मेरा तो यूँ ही नाम हो गया। यह किताब उन्होंने मुझसे ही सम्पादित करायी थी। सब से बड़ी बात उन्हीं दिनों वे कुर्ते के सामने की जेब में एक सफ़ेद लिफ़ाफ़ा रखते थे। पर्स रखना उन्हें अच्छा नहीं लगता था। उस लिफ़ाफ़े में ज़रूरत के लिए कुछ रुपये होते। लिफ़ाफ़े के बाहर अलका, शिल्पी, अमन और अमिया के मोबाइल नम्बर लिखे होते। रब न करें, अगर कुछ ग़लत हो तो इन चारों में से किसी को फ़ोन कर इतला दी जा सके। जब लिफ़ाफ़ा फटने जैसा हो जाता तब नये सिरे से इन चार नम्बरों को नये लिफ़ाफ़े पर उतारा जाता।

अक्टूबर, 2019 में मैं मुम्बई फ़िल्म फेस्टिवल में शिरकत करने गयी थी। वहाँ एक डायरी ख़रीदी। कोरी डायरी का पहला पृष्ठ इमरोज़ जी के सामने कर दिया–इमरोज़ जी की क़लम ने उकेरा–

अमृता
अमिया
प्यार
इमरोज़
Today/Everyday
21.10.2019.

सो अपने आख़िरी दिनों में जब अमृता अपनी काफ़ी याद खो बैठी थी। इमरोज़ जी की स्मृति भी उनका साथ छोड़ती जा रही थी पर घर वालों के अलावा मेरा नाम अन्त तलक दोनों की याद में महफ़ूज़ रहा। शिल्पी के पति विशाल का कहना है कि अन्त तक वह तीन नामों पर रिएक्ट करते रहे। जब कभी वह खाना न खाएँ–अलका जो पूरी तरह उनकी तीमारदारी, उनकी देखभाल में हर समय मसरूफ रहती थी, वह तो याद थी ही। कभी खाना न खायें तब शिल्पी या अमिया का नाम लिया जाता था–बाबा जी ! अमिया आ रही है। जल्दी से खाना खा लें। उनकी आँखों में चमक आती। वह आशा में भर कर सिर ऊँचा करते और बीबे (अच्छे) बच्चे की मानिन्द धीरे-धीरे खाना खाना शुरू कर देते।

यह नहीं कि हमारे बीच विचारों का मतभेद, गिला-शिकवा या नाराज़गी नहीं आयी हो। ऐसा दो-तीन बार हुआ। चाहे वह मेरी ही नासमझी, नादानी थी। पर चार-पाँच दिन हम रोष में भरे रहे। चण्डीगढ़ मेरी किताब रिलीज़ हुई, 'धम्मी वेला' (2009)। इसके आवरण पृष्ठ का चित्रांकन इमरोज़ ने ही बनाया था। आवरण पृष्ठान्त पर उनकी एक नज़्म थी मुझ पर 'अमिया कुँवर' जो उन्होंने मेरी इसी पुस्तक की एक कविता 'कविता की तलाश' को पढ़ते हुए लिखी थी। इमरोज़ की कविता की आख़िरी सतरें थी–"अमिया ख़ुद एक कविता है, जो कभी गुम नहीं होगी।" इमरोज़ इसी किताब की रिलीज़ के लिए चण्डीगढ़ जा रहे थे। वह दिन उन्होंने मेरे लिए संरक्षित रखा हुआ था, मैंने सरप्राइज़ के तौर पर उन्हें नहीं बताया था कि इस समारोह के मुख्य मेहमान वही हैं। एक नयी-नयी बनी दोस्त ने इसरार किया कि मेरे बुलाने पर वह आयेंगे नहीं। अपने प्रोग्राम से एक दिन पहले उन्हें ले आओ। मेरी किताब के प्रोग्राम में उनकी शिरकत हो जायेगी। यह समझते हुए, उन्हें

राजी कर लिया। शताब्दी में हम चण्डीगढ़ जा रहे थे–अलका के फ़ोन आने शुरू हो गये। इमरोज़ जी भूल गये थे, उन्होंने मुम्बई के कुछ लोगों के साथ इंटरव्यू तय किया हुआ था। कितने ही कैमरे और व्यक्ति इस शूटिंग के लिए घर आये हुए थे। इमरोज़ जी के होंठों से रह-रह कर यही शब्द निकलें, "ग़लती हो गयी।" वह गाड़ी से उतरने को तत्पर। तेरी किताब पर तो दो दिन बाद प्रोग्राम होना है। मैं तब आ जाऊँगा। मेरा बाल-हठ कि उस दोस्त ने पूरी तैयारी की हुई है। किसी तरह उनको ले गयी। दोस्त का समारोह तो सफल हो गया। पर इमरोज़ बेचैन। एक-एक कैमरे का कितना तो किराया होता है ! अलका ने कहा, एक दिन की बात है। रुक जाओ। अमिया का प्रोग्राम कर के जाना। पर इमरोज़ जी की न्याय-नज़र कहती थी कि उनको वापस दिल्ली जाना चाहिए। वह रोकने पर भी नहीं रुके। यह सारा इन्तज़ाम मेरी सखी कँवल ढिल्लों का था। वह ग़ुस्सा कर रही थी। यह बीच में तुमने दूसरा प्रोग्राम क्यों रखवा लिया। और अगर पहले ही पता चल गया था, उस दिन का शेड्यूल, तब उन्हें गाड़ी से उतरने देती। हम कार से उन्हें वापस ले आते।

ख़ैर ! मैंने अपनी नासमझ ग़लती नहीं देखी। उनसे रूठ गयी। चार-पाँच दिन हौज़ ख़ास नहीं गयी। अलका बेचैन। बार-बार इमरोज़ जी के पास जाकर कहे, बाबा जी ! अमिया दीदी नाराज़ हो गयी हैं। आ नहीं रही हैं। उन्हें फ़ोन कीजिए। मेरे बालहठ के सामने वह भी झुकने के लिए तैयार नहीं थे। कहते, "जब ग़ुस्सा शान्त हो जायेगा, ख़ुद आ जायेगी।" पर अलका ने मुझे घर आने के लिए मना लिया–"दीदी ! यह घर आपका भी उतना ही है, जितना मेरा, बाबा जी का और घर के अन्य लोगों का"। मैं अलका के साथ घर में दाख़िल तो हुई। सीढ़ियाँ चढ़, पहली मंज़िल पर आयी। पर, दहलीज़ पर आकर मेरे पैर ठहर गये। झिझक-सी बनी हुई थी। कैसे ख़ुद अन्दर दाख़िल होऊँ। सामने इमरोज़ जी अपने कमरे में, कैनवस पर कूची से कुछ रंग भर रहे थे। तिरछी नज़र से मेरी ओर देखा। स्टूल से उठकर चुस्त क़दम उठाते हुए मेरी ओर आये। आलिंगन में लिया। मस्तक पर चुम्बन दिया और दहलीज़ पार हो गयी। ऐसा एक बार और हुआ। अनजाने में मुझसे किसी से कुछ कहा गया। शायद यही बातें अलका के ध्यान में आयीं। इसीलिए इमरोज़ जी के दाह-संस्कार से अगले दिन मुझे दिल्ली की फ्लाइट लेनी थी और उन्होंने इमरोज़ जी के अस्थि-फूल चुनने जाना था। घर के नीचे हम सब इकट्ठे थे। अलका आलिंगन में लेकर कहने लगी, "अच्छा हुआ दीदी, आप आ गयीं।" फिर मेरे कानों में बुदबुदाई–"दीदी ! बाबा जी की किसी बात से आपका दिल दुखा हो, तो उन्हें माफ़ कर देना।" मैंने

पंजाबी भवन, दिल्ली, जनवरी, 2006, मेरी किताब 'कवियो वाच' की रिलीज़ पर।

अलका की ओर हैरान होकर देखा–दिखने में सादा-सी, सामान्य-सी लगती यह औरत अन्दर से कितनी सूक्ष्म सोच और संवेदनशील हृदय रखती है। ज़ाहिरा तौर पर कहा–अलका कैसी बात करती हो? पिता की बात पर कौन सोचता है। मेरे अपने पापा बहुत गुस्से वाले थे। अमृता, इमरोज़ और आप सब ने इतना बेशक़ीमती प्यार दिया है। यह छोटे-छोटे रोष, उसी प्यार के सदके हैं। सोचती हूँ, कुछ तो भीतर के तार जुड़े हैं कि इतनी तकलीफ़ के बावजूद मैं मुम्बई गयी। मेरे पास सिर्फ़ डेढ़ दिन था। पर, जैसे इमरोज़ मेरी ही प्रतीक्षा कर रहे थे कि मैं उनकी अन्तिम रीतियों में शामिल हो पाऊँ। अलविदा ! अमृता का इमरोज़ अमृता के पास चला गया। हमारे हिस्से का इमरोज़ हमारी यादों में रह गया।

अमृता : इमरोज़

–डॉ. उमा त्रिलोक

(डॉ. उमा त्रिलोक की 'अमृता : इमरोज़' पुस्तक का छटा काण्ड मुझे इस पुस्तक का सबसे महत्वपूर्ण हिस्सा लगा है। इसमें अमृता-इमरोज़ ने मर्द-औरत के परस्पर सम्बन्धों के प्रति अपना स्पष्ट और सहज दृष्टिकोण दर्शाया है।)

दुनिया की नज़र में अमृता जी ने धर्म-विरोधी काम किया है। उन्होंने अपनी कविताओं में लिखा है–

आज मैंने एक दुनिया बेची
एक दीन विहाज (ख़रीद) ले आयी
बात कुफ्र की
सपने का एक थान बुना
एक गज़ कपड़ा बस फाड़ लिया
और उमर की चोली-सी ली

आम लोगों की नज़र में उन्होंने धर्म-विरोधी काम ही नहीं किया, बल्कि उससे भी बड़ा अपराध किया है। एक शादीशुदा औरत होकर सामाजिक स्वीकृति के बिना वे किसी अन्य मर्द के साथ रहीं, जिससे वे प्यार करती थीं और जो उन्हें प्यार करता था।

अमृता और इमरोज़ दोनों ही मानते हैं कि उन्हें कभी किसी समाज की स्वीकृति की आवश्यकता नहीं थी। एक बार मैंने इमरोज़ से सीधे-सीधे पूछ ही लिया, तो वे बोले, "वे जोड़े जिन्हें अपने प्यार पर भरोसा नहीं होता, उन्हें ही सामाजिक स्वीकृति की ज़रूरत है। हम दोनों अपना मन जानते हैं, फिर समाज की क्या ज़रूरत है? हमारे मामले में समाज की कोई भूमिका नहीं है। हम समाज के सामने जाकर क्यों कहते रहें कि हम एक-दूसरे को मानते हैं, हम एक-दूसरे को प्यार करते हैं?"

वे अपनी ही रौ में कहते जा रहे थे, "हम एक-दूसरे को मानते हैं, प्यार करते हैं या नहीं करते, इन दोनों ही स्थितियों में समाज हमारी मदद नहीं कर सकता। हम चाहते हैं कि हमने जो फ़ैसला लिया है, वह समाज स्वीकार कर ले, अपनी मुहर लगा दे क्योंकि हमें अपने फ़ैसले पर यक़ीन ही नहीं या फिर हम समाज ही से फ़ैसले की उम्मीद करते हैं क्योंकि हमें ख़ुद पर यक़ीन नहीं और न ही हम अपने कामों की ज़िम्मेदारी उठाना चाहते हैं।"

"अगर हम ख़ुद फ़ैसला लेते हैं तो किसी दूसरे को अपने भले-बुरे के लिए ज़िम्मेदार नहीं ठहरा सकते, इसलिए हम अपना बचाव करना चाहते हैं और ख़ुद को आज़ाद रखना चाहते हैं।"

"हम समाज में एक सुविधा खोजते हैं, लेकिन मुझे और अमृता को किसी ऐसी सुविधा की ज़रूरत नहीं थी..."

इमरोज़ जी की बात काटते हुए मैंने अमृता जी से पूछा, "क्या आप नहीं मानतीं कि आपने समाज का एक नियम तोड़ा है और दूसरों के लिए एक ग़लत मिसाल पेश की है?"

वे थोड़ी देर ख़ामोश रहीं और फिर जैसे अपने आप से बोलीं, "नहीं। हम दोनों ने प्रेम के बन्धन को और मज़बूत किया है। जब शादी का आधार ही प्रेम है तो हमने कौन-सा सामाजिक नियम या बन्धन तोड़ा है? हमने तन, मन, कर्म और वचन से साथ निभाया है, जो शायद बहुत से दूसरे जोड़े नहीं कर पाते। हमने हर मुश्किल का सामना किया है, इकट्ठे। और पूरी सच्चाई से इस रिश्ते को जिया है।" वे बिना हिचकिचाये बड़े नाज़ से कह रही थीं। "सच तो यह है कि हमने समाज के सामने एक बहुत ही सशक्त और प्रभावशाली उदाहरण रखा है। हमने असल में समाज को और मज़बूत बनाया है। तो फिर हम क्यों शर्मिंदा हों? शर्मसार तो वे हों जिन्होंने हमें ग़लत समझा है।"

यह सच है कि अमृता जी को लेखिका के रूप में बहुत प्रतिरोध का सामना करना पड़ा है। उनका बहुत विरोध हुआ, उनके स्पष्ट, सरल और निष्कपट लेखन के कारण और उनके स्वतन्त्र व अपरम्परागत रहन-सहन के कारण।

लेकिन अमृता जी ने विरोधियों और निन्दकों की कभी परवाह नहीं की। अपने पति से अलग होने से पहले उन्हें सच्चाई का सामना करने और यह मान लेने के लिए प्रेरित किया कि समाज के तिरस्कार और निन्दा की परवाह किये बिना उन्हें अलग-अलग रास्ते पर चले जाना चाहिए। उनका मानना है कि सच्चाई का सामना करने के लिए इन्सान को साहस और मानसिक बल की ज़रूरत होती है।

एक बार एक हिन्दी लेखक ने अमृता जी से पूछा था कि अगर तुम्हारी किताबों की सभी नायिकाएँ सच्चाई की खोज में अपने घर छोड़कर निकल पड़ीं तो क्या यह एक सामाजिक अनर्थ नहीं हो जायेगा?

अमृता जी ने बहुत शान्त भाव से जवाब दिया था कि यदि झूठे सामाजिक मूल्यों के कारण कुछ घर टूटते हैं, तो सच्चाई की वेदी पर कुछ और घरों का बलिदान भी हो जाने देना चाहिए?

मुझे अमृता जी के जीवट और बहुआयामी शख़्सियत के जादू का आभास होने लगा।

इमरोज़ को याद करते हुए

-चिट्टा सिद्धू

सुबह-सुबह अभी लाइब्रेरी में बैठा ही था, सतपाल भीखी का फ़ोन आया, "इमरोज़ नहीं रहा, मेरी कृपाल कज़ाक और सुरिन्द्र शर्मा जी के साथ बात हुई है। आज शाम को हम साहित्यकारों के कमरे में इमरोज़ जी को श्रद्धांजलि देंगे।"

सबसे पहले सुरिन्द्र शर्मा जी पहुँचते हैं और कुछ ही देर बाद सभी प्यारे मित्र पहुँच जाते हैं।

शर्मा जी कमरे में दाख़िल होते ही बोलते हैं, "तू मिला था इमरोज़ को?" मेरा जवाब था, "नहीं।" वे बोले, किसी प्रोग्राम पर संगरूर गया था, वहाँ इमरोज़ भी आये थे। मैंने देखा, इमरोज़ है, मेरे सिर पर हाथ रखा, मैंने पैरों को हाथ लगाये, कहते, "बाक़ी बातें छोड़ तू यह बता लिखना क्यों छोड़ दिया है", मैंने कहा, दिल से कह रहा हूँ, दिल से कुछ उतरता ही नहीं, जबरन लिखने का क्या फ़ायदा। कभी 35-40 नज़्में छपी थीं 'नागमणि' में !

शर्मा जी जेब से फ़ोन निकालते हुए बोलते हैं, "तुम्हें फ़ोटो दिखाना है, किसी ने अमेरिका से भेजी है, देखो इमरोज़ के ऊपर चादर डाल कर रंग छिटके हुए हैं, हाथ के पास दो ब्रुश रखे हुए हैं।"

शर्मा जी फिर बात शुरू करते हैं, मैंने इमरोज़ को फ़ोन किया, मैं दिल्ली में हूँ, निर्देशक अकीरा कुरूसोवा की नयी जापानी फ़िल्म 'उदउदनों' (अभी नहीं) आयी है, आपके साथ देखनी है, कहने लगे, "सुबह बात करेंगे।" सुबह आ गये, कहते, "मैं तुम्हें कहने आया हूँ, मैंने फ़िल्म नहीं देखनी, आज 'नागमणि' पोस्ट होनी है, तुमने प्रतीक्षा करनी थी, मुझे फ़िक्र थी।" दो ढाई किलोमीटर चल कर यही बताने आये। जहाँ से 'नागमणि' पोस्ट होता था, बाऊ ने कहना, "मुहरें ख़ुद लगाओ, हमारे पास इतना समय नहीं।" "वहाँ से ही ईंट ले लेनी, ईंट पर बैठकर मुहरे लगा देनी।"

शर्मा जी कज़ाक साहब की ओर हाथ कर बोलते हैं, "इनके पास यादों का ख़ज़ाना है।" कज़ाक साहब चेहरा नीचे किये हुए बात शुरू करते हैं, "पूछो न जी कुछ, घर में पेंटिंग-ही-पेंटिंग होती थीं।" इतना कह कर कज़ाक साहब ख़ामोश हो जाते हैं। लक्ष्मी नारायण कहते हैं, "आप दोनों ने बातें करनी हैं जी, हमने तो सुनना है।" कज़ाक साहब बात शुरू करते हैं, "क्या बतायें जी? इतना कुछ है बताने को। अच्छे कपड़े नहीं होते थे, दिहाड़ी करते थे, ज़िन्दगी इस तरह की ही थी, पर जब उनके घर की सीढ़ियाँ चढ़ जाते थे, हमें लगता दुनिया की बादशाही हमारे पास है, मोहब्बत ही इतनी करते थे, पास बिठा लेना, घर में कोई नौकर नहीं था, चाय भोजन ख़ुद बनाकर खिलाना,

बातें करनी, मैं दिहाड़ीदार हूँ या ग़रीब हूँ, कभी उन्होंने छोटापन महसूस नहीं होने दिया था। एक बार उन्हें पता चला कि मेरे घर में कपड़ों की कमी है, पटियाला आये, कार की डिक्की भर कर कपड़ों की लाये, वह कपड़े जो इमरोज़ पेंट करता था, हज़ारों रुपयों में बिकते थे, कहने लगे, भई अपनी बेटियाँ पहनेंगी।"

शर्मा जी बात को आगे बढ़ाते हैं कि उनकी बहू ने बहुत कमाल की बात कही, कहती, अंकल 1982 में मेरा विवाह हुआ, तब से मेरे सिर पर इमरोज़ जी का पिता वाला हाथ है, अमृता जी भी जब तक जीवित रहीं, मुझे भरपूर प्यार से नवाज़ती रहीं। एक बार इमरोज़ पंजाब आये हुए थे, उन्हें रहने के लिए हम ज़िद करने लगे। इमरोज़ कहने लगे, "घर पर, छोटी अमृता मेरा इन्तज़ार कर रही है।" इमरोज़ से किसी ने सवाल किया, "मुझे समझ नहीं आ रहा, मैं लेखक बनूँ कि आलोचक बनूँ?" इमरोज़ ने जवाब दिया, "अगर दूल्हा बन सकते हो तो लागी बनने की क्या ज़रूरत है", उसे बात सूझती थी, अमृता जी ने कहा, "ख़तों के जवाब तुम ही दिया करो।"

कज़ाक साहब कहते हैं, "पौत्री के लिए तो एक बार हमने यहाँ से फुलकारियाँ भेजी थीं, विवाह था पौत्री का, दस-पन्द्रह फुलकारियाँ थीं। उन्होंने हमें वही दी, सबको ही दी थी, आपने इसमें से जो लिखना है, मोहब्बत के बारे में लिखना है।"

बातों के चलते हुए शर्मा जी के फ़ोन की घण्टी बजती है, स्क्रीन देखकर शर्मा जी बताते हैं, "मुम्बई से सुखबीर की पत्नी का फ़ोन है।" उन्होंने इमरोज़ की ख़बर देने के लिए फ़ोन किया है, शर्मा जी उन्हें बताते हैं, "हम कुछ दोस्त इमरोज़ की बातें करने के लिए इकट्ठे हुए हैं, उन्हें याद कर रहे हैं।"

फ़ोन काटते हुए शर्मा जी कहते हैं, मैं 'सुपने और परछावें' किताब वाले हरजीत के घर ठहरा हुआ था, वह सुबह मेरे लिए ख़ुद चाय लेकर आये, 'चाय पियो शर्मा जी।' देखो कितने बढ़िया लोग हैं। मैंने कहा, "चाय आपने ख़ुद क्यों लानी थी, नौकर के हाथ भेज देते।" कहते, "पहली चाय नौकर को मैं बनाकर देता हूँ, वह रात को थक कर सोता है।" चाय पी ली, फिर मुझे कहते, "आओ ! सैर कर के आयें", मैंने कहा, बाबियो मैंने तो कभी सैर की नहीं, कहते, थोड़ी दूर साथ चलो, आप बैठ जाना, मैं सैर कर लूँगा, मुझे पार्क में एक जगह बैठा दिया, ख़ुद चक्कर काटने लग गये। हर चक्कर के बाद कुछ फटे हुए काग़ज़, कुछ रद्दी और कूड़ा इकट्ठा कर लाते और डस्टबिन में डाल देते, मैंने कहा, "यह आपने क्या सिलसिला शुरू किया है?" कहते, मैंने यह बात इमरोज़ से सीखी है। इमरोज़ कहता है, "मुझे अपना आसपास साफ़ पसन्द है, मैं गन्दा, मलीन व्यूजल (दृश्य) बर्दाश्त ही नहीं कर सकता, सब कुछ तो मैं साफ़ नहीं कर सकता, जितना भी मैं कर सकता हूँ, वह तो मुझे करना चाहिए, हरजीत कहता, उसके बाद मैंने भी यह आदत डाल ली।"

साथ-ही-साथ शर्मा जी अगली बात करते हैं, मैंने एक बार इमरोज़ को टी.वी. पर इंटरव्यू करना था, संयोग से कज़ाक जी भी मेरे साथ थे। जब हम रिकॉर्डिंग रूम में जाने लगे, कज़ाक कहते, "एक सवाल मेरी तरफ़ से भी पूछ लेना, जब कोई किताब टाइटल बनाने के लिए आती है तब सबसे पहले आपके मन में कौन-सा बिम्ब उभरता है?" इस सवाल का इमरोज़ ने बहुत बढ़िया

जवाब दिया, कहने लगे, "कल्पना करो अगर किसी ने लिखा हो, मैं तेरे प्यार में नदियाँ, नाले, पहाड़, पर्वत और सागर सब पार कर आया हूँ, अब मैं सब कुछ तो टाइटल में बना नहीं सकता, मैं उसके पैर बनाता हूँ, जो कभी रुके ही नहीं।"

अगली बात कज़ाक साहब करते हैं, "वह ज़मीन पर सोता था, इधर डेढ़ फ़ीट चौड़ा, पीछे और आगे, साथ ही उसके कम्बल वग़ैरह पड़े होते", मैंने कहा, "यह आपने क्या बनाया हुआ है?" कहता "ताबूत है", मैंने कहा, "ताबूत क्यों?" कहता, "रात को बन्दा मर ही तो जाता है", अच्छा, जो उसकी मेज़ थी, जहाँ वह काम करता था, मेज़ भी लगभग साढ़े चार, पौने पाँच फुट का, ऊपर काँच था और साइड में दराज, ताकि उसमें से रंग, ब्रुश आसानी से बाहर निकाल सके। मैंने पूछा, "आपको कितना समय हो गया है यहाँ काम करते हुए? कहता जब का घर बना है।" देखो, एक भी जगह कहीं रंग का निशान तक नहीं, यूँ लगता था जैसे अभी पॉलिश करके रखा होता है। घर का कोई कोना ऐसा नहीं था, जहाँ आर्ट नहीं था, घर में जितनी घड़ियाँ थीं, घड़ियों के जो डायल थे, डायल को पेंट कर पेंटिंग बनायी होती थी। ख़ुद ऊपर रहते थे, नीचे बरामदा था, मिस्त्री आया, उसे कहते, "बरामदे की दीवारों पर तीन-चार इंच गहरे काट कर बैठने के लिए जगह बना दो, अगर चिड़ियों ने बैठना होगा, कहाँ बैठेंगी? उनके बैठने के लिए कोई जगह होनी चाहिए, चिड़ियाँ हैं, भिखारिनें नहीं।" उनके घर में एक बहुत घनी बेल थी, मैंने कहा, "जी इसे काट-छाँट दिया करो।" कहते, "इसमें जाने कितने परिवार रहते हैं।" पुरानी लालटेन को काला रंग कर, जहाँ उसमें बाती होती है, वहाँ बिजली का बल्ब लगाया हुआ था। मैंने कहा, "जी, मुझे इसके बारे मे बताओ?" कहते, "तू कहानीकार है, तू बता?" मैंने कहा, जी मैंने तो हथियार डाल दिये। कहते, "अगर कल्चर ट्रांसफारमेशन समझनी हो, इससे समझो।" देखो, बात को कहाँ ले गये, मतलब लालटेन का ढाँचा पुराना है, पर इसमें जो बाती है, वह आधुनिक है, आपकी रचना इस तरह की होनी चाहिए, उसमें परम्परा भी हो, वर्तमान और विज्ञान भी। क्या यार ! मतलब वे शब्द मुझे आज तक नहीं भूले।"

सुखविन्दर कहने लगे, "इमरोज़ की एक नज़्म मेरे दिल के बहुत क़रीब है, मैं महफ़िलों में अकसर वह नज़्म पढ़ता हूँ और आज इमरोज़ को श्रद्धांजलि देते हुए भी, मैं वह नज़्म पढ़नी चाहूँगा..."

मैं एक लोक गीत
बेनाम
हवा में खड़ा
हवा का हिस्सा

जिसे अच्छा लगे
वह स्मृति बना ले
और अच्छा लगूँ
तो अपना ले

दिल में आये तो गा भी ले
मैं एक लोक गीत
सिर्फ़ लोक गीत
जिसे नाम की
कभी ज़रूरत नहीं पड़ती

शर्मा जी कहते हैं, "उनके घर से ज़रा दूर मेरी बहन रहती थी, दीवाली के दिनों में मैं बनारस से बहन के घर गया, मेरी बहन की मृत्यु हो गयी थी, दीवाली की शाम मैंने फ़ोन किया, अमृता जी कहतीं, कहाँ से बोल रहा है?" मैंने कहा, "आपके नज़दीक से ही।" मैंने बताया, "सिस्टर की डेथ हो गयी है, इन्होंने दीवाली मनानी नहीं", कहते, मेरे पास आजा, मैं चला गया, कहते, "नागमणि के पाठक के तौर पर 'नागमणि' की मेज़ पर पहला दीया तू जला", मैंने दीया जलाया, उन्होंने मिठाई खिलाई, कहते "एक दीदी नहीं रही, एक तो है ना", अपने काम को लेकर इतने समर्पित थे, नागमणि पर अपना नाम नहीं देते थे, नागमणि के कामे (Worker) लिखते थे। एक बार राजिन्दर सिंह बेदी को चिट्ठी लिखी, नागमणि का चन्दा भेज दो, तब चन्दा दस रुपये था, बेदी जी ने ग्यारह रुपये भेज, दस रुपये चन्दा, एक रुपया नागमणि का शगुन ! इसी बात के साथ कज़ाक जी आगे बात करते हैं, "देखो जी, अब हम मैगजीन और किताबें रेवड़ियों की तरह बाँटते रहते हैं।"

सतपाल भीखी का मेरे वाट्सअप पर मैसेज़ आता है, "सेहत ज़्यादा ख़राब है, आ नहीं पाऊँगा, अफ़सोस है, कविता भेजी है, कविता पढ़ कर मेरी हाज़िरी लगा देना ! बहन नरिन्द्र पाल को मैं फ़ोन पकड़ा देता हूँ, कविता पढ़ दें..."

कैनवस
इन्द्रजीत को
गाँव से
महानगर ले जाती है
कैनवस में से
तस्वीर उभरती है
अमृता !
अमृता तस्वीर देखती
तब
इन्द्रजीत इमरोज़ हो जाता
शब्द-रंगों की मणियाँ
'नागमणि' हो गयीं
यह त्रिमूर्ति
त्रिकाल में फैल
बीज कण हो गयी है

मेरे सामने
फ़सल भरपूर है।

फिर सब ने दो मिनट खड़े होकर इमरोज़ को शोक़ श्रद्धांजलि दी, जाते वक़्त सुरिन्द्र शर्मा जी कहते हैं, "दुःख का हो, सुख का हो, हमें साहित्यकारों का कमरा याद आता है, सब चले गये हैं, मुझे अमृता-इमरोज़ याद आ रहे हैं, मुझे यूँ लगता है, इमरोज़ एक बार फिर मुम्बई से अमृता के पास वापस दिल्ली आ गया हो और वहाँ से अब साहित्यकारों के कमरे में मेरे पास बैठा हो।"

स्मृतियों से शब्दों तक गूँथा हुआ इमरोज़

–डॉ. जसविन्द्र कौर बिन्दरा

इमरोज़ का नाम अमृता के साथ इस कद्र जुड़ा हुआ है कि इमरोज़ के बारे में अकेले न कभी उसका ज़िक्र किया गया, और न सुना गया। जैसे हमने हीर को कभी राँझे के बिना सम्पूर्ण नहीं माना, उसी तरह अमृता और इमरोज़ के नाम एक साथ ही लिए जाते हैं, एक जोड़ी की तरह...पंजाबी साहित्य में अमृता का नाम, पहचान और कद बहुत ऊँचा रहा है, उससे भी बढ़ कर रहे हैं उसकी ज़िन्दगी में आने वाले साहित्यकार और उनसे जुड़ी अफवाहें और गाथाएँ। अमृता के जीवन में आने वाले साहित्यकार, 'नागमणि' में छपने वाले लेखक और उसे देखने और मिलने की चाहत रखने वाले दीवानों, चाहवानों की कभी कमी नहीं रही। वास्तव में अमृता शिखर का वह बेर थी, जिसे पाने की चाहत हर उम्र के लेखक, साहित्यकार और उसे चाहने वालों की रही। हर कोई उसके साथ अपने नज़दीक होने की बात बढ़ा-चढ़ा कर बताना चाहता, उसके साथ अपने करीबी होने के दावे बाँधता। और कुछ नहीं तो उसे देखने की अभिलाषा के इरादे से लोग उसके घर आते रहते थे। इसमें मर्द लेखकों की संख्या बेशक अधिक थी, पर स्त्री-लेखिकाएँ भी उसके जादू से मुक्त नहीं थीं। शायद उसके साहित्यिक स्तर से अधिक वे यह देखने के प्रति इच्छुक थीं कि आख़िर अमृता में ऐसा क्या है...जो और स्त्रियों के पास नहीं है। अमृता को मिलने, देखने और चाहना या किसी भी भाव/विकार से गये साहित्यकार भी और प्रेमी भी, वापस आने पर सिर्फ़ अमृता की ही बात नहीं करते थे, उसमें इमरोज़ भी शामिल होता था। यह 'इमरोज़नामा' उसी साहित्यिक स्तर, निजी स्तर या मित्र स्तर का परिणाम है, जिस सब को एक साथ समेट कर अमिया कुँवर हमारे पास ले आयी है।

उसने इस विशाल-आकारी पुस्तक को बहुत मेहनत, लगन के साथ ही नहीं, इमरोज़-अमृता के प्रति अपने प्यार, स्नेह से भी तैयार किया है। यह कह सकते हैं कि जो प्यार और सम्मान इस युगल की ओर से मिला, उसे एवज़ाने के तौर पर नहीं, अपितु समर्पण भाव से पाठकों के सामने प्रस्तुत करने का उद्यम किया है क्योंकि प्यार और सम्मान जैसी अमूल्य भावनाओं का मूल्य कोई नहीं चुका सकता। अमिया, ख़ुद भी लम्बे समय से साहित्यिक क्षेत्र में अपने काव्य-संग्रहों और आलोचना पुस्तकों के साथ मौजूद है। साहित्यिक क्षेत्र में वह काफ़ी सक्रिय रहती है। उसमें यह ख़ूबी इसलिए भी आयी है क्योंकि वह रिश्ते निभाना और बनाना दोनों ही जानती है। उसके दोस्तों, लेखकों और परिचितों का दायरा बहुत वसीह है, जिसका लाभ उसे इस पुस्तक के संकलन और सम्पादन करने में मिला। उसने सिर्फ़ इमरोज़ को ही प्रस्तुत नहीं किया, अपने उद्यम से तलाश कर

उन लोगों के लेखन को भी इस ग्रन्थ में शामिल किया जो दूसरी भाषाओं के लेखक, अनुवादक या चित्रकार रहे। उसने अमृता-इमरोज़ के विशाल परिवार के सभी सदस्यों नवासा-नवासी, पौत्र-पोती और उनके जीवन-साथियों से भी कुछ न कुछ लिखवा ही लिया। इमरोज़ के भाई अवतार, उसके बच्चों, दोनों बहनों और उनके पतियों की तस्वीर भी दी है और जानकारी भी, जिनका इमरोज़ से गहरा जुड़ाव था और जिनके बारे में सामान्य पाठकों को कोई जानकारी नहीं थी।

अमिया ने 'इमरोज़नामा' को कई भागों में बाँटा है, जिनमें से प्रमुख पन्द्रह हिस्सों में उसने इमरोज़ सम्बन्धी शब्द-चित्र, साक्षात्कार, अदीब मित्रों के उन पर लिखे आलेख, लेखकों के ख़त, इमरोज़ की नज़्में, अमृता-इमरोज़ बाबत रचनाएँ, इमरोज़ की कविताओं की समीक्षा, इमरोज़ पर हुए काम, उसके साथ जुड़ी स्मृतियों के साथ-साथ पुरानी और दुर्लभ तस्वीरों की हाज़िरी लगवा कर इस पुस्तक को एकदम से अलग, न्यारा रूप दे दिया है। इस पुस्तक में जगह-जगह पर चित्रित इमरोज़ के बनाए चित्र, उसकी कैलीग्राफी के नमूने, उसकी नज़्मों की सजावट ने इस पुस्तक को वास्तव में एक न्यारी नुहार दे दी है। सम्पूर्ण पुस्तक के हर आलेख, पृष्ठ और तस्वीर में अमिया ने इमरोज़ का कोई न कोई नया रंग देने की कोशिश की है, जिसमें वह काफ़ी हद तक सफ़ल नज़र आती है। उसे इमरोज़ के बारे में जहाँ भी, जो भी मिला या पता चला, उसने उस सब को इस पुस्तक में शामिल करने का यत्न किया है ताकि इमरोज़ को लेकर एक मुकमल पुस्तक तैयार हो सके, जिस तरह का मुकमल जीवन वह जी कर गये।

इस पुस्तक में से इमरोज़ के तीन रूप स्पष्ट दिखाई देते हैं: एक तो अमृता के इमरोज़ के तौर पर, दूसरा इमरोज़ के चित्रकार/कलाकार और कवि होने का और तीसरा एक इन्सान के रूप में इमरोज़ का किरदार।

सामान्य तौर पर प्रचलित अमृता-इमरोज़ का रिश्ता, जिसमें उन्होंने समाज की परवाह न करते हुए, एक-दूसरे के साथ जीवन बिताने का निर्णय किया और फिर पूरी उम्र उस पर अटल रहे। उम्र के अन्तिम श्वास तक, एक के जाने के बाद भी दूसरे के लिए उसकी मौजूदगी बनी रही। इमरोज़ ने अपने जीते जी कभी अमृता को अतीत में या 'था' नहीं होने दिया, क्योंकि जब तक वह मौजूद रहा, अमृता उसके साथ जीती रही, 'है' के तौर पर। उसने कभी अपने आप की अमृता के बिना होने की कल्पना ही नहीं की। समाज, परिवार और घर-गृहस्थी के बीच में बगावती सोच के साथ एक-दूसरे के साथ रहने का फ़ैसला आज भी बहुत लोग करते हैं, पर निभते कितने हैं... ! आज की तेज़ रफ़्तार ज़िन्दगी के अनेक नतीज़ों में से लिव-इन हमारे सामने हैं, उससे अधिक केस हमारे सामने उनके आपसी मन-मुटाव, लड़ाई-झगड़े को पीछे छोड़ते हुए, मार-पिटाई और जान से मार देने के मिलते हैं। कारण—वे दोनों शख़्स आपस में जितनी जल्दी इकट्ठे रहने का निर्णय लेते हैं, उससे भी जल्दी साथ छोड़ने की करते हैं, क्योंकि वे एक-दूसरे के साथ ज़िन्दगी बिताने की, मिल-जुलकर रहने की भावना से इकट्ठे नहीं होते, वे जिम्मेदारियों से बचने के लिए ऐसा करते हुए, अपने अहंकार, अपनी ईगो, अपने पैसे और ओहदे से अधिक बड़ा कर के जानते हैं। इसी वजह से लिव-इन सफल नहीं, जबकि अमृता-इमरोज़ का यह रिश्ता इस शब्द और परिकल्पना से बहुत पहले का रहा। उन्हें अपने फ़ैसले के बाद बहुत निन्दा, अपमान, अफवाहें और आलोचनाएँ सुननी पड़ी। पर, वे एक-दूसरे के

लिए और एक-दूसरे के साथ ज़िन्दगी जीने के लिए डटे रहे। दोनों ने एक-दूसरे के क्षेत्र का सम्मान किया। उसमें विचरण करने के लिए समय, आज़ादी और एकान्त दिया। अपनी ज़िम्मेदारी, ख़र्चे और काम को अन्त तक निभाया। चाहे इसमें इमरोज़ का पलड़ा अधिक भारी रहा। घर, रसोई और हर आने-जाने वाले का आदर करना, घरेलू सामान ख़रीदने से लेकर, अपने रंगों, चित्रों की दुनिया सँवारने से लेकर नागमणि को लाद कर ले जाना और पोस्ट करना जैसे काम इमरोज़ के हिस्से में ही रहे या वह ख़ुद ही इन कामों को करने के लिए उतावला, उत्सुक और मतवाला अधिक रहा। अधिकतर व्यक्ति वक़्त न होने का रोना रोते हैं और यह सब इतने बड़े काम इमरोज़ कितनी सहजता, ख़ुशी और स्वभाविकता से करता रहा। यह अमृता- इमरोज़ के रिश्ते से सीखने वाली बात है। उनका रिश्ता दृष्टान्त बना क्योंकि उन्होंने बिना अहम् भावना के, एक-दूसरे के आड़े आने या रुकावट बनने के स्थान पर, प्यार से बढ़कर एक-दूसरे का सम्मान किया।

ऐसी जाने कितनी बातें हैं, अगर आप जानते भी हैं तो इस पुस्तक को पढ़कर और अच्छी तरह से जान लेंगे। अमृता-इमरोज़ के रिश्ते के केन्द्र में 'आदि स्त्री-पुरुष' विचरते रहे। इसीलिए अमृता को इमरोज़ में बाप, वीर (भाई), दोस्त और खाविन्द सारे ही रूप एक साथ में नज़र आते रहे और इमरोज़ ने उससे मिलने से पहले ही सपनों में देख लिया और जान लिया कि वह ही उसका 'डॉक्टर देव' है।

चित्रकार होना ही इमरोज़ की बड़ी पहचान थी, जिस कारण वह अमृता से जुड़ा। उसने पूरी उम्र अपना ख़र्चा अपनी चित्रकारी से पूरा किया। कभी किसी के आगे हाथ नहीं फैलाया। उर्दू और पंजाबी पत्रिकाओं में स्केच, किताबों के आवरण चित्र और फ़िल्मी दुनिया में 'प्यासा' जैसे फ़िल्म के बोर्ड और पोस्टर बनाने वाले इन्द्रजीत को इमरोज़ के रूप में प्रसिद्ध करने का सेहरा अमृता को ही जाता है। इमरोज़ ने कई प्रकार के चित्र बनाए। पर स्त्री के हर चित्र में से अमृता की झलक मिलती रही। उसने कभी अपने चित्रों की नुमाईश नहीं लगाई क्योंकि उसका कहना था कि उसे अपने चित्रों के लिए किसी की राय की ज़रूरत नहीं। दूसरी सोच यह भी थी कि वह अपने चित्रों को बेचना नहीं चाहता। इन दोनों कारणों को लेकर ही नुमाईश लगाई जाती है और यह दोनों बातें उसके लिए कोई अर्थ नहीं रखती थीं। उनका घर और दीवारें इन्हीं चित्रों के कारण बोलती थीं। जो लोग उससे माँग कर चित्र ले गये, वे लाहौर में सुल्तान बाहू और बुल्ले शाह की दरगाह की शोभा बने। इतने बरस तक जिस मेज़ पर बैठ कर वह चित्र बनाता और रंग भरता रहा, उस पर कभी एक दाग तक नहीं दिखता। उसने कभी शोहरत, पैसे और चमक की इच्छा नहीं की, उसे लगता था कि उसके ख़र्चे इससे पूरे हो जाते हैं, इसी कारण उसने कभी अधिक का लालच नहीं किया। उसकी एक विशेषता कैलीग्राफ़ी भी रही, जो उसके मन-इच्छित भाव से चाहे पूर्ण नहीं हो पायी, पर उसे जब भी इसका अवसर मिला, उसने कुछ और नहीं तो घड़ियों के डायलों में ही किसी नज़्म की कोई लाइन कैलीग्राफ़ी में लिख कर अपना शौक पूरा कर लिया।

अमृता के होते हुए ही वह कविता लिखने लग गया था, पर उसके जाने के बाद उसकी कविता का झरना बहने ही लगा। उसने बहुत सारी नज़्में अमृता को लेकर लिखीं। 'जश्न जारी है' काव्य-संग्रह पर पंजाबी अकादमी पुरस्कार की सारी राशि एक ही दिन में ख़त्म कर दी। उसकी एक कविता बहुत लोकप्रिय हुई, जिसमें उसने ख़ुद को 'लोक गीत' कहा। 'जिसे अच्छा लगे, वह स्मृति बना

ले, और अच्छा लगे तो अपना ले।' उसने इस पुस्तक की सम्पादक अमिया को 'कविता' कह कर सम्बोधित किया और कहा, 'कविता को कहीं बाहर न तलाशना, कविता भीतर ही होती है।' इमरोज़ यानि वर्तमान...जो समय के साथ बहता गया, बिना किसी मंज़िल की तलाश के, बिना किसी प्राप्ति की चाह में, बिना किसी ग्रुप या वाद के...अपने रेखा चित्रों के साथ, रंगों के छिड़काव से, अक्षरकारी के ख़ूबसूरत नमूनों से, जिस ने कभी ईनाम-सम्मान पर नज़र नहीं की, देखिए ! अपनी ज़िन्दगी का कितना सुन्दर सफ़र तय कर अगले जहान का मुसाफिर बन चल दिया। जिसे न प्रीतम सिंह के प्रति दिक्कत हुई न साहिर के प्रति ईर्ष्या रही...क्योंकि वह जानता था, अमृता को सिर्फ़ वही पा सका था, उसके अन्तिम श्वास तक, और अपने अन्तिम श्वास तक भी।

इस सारे सिलसिले से इमरोज़ नाम का जो शख़्स सामने आता है, वह तो कोई फ़कीर है। पल्ले कुछ न होने पर भी बादशाह, और सब कुछ पास होने पर भी बेपरवाह। अमृता स्कूटर पर, उसके पीछे बैठ कर कहीं आते-जाते उसकी पीठ पर अपनी उँगलियों से साहिर का नाम लिखती रहती। उसे कोई परवाह नहीं। उसे इस बात का भी पता है, अधिकतर मर्द लेखकों/मित्रों की मंशा है, अमृता को छूने की, उसे गले लगाने की, या फिर इससे भी बढ़ कर उसे चूमने की। इन सब से उसका विश्वास कभी नहीं कम हुआ। उसने कभी असुरक्षा महसूस ही नहीं की। क्योंकि उसका अपना अन्दर भरा हुआ था। उसके स्वभाव में फक्कड़पन, ज़रूर रहा, पर गरीबी का एहसास कभी नहीं रहा। शारीरिक पक्ष से कोई ऊँचे कद-काठी वाला या तगड़े डील-डौल वाला नहीं था, पर वह अपने आप में मज़बूत था, पूर्ण था, "जो मिल गया, उसी को मुकद्दर समझ लिया।" जैसे मलंगी भाव वाली ज़िन्दगी में मिले हर अनुभव को हँस कर स्वीकार करने वाला, अपनी जीविका कमाने वाले काम को इबादत के तौर पर नवाज़ने वाला, अमृता के बच्चों को अपना मानने वाला। यहाँ तक कि प्रीतम सिंह के लिए एगज़ीमा की दवाई दूर-सुदूर से ख़ुद लाने वाला, बिस्तर से जुड़ी हुई अमृता की दिन-रात सेवा करने वाला, हरदम प्यार देने और बाँटने के कारण ही अमृता का पूरा परिवार, बहू, बेटी और उनके बाल-बच्चे सब ने अमृता के जाने के बाद भी, उसे अपने बाबा जी मानते हुए पूरा सम्मान-आदर दिया।

अमृता और इमरोज़ के जीवन-दृष्टान्त से यह बात सीखने वाली है कि प्यार को दिखावे, दावे और कब्ज़े की ज़रूरत नहीं। एक-दूसरे को पूरी तरह स्वीकार करने की है, समर्पण भाव की ज़रूरत है, तभी वह दोनों एक-दूसरे में गहरे उतर गये। इसी कारण से इमरोज़ ने डॉक्टर को एक बार कहा, अमृता के बाक़ी बचते 'इंजेक्शन उसे (इमरोज़ को) लगा दें, वह ठीक हो जायेगी'। अमृता को इस बात का दुख रहा कि उसने जो 'सुनेहड़े' साहिर के लिए लिखे, उसने कभी पढ़े ही नहीं। जबकि सच तो यह था कि इमरोज़ ने उसके लिए जो लिखा, वह अमृता तक कभी पहुँचा ही नहीं।

औरतें ईर्ष्या करतीं, उनकी ज़िन्दगी में कभी कोई 'इमरोज़' नहीं आया। इमरोज़ का मानना है कि इमरोज़ को चाहने के लिए अमृता होना ज़रूरी है। दोनों ने एक-दूसरे से यह वादा किया है कि वे फिर मिलेंगे ज़रूर ! इस जन्म में वे जीते-जी एक मिथ में रूपान्तरित हो गये।

इमरोज़ से मिलाते हुए अमिया कुँवर के अपने कई रंग भी देखने को मिले। लेखक के तौर पर वह जानी-पहचानी कवयित्री है, पर इसमें उसके अच्छे वार्तिक (गद्य) लेखक होने का भी पता

चलता है। वह दिल से लिखती है, इसलिए मुश्किल-जटिल शब्दों की उसकी वार्तिक में कोई जगह नहीं। सरल भाषा में, पानी की तरह बहती जाती है। संकलनकर्ता के तौर पर उसने बेहतरीन यत्न किए। सतीश गुजराल और डी. एस. कपूर जैसे चित्रकारों के लेखन में से इमरोज़ को तलाश लिया। इमरोज़ पर प्रकाशित हुए हिन्दी पत्रिका अंक, कुणाल के नाटक 'इमरोज़' (हिन्दी) का सारांश भी दिया। सम्पादक के तौर पर पुस्तक की अच्छी और पुख़्ता रचनाएँ ली। नामवर लेखकों/अदीबों के ख़तों के साथ, नागमणि के सन्दर्भ से इमरोज़ की ओर से दिये जाते कुछ सवाल-जवाब भी शामिल किये हैं। जिन्हें पढ़ कर ये बोध होता है, एक कलाकार, कलाकार ही होता है, चाहे वह रंगों का प्रयोग करे या शब्दों का, उसे सलीके से सब का प्रयोग करना आता है। अमृता के जाने के बाद लोगों की ओर से की गई आलोचना और निन्दा को भी अमिया ने ढंग से बताया है।

पुस्तक का आकार सामान्य पुस्तकों से काफ़ी बड़ा है। जिस सुन्दर ढंग से प्रकाशक की सहायता से अमिया ने इसे ख़ूबसूरत रूप दिया है, इस पक्ष से अमिया भी किसी कलाकार से कम नहीं दिखती।

मैं तुम्हें फिर मिलूँगी

–जंग बहादुर गोयल

('मैं तुम्हें फिर मिलूँगी' के 37 पृष्ठों (212-248) में उकेरी अमृता-इमरोज़ की मोहब्बत, इमरोज़ की शख़्सियत और कामों को दर्शाती गाथा को संक्षिप्त कर इमरोज़ को केन्द्रित कर उन हवालों को लेने का उद्धम कर रही हूँ, जिनके द्वारा इमरोज़ के किरदार, कला और अमृता के प्रति उनकी उच्च और पाक भावनाओं की गवाही मिलती है। –अमिया)

यह बात 1957 के आख़िरी दिनों की है, जब अमृता प्रीतम को अपनी एक पुस्तक 'आख़िरी ख़त' का आवरण पृष्ठ बनाने के लिए किसी आर्टिस्ट की तलाश थी। उसके साथ रेडियो स्टेशन में काम करने वाले उसके एक साथी देविन्द्र ने इन्द्रजीत नामक आर्टिस्ट का नाम सुझाया। कुदरत का खेल न्यारा कि अमृता को इन्द्रजीत का कवर डिज़ाइन भी पसन्द आ गया और इस कवर को बनाने वाला आर्टिस्ट भी। अमृता जब इमरोज़ को मिली तो उसे ऐसा महसूस हुआ जैसे उसे वह पहले भी कहीं मिल चुकी है, शायद अपने सपनों में।

इन्द्रजीत चाहे अमृता को पहली बार मिल रहा था, पर वह उसे रेडियो स्टेशन आते-जाते कई बार देख चुका था। अमृता वेस्ट पटेल नगर में रहती थीं और इन्द्रजीत साउथ पटेल नगर। वह उसके घर के आगे से निकल कर आती-जाती थीं।

इन्द्रजीत ही बाद में इमरोज़ के नाम से प्रसिद्ध हुआ। 'आख़िरी ख़त' पुस्तक के बाद अमृता प्रीतम ने जितनी भी किताबें लिखीं, उन सब किताबों के आवरण पृष्ठ इमरोज़ ने ही बनाये। ये आवरण पृष्ठ कला के तो अनुपम नमूने हैं ही, ये अमृता की पुस्तकों की रुहानी भूमिकाएँ भी हैं। अमृता की पुस्तक के आवरण पृष्ठ को देखते ही हम उसकी पुस्तक की रूह के रू-ब-रू हो जाते हैं। लायलपुर के चक्क नम्बर 36 में पैदा हुए इमरोज़ की माँ का देहान्त जब हुआ, तब वह चौथी कक्षा में पढ़ता था। मध्यवर्ती किसान के बेटे को ज़मीन पर हल चलाने की जगह काग़ज़ पर पेंसिल से हल चलाने अच्छे लगते थे। उसने लाहौर के आर्ट स्कूल से आर्ट का डिप्लोमा किया था। उसे रंगों से खेलना अच्छा लगता था। यह उसका जुनून था। उसने फ़िल्मों के पोस्टर भी बनाये और कैलिग्राफ़ी भी की।

इमरोज़ अमृता की ज़िन्दगी में 'मैन फ्राइडे' बनकर आया था। जैसे राबिन्सन क्रूसो को 27 बरस तक एक बियाबान टापू पर अकेलापन भोगने के बाद 'मैन फ्राइडे' मिला था, उसी तरह अमृता को इमरोज़ में एक मददगार दोस्त मिल गया था।

गुरुदत्त की फ़िल्म 'प्यासा' 1957 में रिलीज़ हुई। यह एक हसीन इत्तफ़ाक़ था कि इस फ़िल्म के शानदार गीत और नज़्में साहिर के थे और इसके दिलकश पोस्टर इमरोज़ ने बनाये थे।

एक दिन दर्द के पलों में अमृता ने रब को उलाहना देते हुए लिखा–

सूरज देवता दरवाज़े पर आ गया
किसी किरन ने उठकर न तेल चुआया
हमारे इश्क़ ने एक सवाल किया
उत्तर किसी रब से न दिया गया

रब ने उसकी पुकार सुन ली थी और इमरोज़ उसकी ज़िन्दगी में वरदान बनकर आया। अमृता को इमरोज़ का साथ मिला तो पहली बार वह अपने अकेलेपन के दायरे से बाहर आयी। गहरी बातें होने लगीं, साहित्य और कला की। हर मुलाक़ात के बाद उनका रिश्ता और भी अधिक पुख़्ता होने लगा। वे रूहों के साथी थे और एक-दूसरे के मूक-मुखर शब्दों की गहराई भी जानते थे। अमृता-इमरोज़ का कविता और कला का रिश्ता था तितलियों के रंगों जैसा और फूलों की महक जैसा।

साहिर, अमृता के प्यार की इब्तदा था और इमरोज़ उसके प्यार की इन्तहा। साहिर, अमृता की तृष्णा था और इमरोज़ उसकी तृप्ति। अमृता ने ख़ुद माना है, साहिर को मिलने के बाद तो मैं दर्द की इन्तहा से वाक़िफ़ हुई और वह दर्द जरखेज़ हुआ। मैंने फूल और फल देखे जब इमरोज़ मिला, मैं दोनों की शुक्रगुज़ार हूँ कि वे मेरी ज़िन्दगी में आये।"

अमृता के लिए इमरोज़ सारे मोहब्बती रिश्तों का कुल जोड़ था–

बाप, वीर, दोस्त और खाविन्द
किसी लफ़्ज़ का कोई नहीं रिश्ता
वैसे जब मैंने तुम्हें देखा
सारे अक्षर गहरे हो गये।

अमृता भी इमरोज़ के लिए दोस्त भी थी, महबूबा और माँ भी। वे एक-दूसरे की चाहतों, उम्मीदों, दुखों और ख़्यालों के हमसफ़र थे। सारे सामाजिक और इख़लाकी मूल्यों के विरुद्ध बग़ावत करके बिना विवाह किये एक ही छत तले रहने का उनका फ़ैसला एक इंकलाबी फ़ैसला था।

मन की पीड़ा में से गुज़रती अमृता ने अपनी ज़िन्दगी के बाक़ी बचे सालों को अपनी शर्तों और अपनी इच्छाओं के साथ जीने का अटल फ़ैसला कर लिया था।

अमृता-इमरोज़ ने हर सामाजिक रिश्ते की ज़ंजीर से मुक्त होकर चालीस वर्ष से भी अधिक समय तक एक छत के नीचे रहकर मोहब्बत के रिश्ते को पाकीज़ और पुख़्ता बनाया। इमरोज़ तो इस बात को मानता है कि मोहब्बत का अर्थ है कि एक-दूसरे की ज़मीन में उगना और पल्लवित

होना। अमृता और इमरोज़ ने अपने इर्द-गिर्द ऐसी ज़रखेज़ ज़मीन तैयार की है और ऐसा वातावरण निर्मित किया है जो उन दोनों की सृजनात्मक प्रतिभा के निरन्तर विकास के लिए सहायक सिद्ध हुआ। वे दो सितारों की तरह थे, जिनमें इन्तहा कशिश होती है और दूरी भी, वे अपने-अपने ओरबिट में रहकर एक-दूसरे की ओर निरन्तर आकर्षित रहते हैं। अमृता और इमरोज़ ने एक-दूसरे की स्वतन्त्रता का कभी निरादर नहीं किया, बाधक नहीं बने और अपने ओरबिट का कभी उल्लंघन नहीं किया। वे एक-दूसरे के पूरक थे। जीना सब बातों से अधिक महत्त्वपूर्ण है। उन्होंने मिल-जुलकर ज़िन्दगी को भरपूर जिया।

अमृता-इमरोज़ का घर के–25, हौज़ ख़ास – पुस्तकों, रंगों, चित्रों, फूल-पौधों के साथ भरा हुआ घर था। उनका आँगन सांझा था, रसोई सांझी थी, दु:ख-सुख सांझे थे, पर उनके कमरे अलग-अलग थे। वे रसोई मिलकर चलाते थे और बाक़ी की ज़रूरतें अपनी मर्ज़ी के साथ जैसे दिल चाहे, पूरी करते थे, अपनी-अपनी सोच और पैसे के साथ। यह प्लेटो की सोची 'कमयून लाइफ़' का एक प्रैक्टिकल उदाहरण था।

अमृता अपने कमरे में बैठी लिखती रहती और इमरोज़ अपने कमरे में चित्रकारी में मसरूफ़ रहता। इमरोज़ अमृता की हर सुविधा का ख़्याल रखता था, ताकि वह बिना किसी ख़लल के अपना लेखन-कार्य करती रहे। फ्रांस के महान लेखक बालज़ाक की तरह वह रात-रात जागकर लिखती। उस वक़्त उसे चाय की तलब होती। इमरोज़ का यह नित्य नियम था कि वह उठकर अमृता के लिए चाय बनाता और चाय का प्याला उसकी मेज़ पर रख कर वापस अपने कमरे में आकर सो जाता।

अमृता जब दिन के समय लिख रही होती तब इमरोज़ यह यक़ीनी बनाता कि किसी कारण भी उसकी लिव (ध्यान) भंग न हो। इमरोज़, अमृता के अकेलेपन का दारू भी थे, निगाहबान भी। अमृता ने अपनी डायरी में, 14 मई, 1978 में दर्ज किया है :

इन कुछ महीनों में एक नयी रियलाइजेशन आयी है कि मुझे इमरोज़ का वजूद सिर्फ़ वजूद के लिए नहीं, अपने एकान्त के लिए भी ज़रूर चाहिए। सिर्फ़ वही दूर अपने कमरे में बैठा मेरे एकान्त की रक्षा कर सकता है। हर घण्टी से, हर टेलीफ़ोन से, हर खलल से वही मुझे बचा सकता है। उसके बिना मेरे एकान्त में एकान्त के टूटने का भय इस तरह शामिल होता है कि मेरा एकान्त भी मेरा नहीं होता। वह भयमुक्त सिर्फ़ उसके होने के साथ ही होता है। साथ के लिए तो कइयों ने किसी-न-किसी को चाहा होगा, पर किसी ने अपने एकान्त की ख़ातिर भी किसी को चाहा हो, नहीं जानती। मैंने ज़रूर चाहा है।

इमरोज़ का अमृता के प्रति पूर्ण समर्पण था। इसलिए उसके निमित्त किया गया काम न तो उसे थकाता था, न ऊबाता था। इमरोज़ अपने नाम को सार्थक करता हुआ अपने आज में जीता है। वह हर पल को उत्सव की तरह से सेलिब्रेट करता है और कभी बीते की जुगाली नहीं करता।

अमृता और इमरोज़ ख़ूब बातें करते थे, ख़ूबसूरत किताबों की, अदीबों की, कलाकारों की, महान विचारकों के विचारों की। उनके घर का हर वक़्त साहित्य का वक़्त था। अमृता के चेहरे पर किताबों का लिशकारा (चमक) था। उनकी बातें कभी ख़त्म ही नहीं होती थीं। एक बार ख़ुशवंत

सिंह ने अमृता से पूछा कि वह सारा दिन घर में बैठी क्या करती रहती है तब अमृता का जवाब था–"बातें।"

दरअसल अमृता ने अपनी आधी उम्र तो चुप्पी में ही बिता दी थी। माँ तो बचपन में ही नहीं रही थी, पिता अन्तर्मुखी स्वभाव के लेखक और चिन्तक थे, पति के साथ कोई संवाद नहीं था। साहिर के साथ तो रिश्ता ही ख़ूबसूरत ख़ामोशी का था। इमरोज़ के साथ रह कर उसने ख़ूब मन भर कर बातें कीं। साहिर के मायावी परछावें (साये) में रहकर अमृता ने एक ख़्याली संसार की रचना की और उसमें ही विचरण करती रही। इमरोज़ ने अपनी फ़क़ीराना जीवन-शैली के साथ अमृता के ख़ालीपन को भरा और उसकी ज़िन्दगी को नयी दिशा और दशा प्रदान की।

अमृता-इमरोज़ रसोई का काम भी मिल-जुलकर करते। घर की रसोई में खाना ही तैयार नहीं होता था, रिश्ते भी पकते थे। अमृता ने अपनी डायरी में एक दिन की घटना को इस तरह दर्ज किया है–

यूँ तो मैं और इमरोज़ रोज़ सादा-सा खाना, मन की पूरी भूख के साथ खाते हैं, भोजन के जश्न की तरह। पर आज मैंने इमरोज़ को कुछ ज़ोर देकर खिलाया तो वह पूछने लगा, "पहले यह बता तू किस दिन पैदा हुई थी?" जवाब दिया, "तेरी भूख वाले दिन।" बहुत सादा-सा जवाब था, सीधा, जो मन में आया। पर कह कर लगा, यह सिर्फ़ साधारण खाने के साथ जुड़ा हुआ नहीं, यह इमरोज़ की मेरे लिए हर भूख से जुड़ा हुआ है, तन की, मन की और मस्तक की हर सोच की तृप्ति के लिए।

'नागमणि' पत्रिका अमृता-इमरोज़ की मानस-सन्तान थी और यह पंजाबी जगत को सबसे बड़ी सौगात थी। यह उनका सपना था, जिसे वर्षों के यत्न से उन्होंने मिलकर 1966 में हक़ीक़त बनाया था।

'नागमणि' का कोई सम्पादक नहीं था। इसके दो कामे (कार्यकर्ता) थे–अमृता और इमरोज़। अमृता प्रकाशन सामग्री का चुनाव करती, इमरोज़ मैगजीन का टाइटल डिज़ाइन करता और मैगजीन में दी गयी रचनाओं के साथ फबते स्केच बनाता। उनमें रूह भरता। फिर छपने देने जाते। अमृता प्रूफ़ पढ़ती, 'नागमणि' छप कर आती तब इमरोज़ लगभग एक हज़ार लिफ़ाफ़ों पर हाथ से पते लिखता, फिर डाकखाने पोस्ट करने जाता। डाक बाबू कहता, "मुझ से नहीं लगती इतनी मुहरें, आप ख़ुद ही लगा लो।"

दरवेशी रंगों में रंगा इमरोज़ बिना किसी संकोच के वहाँ बैठ कर लिफ़ाफ़ों पर मुहरें लगाने लग जाता।

एक साथ रहते हुए अमृता और इमरोज़ निरन्तर यात्रा पर रहे। यह यात्रा थी स्थूल सें सूक्ष्म तक, दृश्य से अदृश्य तक, रूमानियत से रूहानियत तक, पदार्थक जगत से आध्यात्मिक जगत तक। वे अपने कमरों में बैठे-बैठे ही लोक से परलोक तक की यात्रा कर आते थे। इमरोज़ के अनुसार–

"अधिकतर वक़्त हम अपने-अपने कमरों में रहते–रात-दिन, गर्मी-सर्दी, पर खुले दरवाज़े वाले कमरों में एक-दूसरे के अस्तित्व की महक तो आती, पर कोई दख़ल नहीं।"

उन्होंने अपने इर्द-गिर्द ऐसा वातावरण सृजित किया, जिसमें वे एकाग्र मन से पढ़-लिख और पेंट कर सकते थे।

इमरोज़ ने अमृता को और अमृता ने इमरोज़ को ऐसा 'क्रिएटिव स्पेस' प्रदान किया, जिससे उन दोनों ने सृजना के क्षेत्र में नये मील-पत्थर स्थापित किये। फ़िल्मों के पोस्टर और फिर किताबों के आवरण चित्र बनाने वाले इमरोज़ ने चित्रकला में नये-नये प्रयोग किये और नये आयाम स्थापित किये। उसकी कला में कभी भी ठहराव नहीं आया, वह निरन्तर एवोल्यूशन के रास्ते पर चलती रही। उसने इल्म और अक्ल के देवता गणेश को बाँसुरी बजाते हुए चित्रित किया। उसने डांसिंग बुल्ला बनाया। उसके हाथ से खींची एक लकीर ने साज की सूरत धारण कर ली। दीये की सूरत में आकारमय हुसैन, वृक्ष की शक्ल में हाशिम, अनन्त यात्रा के चलते पैर की सूरत में बाहू, कबीर के संघर्ष मुक्त जीवन को दर्शाती एक सादी-सी लकीर, एक पत्ते की सूरत में चित्रित ओम, सीमित में असीमित का प्रतीक अँगूठा, इमरोज़ की कला के शानदार नमूने हैं।

इमरोज़ जब भी किसी औरत की तस्वीर बनाता है, तब वह अमृता की ही तस्वीर होती है। इमरोज़ दुनिया का पहला चित्रकार है, जिसने जिस्मानी और ज़ेहनी तौर पर सुन्दर औरत को कैनवस पर उतारा। इमरोज़ के बनाये अमृता के चित्र उसके रूहानी अनुभवों के प्रतिबिम्ब हैं।

अगर इमरोज़ ने अमृता की अनेक तस्वीरें बनायी हैं तो अमृता के भी कितने ही उपन्यासों, कहानियों, कविताओं में इमरोज़ हाज़िर है। 'एक सवाल', 'चक्क नम्बर 36', 'दिल्ली की गलियाँ' के नायक इमरोज़ का प्रतिबिम्ब हैं।

अमृता ने इमरोज़ के साथ बेहद ख़ुशहाल और सन्तुष्ट जीवन व्यतीत किया। पर अमृता ने अपनी ज़िन्दगी के अन्तिम कुछ वर्ष बहुत कष्ट में गुज़ारे। बीमार अमृता की जिस क़द्र इमरोज़ ने दिन-रात सेवा की, वह भी अपने आप में एक मिसाल है।

एक रात अमृता दर्द से बेहाल रही। सुबह चाय देने आये इमरोज़ से उसने कहा, "ईमा ! मैं सारी रात दर्द में तड़पती रही और शिरडी के साईं बाबा को पुकारती रही और व्याकुल होकर मैं उसके दरबार में ही पहुँच गयी।"

इमरोज़ ने मुस्करा कर कहा, "दर्द में भला इतनी दूर जाने की क्या ज़रूरत थी?" और फिर अपनी ओर इशारा कर कहा, "यह शिरडी का बाबा तो तेरे सामने के कमरे में था। उसे आवाज़ लगा लेती।" इमरोज़ की बात सुनकर अमृता अपना दर्द भूल गयी और हँसने लगी।

अमृता ने अपनी अन्तिम कविता लिखी इमरोज़ के नाम पर और फिर उसने अपनी क़लम हमेशा-हमेशा के लिए नीचे रख दी।

मैं तुम्हें फिर मिलूँगी
कहाँ? किस तरह? नहीं जानती
शायद तेरे तख़्यिल की
चिंगारी बनकर
तुम्हारी कैनवस पर उतरूँगी...

इमरोज़ को फिर मिलने का इकरार कर के अमृता 31 अक्तूबर, 2005 को इस फ़ानी संसार से विदा हो गयी।

(जंग बहादुर गोयल की पुस्तक 'मोहब्बतनामा' के एक काण्ड का संक्षिप्त ब्योरा)

चित्रकार जो कवि हो गया

–डी. एस. कपूर

डी.एस. कपूर की पुस्तक 'हिस्टरी एंड हैरिटेज' एक अलहदा नुहार लिए है, जो कि गवर्नमेंट कॉलेज ऑफ़ आर्ट, चण्डीगढ़ का प्रिंसिपल रहा है। मेओ स्कूल ऑफ़ आर्ट, लाहौर, जिसमें इमरोज़ ने आर्ट के विद्यार्थी के तौर पर 1943 में दाख़िला लिया था। यही स्कूल देश के विभाजन के बाद फिर, 1951 में पुनर्स्थापित हुआ। लेखक का कहना है कि इसका पहला विद्यार्थी होने का गौरव उसके दादा जी मास्टर सुन्दर सिंह को (1880-1964) जाता है, बाद में उसके पिता मास्टर सुजान सिंह (1992-1995) भी इस आर्ट स्कूल के विद्यार्थी रहे। लेखक ने अपनी मेहनत, परिश्रम और रिसर्च के सदके इस स्कूल में पढ़े होनहार विद्यार्थियों के बारे में जानकारी एकत्र की है–जिसमें शिव सिंह, सतीश गुजराल, सोहनलाल कादरी और इमरोज़ जैसे कई जाने-माने कलाकारों का ब्योरा है, इमरोज़ के बारे में वे लिखते हैं कि इन्द्रजीत (इमरोज़) 'चक्क नम्बर 36', लायलपुर के नजदीक, लाहौर से सौ किलोमीटर दूर का जन्मा, पला-बड़ा हुआ। उसने प्रारम्भिक शिक्षा ख़ालसा हाई स्कूल, लायलपुर से ली। बचपन माँ के प्यार से वंचित। घर में कोई औरत नहीं थी, दादी के अलावा। चाचों ने विवाह नहीं किया था। पिता ने सन् 1943 में 17 साल के इन्द्रजीत की पेंटिंग में रुचि देख कर मेओ (Mayo) स्कूल ऑफ़ आर्ट, लाहौर में दाख़िल करवा दिया। इन्द्रजीत पारम्परिक स्लेबस से इनकारी था। ऐसे सख़्त माहौल में वह अपनी कला को नहीं ढाल सकता था। उसका हुनर, काबिलियत, उसका नज़रिया और लोगों से एकदम अलग था। उसकी दूसरे विद्यार्थियों से अलहदा सोच थी–पेंटिंग और सृजना को लेकर।

मियाँ मोहम्मद हुसैन उस समय वहाँ के प्रिंसिपल थे। विद्यार्थी पार्शर उसका क्लास-इन-चार्ज था, जो उसके डिज़ाइन की कुशलता और कैलीग्राफ़ी से प्रभावित था। वह इमरोज़ को और अभ्यास करने के लिए प्रेरित करता। इन्द्रजीत उर्फ इमरोज़ ने कमर्शियल आर्ट में महारत हासिल की। देश-विभाजन के बाद दिल्ली आकर फ्रीलांसर बन गया। यह उसके संघर्ष के दिन थे। इसके बाद इमरोज़ और अमृता के सम्बन्धों के बारे में लिखा है।

मेओ स्कूल ऑफ़ आर्ट, लाहौर 1943 उस्ताद अब्दुल लतीफ चुगताई (अध्यापक), इमरोज़ अपने साथियों के साथ बैठे हुए

इमरोज़

-बचिन्त कौर

(बचिन्त कौर की पुस्तक 'अमृता प्रीतम, साहिर लुधियानवी, इमरोज़ और नागमणि' में से झलकता इमरोज़-बिम्ब)

एक ऊँचा-लम्बा, बाँका-सा नौजवान। चेहरे पर खिली धूप जैसी अपनत्व भरी मुस्कान। बाल कुछ लम्बे और बिखरे हुए। शरीर नाज़ुक-सा। सफ़ेद पायजामा और पूरी बाजुओं वाला खादी का कुर्ता और उसके ऊपर बिना बाजू वाला स्लेटी रंग का स्वेटर पहना हुआ था उस दिन इमरोज़ जी ने, जब मैंने पहली झलक इनकी देखी थी। ऋतु कुछ फाल्गुन मास के शुरुआत की थी, "अभी यहाँ ही बैठें। वे लिख रहे हैं। रात भी बहुत देर तक जागते रहे। हम अभी उन्हें डिस्टर्ब नहीं करेंगे।" यह मीठे बोल इमरोज़ जी के थे।

मैंने उन्हें फ़ोन करके बताया हुआ था कि "आज हम आयेंगे आपको मिलने।" शान्त स्वभाव के डॉ. वणजारा (बंजारा) बेदी ने हौले से कहा। कुछ समय तक हम चुपचाप वहाँ रसोई के सामने पड़े डाइनिंग टेबल के साथ बिछी कुर्सियों पर बैठे रहे और फिर उठकर इमरोज़ जी की पेंटिंग्स देखने लगे, जो पास ही रसोई के पीछे लगते बालकनीनुमा कमरे में एक प्रदर्शनी की तरह रखी हुई थीं। तस्वीरें अमृता जी की ही थीं। कुछ इमरोज़ जी की शाहकार ब्रुश-छुअन और कुछ कैमरे ने गुज़रे हुए समय को बाँध कर रखा था।

कैमरे से खींची एक श्वेत-श्याम तस्वीर के सामने मैं काफ़ी देर खड़ी रही। इस तस्वीर में अमृता-इमरोज़ दोनों ही काफ़ी ख़ूबसूरत नज़र आ रहे थे। अमृता जी ने सफ़ेद सलवार और बूटियों वाली कमीज़ पहनी हुई थी। इमरोज़ जी भी पैंट-कमीज़ में उनके साथ खड़े थे। दोनों पर भरपूर जवानी का आलम था।

"यह कब की तस्वीर है इमरोज़ जी?" मेरे होंठों से अचानक ही एक सवाल बाहर आया।

"यह सोभा (शोभा) सिंह चित्रकार के घर जब हम पहले-पहल गये थे, तब की फ़ोटो है।" इमरोज़ ने बताया।

"बहुत सुन्दर तस्वीर है।" यह कहते हुए मैंने आगे क़दम बढ़ाया। आगे इमरोज़ के ब्रुश के कई कमाल दिखाई दे रहे थे। एक क़लम टूटे दिलों की दास्तान लिखती है। दूसरी अपने ब्रुश-छुअन से फूल-पत्तियाँ और रंग सजाती है। इमरोज़ की बहुत ख़ूबसूरत पेंटिंग्स मैंने उस दिन पहली बार देखी थीं।

थोड़ा और आगे इमरोज़ जी के कमरे के साथ ही थी अमृता जी की अनगिनत किताबों से भरी लाइब्रेरी। वैसे मुझे तो यह पूरा घर ही एक लाइब्रेरी लग रहा था जिसमें ख़ूबसूरत रंगों के साथ बनायी तस्वीरें भी लगी हुई थीं। दो क़लमों का सुमेल। एक चित्रकारी दूसरे दुखों-सुखों की फुलकारी। काशनी, उनाबी, आसमानी और गुलानारी रंगों की भरमार।

31 अक्टूबर, 2005 को जब अमृता जी के चले जाने की ख़बर मैंने टी.वी. स्क्रीन पर किसी सीरियल प्रोग्राम के नीचे लिखी हुई पढ़ी, तब इमरोज़ जी को अफ़सोस का फ़ोन किया।

इमरोज़ ने बहुत सहज होकर कहा, "बचिन्त हमें अफ़सोस नहीं करना चाहिए। उनकी लिखी किताबें पढ़नी चाहिए। बहुत सुन्दर लिखा है अमृता ने, बहुत अच्छा जीवन जिया है। अफ़सोस किसलिए करना है... !" सचमुच आम लोगों से बिल्कुल अलहदा सोच।

यह जो साहित्यिक सभाएँ कंडोलेस मीटिंग्स कर रही है..."करी जायें... ! ये सब फ़िजूल की बातें हैं। मैंने अमृता को प्यार किया है। लोगों को काहे का अफ़सोस करना है।" इमरोज़ के इन शब्दों ने जैसे मुझे एक नयी और न्यारी सोच प्रदान की हो। मैं बहुत दिनों तक यही सोचती रही कि कैसे इमरोज़ ने ज़िन्दगी जीने के झूठे फरेबों का मुक़ाबला किया और जीवन में सच्ची-सुच्ची मोहब्बत की मिसाल क़ायम की।

हर्फ़ों की तुरपन भर-भर कर अमृता जी काढ़तीं रहीं कशीदा सच्ची मोहब्बत का और भरतीं रहीं अपने प्रियजनों के मनों में सुगन्धियाँ और झाड़तीं गईं अपने विरोधियों के बोल-कुबोल अपने मन से सिगरेट की बुझी हुई राख के मानिंद। दूसरी ओर इमरोज़ की ब्रुश-छुअन के रंग काशनी, गुलाबी, प्याज़ी, आसमानी, अंगूरी होते गये दिन-ब-दिन। सच्ची मोहब्बत के साथ और गहरे रंगों के साथ खेल हो रहा था कि समय का घोड़ा 'मौत' रूपी बारात लेकर आ गया। नहीं जानते हम कि यह समय सूर्य के अस्त होने का था या उदय होने का। पर इमरोज़ के लिए हमेशा उदय ही रहा। उसने अमृता की अनगिनत तस्वीरें बना रखी थीं। हर तस्वीर में जाने क्यों केसरिया रंग ज़रूर उभर कर सामने आया हुआ था। मैंने पूछना चाहा, यह क्यों? पर जाने क्या सोचकर मैंने ख़ामोश रहना ही ठीक समझा।

फिर कुछ ऐसी तस्वीरें भी इमरोज़ की बनायी हुई मैंने देखी जो अमृता की चाहे नहीं थीं पर हर एक तस्वीर के अप्रत्यक्ष रूप में अमृता, इमरोज़ की रग-रग में बसी हुई। अगली तस्वीर में इमरोज़ अमृता के मस्तक पर आयी ज़ुल्फ़ को सँवारते हुए जैसे अमृता के मस्तक पर उदित उजाले में अपना ही अक्स देख रहे हों–

इश्क़ की दहलीज पर
सजदा करेगा जब कोई
याद फिर दहलीज़ को
मेरा ज़माना आयेगा।

ये सतरें अमृता जी ने चाहे लिखी थीं पर इनमें इमरोज़ के दिल की बात मुझे अधिक लग रही थी।

क्या इस भारत की धरती पर इस 20वीं सदी में अमृता इमरोज़ जैसा इश्क़ कहीं और दिखाई देता है। मैं पूरे विश्वास के साथ कह सकती हूँ कि कहीं भी ऐसी मोहब्बत, ऐसे प्यार की और कोई

मिसाल हमें नहीं मिलती, जितना प्यार-सम्मान अमृता इमरोज़ ने एक-दूसरे को किया, आज के युग में और किसी प्यार करने वाले जोड़े ने नहीं किया होगा।

बहुत सारी पेंटिंग्स देखने के बाद हम थोड़ा और आगे बढ़ते हैं तो इमरोज़ का कमरा ज़िन्दगी के रंगों से भरपूर नज़र आता है। वह ख़ुद ख़ुशी-ख़ुशी हमें वह कमरा दिखाने लगे। जहाँ कुछ और नयी और अद्भुत पेंटिंग्स और कैमरे के साथ खिंची हुई तस्वीरें चारों ओर दीवारों पर लगीं मंद-मंद हँस रही थीं।

बालिका अमृता, शोख अमृता, जवान अमृता। अमृता-ही-अमृता और अमृता की सोच-उड़ान।

इमरोज़ की बनायी पेंटिंग्स देखकर तो यूँ लग रहा था कि कलाकार ने पूरे आसमान को ही रंग दिया हो। और सारे-के-सारे रंग अमृता जी की तस्वीरों में भर दिये हों। यह रंग जीत का जो था। अमृता का चेहरा आज भी एक आईने के समान है जिसमें उसे अपना चेहरा साफ़ दिखाई देता है।

बहते पानियों में इमरोज़ अमृता के फूल डालते हैं तो उस समय भी अमृता इमरोज़ से पूछ ही लेती है कि तू मेरा किस जन्म का साथी है? इमरोज़ का उत्तर शुरू से भी यही था और आज भी यही है, "जब से जन्म बने हैं तभी का।" इमरोज़ के लिए प्यार सब से सरल इबादत है बहते पानी जैसी, जिसे न किसी शब्द की ज़रूरत है, न किसी भाषा की मोहताजी। इमरोज़ ने मोहब्बत की बाज़ी जीती है...अपने ही अनोखे रंग के पत्ते के साथ...।

आमीन !

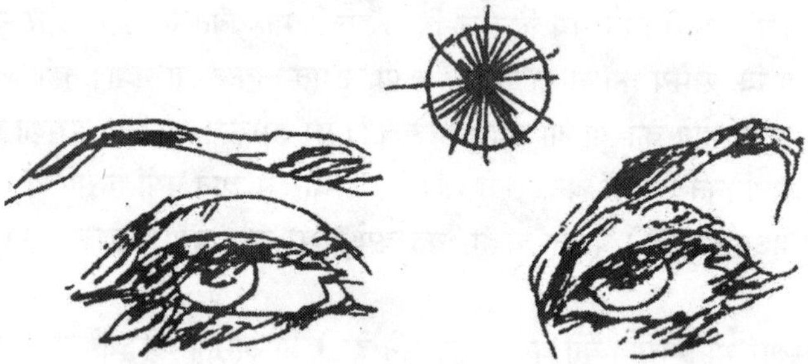

अमृता और इमरोज़

–मनमोहन बावा

'मैं और मेरा समय' (मैं ते मेरा समाँ) आत्मकथा में मनमोहन बावा अमृता-इमरोज़ के साथ जुड़ी अपनी बहुत सारी यादों को संकलित करते हैं। वे बताते हैं कि इमरोज़ के साथ मेरा मिलना अमृता के घर में तो होता ही था, पर इसके साथ ही हमारा बाज़ार एक ही होने के कारण वहाँ भी अकसर हमारा मिलना हो जाता था। वे बताते हैं कि अमृता प्रीतम के साथ मेरा सम्बन्ध दूसरे साहित्यकारों से कुछ अलग ही रहा है। इसका एक कारण इमरोज़ के साथ अपनी पुरानी वाकफ़ियत कह सकता हूँ, जब उसने दिल्ली में अपनी कूची/ क़लम की प्रतिभा की शुरुआत ही की थी। मुझे याद आ रहा है कि आज से लगभग पैंसठ-सत्तर साल पहले हम दोनों सदर बाज़ार की दुकानों में बिकने वाले सामान के डिब्बे-डिब्बियों के डिज़ाइन बनाया करते थे। वक़्त इन्सान को कहाँ-से-कहाँ ले आता है। समय ही सभी स्थानों में होने वाली गतिविधियों का बीज है।

रेखाओं का मौन : इमरोज़

–मसऊद मुन्नवर

जब मैं किसी ऐबस्ट्रैक्ट तस्वीर को देखता हूँ तो प्रश्न करता हूँ कि फ़ितरत के मन का नाम क्या है?

उसका नाम जहाँ अँधेरे का कुआँ जन्म लेता है, जहाँ घड़ी के सेकंड वाली सुई को मिर्गी पड़ जाती है और समय ठहर जाता है। ऐसी जगह को समझने की कोशिश करते वक़्त अजीब-सी ऐबस्ट्रैक्ट चित्रकारी लगातार ज़ेहन में आने लग जाती है। रंगों और गतियों की एक भेद भरी कायनात उतरने लग जाती है। महसूस होता है कि मैं इस कायनात के रूहानी पहलू का मुतालिया कर रहा हूँ। रोशनी का एक दायरा है, किरनों की एक बाढ़ है, जिसने रंगों की पेंग को मन्त्रमुग्ध कर उस पर जीत हासिल की है।

ऐबस्ट्रैक्ट चित्रकारी और कलाकारी के मामले में मेरा मुतालिया हमेशा बहुत सन्तुलित रहा है। मैं जो अपनी आँखों को बन्द कर के रंगों की कायनात में खो जाता हूँ और मेरी बन्द आँखों के सामने रंगों का एक चक्रवात नाज़िल होकर हरकत करने लग जाता है और एक कुएँ की गहराई में उतरने लग जाता है। रंगों का यह बिम्ब समय के अन्तराल के साथ अपनी परछाइयाँ बदलता रहता है और मुझे एक हैरानी में छोड़ जाता है। यही हैरानी मुझे ऐबस्ट्रैक्ट तस्वीरों की जानकार बनाती है।

इमरोज़ को मैंने रंगों से ज़्यादा ख़तों और रेखाओं के सन्दर्भ से तलाशा और पहचाना है। इमरोज़ ख़ुद भी सीधे और घुँघराले खतों की नुमाइश नज़र आते हैं। माँ-प्रकृति ने कुछ सीधी-तिरछी रेखाएँ खींचीं और इमरोज़ तैयार हो गये। इस शख़्सियत के ढाँचे में उन्होंने अपनी ज़ात की पहचान और शिनाख़्त के रंग बिखेरे हैं और अपनी तख़लीकी जन्म-पत्री तैयार की है।

मैं कभी अपने आपसे पूछता हूँ कि ऐबस्ट्रैक्शन क्यों जन्म लेती है? बाहरी स्तर पर ऐबस्ट्रैक्शन टूट-फूट की प्रक्रिया का फल है, बहने और भरने की प्रक्रिया। हर समय नये और पुराने मूल्यों की कर्बला होता है। जब इन्सानी मूल्य आपस में टकरायें तो टूट-फूट होती है और जब यह टूट-फूट बाहर से भीतर की ओर लौटती है तब ऐबस्ट्रैक्शन जन्म लेती है कि यानी ऐबस्ट्रैक्शन दो दिशाओं या दो छोरों और दो वारदातों का संगम और तालमेल है। आपस में टकराती लहरों की जन्म-पत्री।

यह वारदात क्यों होती है। बुद्धिजीवी श्री रजनीश जी ने मेरी एक कविता के बारे में अपने सन्देश द्वारा मुझे कहा था, "प्रार्थना ऐसी शय नहीं जो की जा सके, यह कोई कर्म नहीं है, यह तो एक अवस्था है, जिसमें दाख़िल हुआ जा सकता है। यह एक अनुभव है। यह रूह की शय है। यह तो बिना किसी हर्फ़ या माँग के अपने आपको अर्पित कर देना है। अपने आपको उस अनदेखे के

हवाले कर दो और हर भाग्य को कबूल कर लो। परमात्मा आपको जो भी बना दे, उसी को कबूल कर लो, अगर वह आपको तोड़-फोड़ भी दे तो उसे भी कबूल लो।"

ओरोगेन–5 अगस्त, 1983 सुख़नसाज़ी से अधिक यह राय चित्रकारी पर ज़्यादा जँचती है। रंगों और रेखाओं का मौन, रूह का वह रूप है, जो इस कायनात के मन की तरह रहस्यों से परिपूर्ण है। तख़लीक के मामले में अरस्तू ने अपनी बोतिका में जो राय दी है मैं उसके साथ ज़रा-सा असहमत भी हूँ कि रचना फ़ितरत की नक्काली है। फ़ितरत एक फूल जैसा हल्का शब्द है। इससे अधिक मुअजज़ इज़हार कुदरत में मिलता है।

तख़लीक, कुदरत की बराबरी करने का सपना है। कलाकार की कोशिश उजाले के सर चश्मे के बहुत नज़दीक पहुँच जाती है। पाक कुरान ने ख़ुदा की एक तारीफ़ यह बताई है कि वह माँ की कोख में चित्र बनाता है। चित्रकार अपनी चित्रकारी कोख की गिरफ़्त की जगह कैनवस पर करता है। वह धरती पर रब का सबसे बड़ा तरजुमान (अनुवादक) है। इसलिए भी कि इन्सान का एक वस्फ़ यह है कि वह ज़मीन पर ख़ुदा का नायब है। चित्रकारी को हम एक महाकला कह सकते हैं। जैसा कि मैंने पहले लिखा है कि इमरोज़ को मैंने शुरू में लकीरों (रेखाओं) के हवाले से पहचाना। पाकिस्तान में एक पत्रिका 'कूँज' नाम से निकलती थी, वह 'नागमणि' का पाकिस्तानी संस्करण होता था। उसके काग़ज़ का रंग भी मटमैला (मिट्टी रंग का) और उसके हाशिये पर भी इमरोज़ के बनाये खाके होते थे। उस समय मैंने क्यास (कल्पना) किया कि इमरोज़ कोई लड़की है, जो अमृता के साथ काम करती है। इस शक की वजह पाकिस्तानी फ़िल्मों की एक रक्कासा (नर्तकी) इमरोज़िया भी थी, जिसने इमरोज़ के ख़्याली बुत को तराशने में मुझे ज़ेहनी ग़लतफ़हमी दी।

इमरोज़ को मैंने पहली बार इसी घर में देखा था, जून 1980 में। इकहरे शरीर का इमरोज़, हल्का फूल जैसा इमरोज़, मासूम-सा इमरोज़, मोहब्बत से लबरेज़ इमरोज़, जिसका अपना दुनियावी कुछ भी नहीं; इमरोज़-क्षणों को छोड़कर। वह सारा दिन चित्रकारी करता है, अमृता को मिलने आये लोगों की मेहमान-नवाज़ी भी करता है। मेरे जैसे आवारागर्दों को कार में बिठाकर उनके घर तक भी छोड़ आता है, जैसे बुरे को उसके घर तक छोड़कर आते हैं।

इमरोज़ मुस्सवर भी है और ख़तात भी। इमरोज़ की ख़ताती के–25, हौज़ ख़ास के बाहरी दरवाज़े से शुरू होती है, जहाँ लालिमा के रंग में अमृता का नाम लिखा है। बाहरी बरामदे को लाँघ कर इमारत के दरवाज़े पर अमृता-नागमणि-इमरोज़ लिखा हुआ है। सीढ़ियाँ चढ़ो तो शिव कुमार बटालवी के नाम की तख़्ती सबसे पहले आपका स्वागत करती है। शिव कुमार के लेखन में ख़ते-गुलफ़ाम और ख़ते-गुलज़ार का मिला-जुला हुस्न झलक मारेगा पर एक नस्तालिक लहज़े में। शिव को इमरोज़ ने इतनी नर्मी और मुलामियत से लिखा है कि शिव शब्द में महादेव का जो रोब दाब लिखा हुआ है वह पिघल कर हवा में मिल गया है और कैनवस पर एक फूलों का हार पड़ा नज़र आता है जैसे इश्क़ पेचे की बेल एक तरफ़ से नज़र आ रही हो।

इमरोज़, शब्द को चित्र के रूप में सोचकर लिखता है। शायद शब्द भी अपने अमल (यथार्थ)

में चित्र भी हैं, जिन्हें भाषा-वैज्ञानिकों ने सबकतर बना दिया है और उनको ऐसे रूप दिये हैं जो तस्वीरों से ज़्यादा तस्वीर का बहरूप हैं।

पहली मंज़िल पर एक लफ़्ज़ की तस्वीर है साहिर-साहिर...वह फूल नहीं, परिन्दा दिखता है। एक झपटता परिन्दा भी कह सकते हैं। उसकी चोंच किसी बाज़ की याद दिलाती है। उर्दू में लिखे लफ़्ज़ साहिर का 'शीन' हर्फ़ यूँ दिखता है जैसे आरी के दाँत हों और वो दाँत जैसे किसी के प्यार को पान की तरह चबा रहे हों। शायद, अमृता और साहिर का आपसी सम्बन्ध इमरोज़ की क़लम से इस सूरत में ज़ाहिर हुआ है।

अमृता लफ़्ज़ की कैलिग्राफी का बिल्कुल पक्का प्रभाव छतरी की सूरत में ज़ाहिर हुआ है। इस छतरी के दो रूप हैं। एक–वह छतरी जो धरती की शक्ति का अलंकार है और दूसरा रूप उसे इमरोज़ के सिर पर छाया की अलामत बनाता है। यह छतरी कभी पाम के वृक्ष जैसी लगती है और कभी फैल कर आसमान बन जाती है।

इमरोज़ रंगों से बढ़कर सफ़ेद और काले रंग का कायल है। यह दिन और रात की निशानियाँ भी हैं। अमृता के शयन-कक्ष में एक मछली और उसका साया जो सफ़ेद कैनवस के आठवें हिस्से पर चित्रित किया गया है, दिन और रात की निशानी है। कालिमा और उजाले की और कायनात में इन्सान के तख़लीकी शऊर की। मछली तख़लीक के सिलसिले में एक शुरुआती फ़िनामिना है। इस तस्वीर को देख कर मुझे अलेक्ज़ेंडर पोप की नज़्म याद आती है, जिसमें मछलियाँ समझती हैं कि वे ख़ुदा की हमशक्ल हैं। इमरोज़ की बनायी किसी तस्वीर का कोई नाम नहीं, शायद उसने तस्वीरों के नाम नहीं रखे।

सागरो जाम का न कर ज़िक्र अदम के आगे
मयकदे में किसी सागर पे कोई नाम नहीं...

जैसे उसकी अपनी ज़िन्दगी के कैनवस पर कोई नाम नहीं, अगर आप चाहो उसके ऊपर अमृता नाम लिख दो। शायद नाम रखने की रीत बहुत बेढबी है। नाम किसी के जन्म पर नहीं रखा जाना चाहिए कि वह सारी उम्र अपने नाम के अर्थ को सही सिद्ध करने की लड़ाई ही लड़ता रहे और अपने अमल की नफ़ी करके अपने आप की निन्दा करे और उसकी ज़िन्दगी बेकार हो जाये। नाम तो ज़िन्दगी का दिन डूबने के बाद लालिमा की तख़्ती पर लिखा जाना चाहिए। इमरोज़ की ज़िन्दगी की तख़्ती पर जो नाम लिखा है, वह अमृता है।

इमरोज़ अमृता के लिए 'ईमा' है।–ईमा, ईमान ही का एक रंग है। और अमृता इमरोज़ के लिए बुल्ले शाह...जब वे एक-दूसरे को बुलाया करते हैं, तब लफ़्ज़ों के रूप नियोन साइन की तरह जगने-बुझने और जगमग करने लग जाते हैं।

"इमरोज़ ! ये रंग और लकीरें आपकी ज़िन्दगी में किस तरह दाख़िल हुई?"

"मैं नहीं जानता, जब से मैंने सूरज देखा है, रंग और लकीरें मेरी ज़िन्दगी में हैं।"

कितना सरल जवाब है। माइकल एंजलो ने भी यही कहा था कि बुत, पत्थरों में पहले भी मौजूद

होते हैं, मैं सिर्फ़ फ़ालतू पत्थर झाड़ देता हूँ। सूरज के रंगों और लकीरों ने अपना आप इमरोज़ के हवाले कर दिया है। यूँ लगता है, सूरज की पहली किरन उस तक किसी तस्वीर की लकीर बन कर आयी थी।

इमरोज़ के होंठों पर एक हल्की-सी मुस्कान है, जैसे कह रहा हो, भला मुझसे कोई क्या खोद कर निकाल लेगा?

"पर मैंने तो रंग और ख़त का तख़लीकी हवाले के साथ ज़िक्र किया है। लायलपुर के एक किसान के बेटे के पास पहली लकीर, हल का सियाड़ था? या माँ की माँग? या सूरज की किरन? हो सकता है ऐसा ही हो, पर मुझे बचपन से ही तस्वीरें बनाने का शौक़ था। जब माँ लिपाई-पुताई कर आराम करती, मैं उल्टी-सीधी लकीरें डाल देता था। आँगन में जानवरों की तस्वीरें–यह मेरी अपनी मल्कियत होती थी। बिल्कुल मेरी। फिर ये लकीरें भी तो हल चलाना ही है–कैनवस पर ब्रुश के साथ।"

"इमरोज़ आपकी हस्त-लिखाई चित्रों जैसी क्यों है?"

"लफ़्ज़ अपने असल में तस्वीरें हैं। इसलिए जब मैंने लिखे तो लफ़्ज़ों से अधिक चित्र बन कर ज़ाहिर हुए। यह कोई जानबूझ कर किया गया अमल (प्रक्रिया) नहीं। मैंने किसी स्कूल से हस्त-लेखन का डिप्लोमा नहीं किया, न ही किसी से यह कला सीखी है। बस जो कुछ है वह अपना है।"

इमरोज़ की पूर्ण अवस्था एक चित्र जैसी है। वह घर जिसमें अमृता रहती है, इमरोज़ का सजाया हुआ एक सपना है। "मैं चीज़ों को सपने की तरह देखता हूँ और रंगों तथा लकीरों में उनकी ताबीर ढूँढ़ता हूँ?" यह इमरोज़ की तख़लीकी कोशिश का शुरुआती हिस्सा है।

"पर रंगों से अधिक आप के पास सफ़ेद और काले की नुमाइश क्यों है?"

"यह दोनों वक़्तों को एक क्षण में देखने की चाहत का हासिल है...लैंप के शेड पर लिखी हुई तहरीर बुझी हुई चिमनी में फ़िक्र की रोशनी भरती है। और मैं लिखता हूँ दीवारों पर, कैनवस पर, फिर काग़ज़ पर। इस तरह ज़िन्दगी के ख़ाली अन्तराल भर देता हूँ।"

इमरोज़ बहुत ख़ामोश प्रकृति के व्यक्ति हैं। उनकी बातों में फ़लसफ़े की चतुराई नहीं होती। उसका सबसे विशाल इज़हार चुप है, क्योंकि उसके हाथ बोलते हैं और उसके फ़न में ऐसी इबादत लिखी हुई है, जिसका मोहब्बत के अलावा कोई नाम नहीं।

"मुसव्वरी के किस स्कूल से आपको ज़्यादा दिलचस्पी है?"

वे डाक और तार के अंदाज़ में कहते हैं, "मुझे हिन्दुस्तानी और चीनी तर्ज़ पसन्द है।" इमरोज़ अपनी ही तर्ज़ का मुसव्वर है। उन्होंने ज़िन्दगी को जिस तरह से देखा उसी तरह से उजागर करने की कोशिश की।

उन्होंने चक्क-41 ज़िला–लायलपुर के पास में ख़ालसा हाई स्कूल से 1942 में मैट्रिक की, और अगले साल मेओ स्कूल ऑफ़ आर्ट्स में दाख़िल हो गये, जहाँ उन्होंने तीन साल का डिप्लोमा करना था, पर वह बीच में ही छोड़ दिया। उन्होंने किसी मज़मून में स्पेशलाइज़ होने की ज़रूरत

नहीं समझी। इस तरह से स्कूल इल्म के साथ उनकी यारी कच्ची टूट गयी। वे कहते हैं, "मैंने कोई काम भी किसी के कहने पर नहीं किया। जो मेरी ज़ात के चश्मे में उबला, उस पर कनायत की है।"

"पर आपकी तस्वीरों में, शक्लें हक़ीक़त से दूरी का रूप क्यों बनाती हैं? "हक़ीक़त पसन्दगी या रियलिज़म तो पश्चिम वाले अपने साथ लाये थे, कि इन्सान जिस तरह का है, उसी तरह का बनाओ। वे तो यह भी नहीं जानते कि लकीर कैसे खींचनी है। यानी उनके पास स्पेस सेंस बिल्कुल ही नहीं। यूरोप में स्टाइल इसी शताब्दी में आया था। पर हमारी इस तरफ की मुसव्वरी स्टाइल के कई मरहलों से निकली है। इसलिए अगर मेरी तस्वीरों की शक्लें ताराती हैं, तब यह हमारे फ़नी-शऊर की देन है। यह हमारी अपनी विरासत है।"

इमरोज़ की तस्वीरें उसकी अपनी ज़ात के गिर्द घूमती हैं। वह वहाँ तक है, जहाँ तक उसके ब्रुश की शिद्दत है और जहाँ तक उसके रंगों के छींटें उड़कर जाते हैं और वह उस क्षण का इज़हार कर रहा है, जब उसके वजूद की लकीरों में अमृता के साथ उसकी मोहब्बत के रंग घुलकर, उसके सपने को पूर्णता की ताबीर देंगे।

('नागमणि', सितम्बर, 1983)

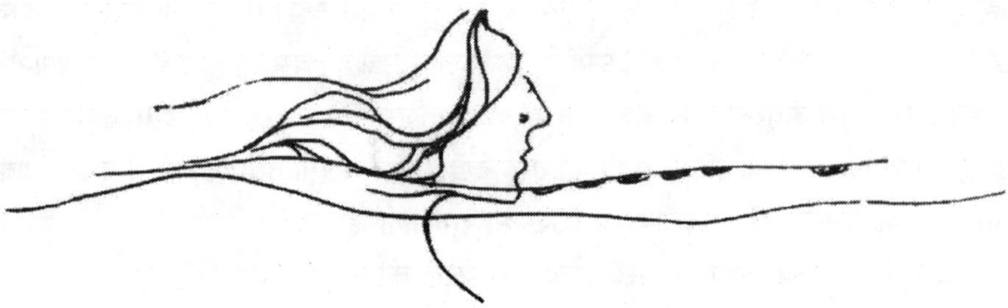

जब कृति हस्ताक्षर बनती है...

–राजेश चन्द्रा

एक शाम मैं बैठा कुछ लिख रहा था कि मेरी संगिनी कमरे में तेज़ी से आयी। वह मेरा हाथ पकड़कर बच्चों की तरह लगभग खींचते हुए मुझे दौड़ाते हुए छत पर ले गयी।

सितम्बर का महीना था, शाम का वक़्त था और पूरब दिशा में क्षितिज पर एक बड़ा-सा इन्द्रधनुष खिंचा हुआ था–धरती के दो छोरों को छूता हुआ। लग रहा था, जैसे एक छोर पर खड़े होकर कोई सात रंगों से भरी पिचकारी से रंगों की फुहार फेंक रहा है।

भावनाओं के रंगों के इन्द्रधनुष को थामे हुए हम दोनों लोग पीछे मुड़े– पश्चिम दिशा की तरफ़–तो अचानक हम दोनों के मुँह से एक साथ एक ही बात निकल पड़ी–यह तो इमरोज़ साहब की पेंटिंग लग रही है !

पश्चिम दिशा में क्षितिज के पार सूरज उतर रहा था, आकाश में बादल तैर रहे थे, बादलों की ओट से उसका लाल-सुनहरा चेहरा झाँक रहा था, बादलों के टुकड़ों पर उसकी किरनें पड़ रही थीं, रोशनी के रंग बिखरे से थे, बादलों पर सवार वे अनेक रंग तैर रहे थे जिन्हें देखकर हम दोनों के होठों से एक साथ निकल पड़ा–यह तो इमरोज़ साहब की पेंटिंग लग रही है !

यह बात मैंने इमरोज़ जी–अमृता जी को बतायी तो अमृता जी ने कहा–

इमरोज़ जी की कृतियों की यह सबसे बड़ी विशेषता है कि उनका रंग चयन और रंग भराव इस प्रकार होता है कि चित्र ठहरा हुआ नहीं लगता बल्कि उसमें गति दिखती है, बहाव-सा होता है, साथ ही सजीवता भी।

जैसे पानी बेतरतीब रास्तों पर भी अपना रास्ता बनाता चलता है, बीच का कोई भी अवरोध उसके बहाव को रोक नहीं पाता, वह अपनी लय, अपने प्रवाह के साथ गतिमान रहता है, ठीक वही प्रवाह, वही गति, वही सजीवता इमरोज़ जी के रंग भरने की शैली में है। जैसे आकाश में बादल तैर रहे हों, वह हल्कापन और बहाव उनके रंग भरने में होता है जो कि आँखों को सुखद भी लगता है न कि आक्रामक। उनकी सारी कृतियों में रंगों के बहाव की यह विशेषता समान रूप से देखी जा सकती है–शायद भविष्य में इसे 'इमरोज़ शैली' का नाम दिया जाये।

दूसरी रेखांकित करने वाली विशेषता है–रंग चयन। उनके चुने हुए रंग ज़्यादातर सौम्य रंग–सॉफ्ट कलर होते हैं जैसे आसमानी रंग, हल्का नारंगी, हल्का धानी, पीले रंगों की छाया आदि। लेकिन लाल और गुलाबी रंगों को वे उनके पूरे शोखपन के साथ इस्तेमाल करते हैं जो कि कलाकार और कलाकृति दोनों की जीवन्तता का परिचायक है।

इमरोज़ जी बहुत ही आरक्षित स्वभाव के–रिज़र्व नेचर के–व्यक्तित्व हैं। वे उस सितार की तरह हैं जिसे छेड़ो तो बजता है नहीं तो चुप रहता है। लेकिन सितार को छेड़ने का भी एक सलीका होता है, एक अदब होता है। वह अदब एक दिन मैंने साईं काका से सीखा।

एक दिन उनके साथ हम अमृता जी–इमरोज़ जी के घर पर थे। उस दिन मैंने पहली बार इमरोज़ जी को मुखरता से बोलते हुए सुना और पूछने पर उन्होंने अपने कुछ चित्रों के अर्थ बताये, उनकी व्याख्या की।

एक बड़ी-सी पेंटिंग है–शायद 3 गुणा 5 फुट की–पूरी सफ़ेद पृष्ठभूमि को हल्की नीली-सी रेखा, ऐसे विभाजित कर रही है जैसे दूर क्षितिज पर सागर और आसमान मिलते दिखते हैं। उस रेखा के नीचे पाँच-छह छोटे-छोटे काले गोले हैं, जैसे लगता है कि सागर के तट पर किसी के पैरों के निशान हैं। एक दृष्टि में लगता है कि यह कोई अधूरी-सी कृति है और इसमें अभी कुछ बनना बाक़ी है। लेकिन इमरोज़ जी ने बताया, "यह कंप्लीट है !" फिर उसका अर्थ बताया, "इस पेंटिंग में मैंने हीर-रांझा के कथानक को उतारा है। ये काले स्पॉट्स प्रेमी के पदचिह्न हैं और रांझा चूँकि बाँसुरी बजाता था इसलिए ये स्पॉट्स बाँसुरी के नोड्स भी हैं..." मैं अपने मन में कह उठा, 'अजीब बात है ! इतनी-सी पेंटिंग में पूरी प्रेम कहानी है–हीर-रांझा की।'

एक और पेंटिंग के बारे में उन्होंने बताया, "यह उर्दू में हीर लिखा है..." आगे कहने लगे, "मैं एक प्रयोग कर रहा हूँ। लोग कैलीग्राफ़ी–सुलेखन करते हैं। बहुत ख़ूबसूरती से लिखते हैं–लेकिन 'ख़ुदा' और 'शैतान' या 'फूल' और 'पत्थर' एक ही ख़ूबसूरती से लिख देते हैं। मैं प्रयोग कर रहा हूँ कि 'फूल' लिखूँ तो उसकी ख़ूबसूरती, ख़ुशबू और कोमलता उस लिखावट में झलके और 'पत्थर' लिखूँ तो उसकी कठोरता, जड़ता भी लिखावट में दिखाई दे। मैं 'ख़ुदा' और 'शैतान' भी अलग-अलग अंदाज़ में लिखूँगा..." एक पेंटिंग की ओर इशारा करके बताया, "यह लिखा है–वारिस शाह। वे पंजाब के सूफ़ी हुए हैं इसलिए इसे ऐसे लिखा है कि इस लिखावट में पंजाब के पाँचों दरिया भी नज़र आ रहे हैं..." एक और सूफ़ी का नाम लिखा था–पंजाबी में–दीपक की शक्ल में। उन्होंने स्पष्ट किया, "यह लिखा है शाह हुसैन। उनका नज़रिया हमें आज भी रोशनी देता है इसलिए उन्हें दीपक की शक्ल में लिखा।" एक और कृति की ओर इशारा किया जोकि पेड़ की शाखा की शक्ल में थी और बीच में एक हरी पत्ती झलक रही थी, "यह हाशिम लिखा है। वह भी एक सूफ़ी हुआ है।" "पेड़ की शाखा की शक्ल में क्यों और बीच में एक पत्ती किसलिए?" मैंने पूछा, तो अमृता जी ने बताया, "यह वृद्धि–ग्रोथ–का प्रतीक है, जीवन की हरियाली।" एक और कृति पर हमारी नज़रें टिक गयीं, बड़ी सादा-सी कृति, सिर्फ़ पैर का एक पंजा बना हुआ था जैसे कि किसी का पदचिह्न हो–दाहिने पंजे का। लेकिन उसकी सादगी में भी एक आकर्षण था, अँगूठे

और अँगुलियों के पोरों पर पीली-नारंगी रंग की ऐसी छाया दी गयी थी जैसे लगता था कि पोरों से रोशनी निकल रही है और ठीक वही रोशनी हमने अमृता जी की आँखों में देखी जब उन्होंने बताया, यह इमरोज़ ने बाहू लिखा है–पंजाबी में–इस सूफ़ी का जहाँ क़दम पड़ जाये वह उसके ख़्यालों से रोशन हो जाये। सूफ़ी का मतलब कि जो रोशन ख़्याल हो, जो मोहब्बत की रोशनी से भरा हो। यह वही सूफ़ी है सुल्तान बाहू, जिसने कहा है–

ईमान सलामत सब चाहते हैं
इश्क़ सलामत कोई हू
जिस मंज़िल पर इश्क़ ले जाये
ईमाने ख़बर न होई हू...

अगली कृति पर मेरी नज़र गयी तो मन सच में कुछ थइया-थइया-सा नाचने लगा। कृति में कोई नाचती हुई-सी आकृति थी जिसे देखकर ही मन कुछ थिरक-सा जाता है। इमरोज़ जी की आवाज़ में एक थिरकन-सी उतर आयी थी, यह हमारे बुल्ले शाह हैं। यह बुल्ले शाह लिखा है–नृत्य की मुद्रा में–वह हमेशा नाचते थे।

फिर इमरोज़ जी के कमरे में लगी हुई एक लम्बी-सी पेंटिंग मेरा मन बार-बार आकर्षित कर रही थी जिसमें स्त्री का सिर्फ़ चेहरा था, लम्बी-सी गर्दन आगे जाकर एक सितार के तम्बूरे की शक्ल में तब्दील हो रही थी। ऊपर चेहरा, बीच में गर्दन, नीचे सितार का तम्बूरा–पूरी खड़ी पेंटिंग। वह कृति स्त्री और सितार एक साथ लगती थी। पूछने पर इमरोज़ जी ने बताया, "मेरी जानकारी के मुताबिक पूरी दुनिया में औरत के जिस्म की पेंटिंग बनायी गयी है, उसकी जिस्मानी ख़ूबसूरती को बनाया गया है–वोमेन विद फ्लावर, वोमेन विद ब्यूटी दिखाया गया है। किसी ने औरत को–वोमेन विद माइंड–समन स्त्री–चित्रित नहीं किया है। एक दिन अमृता ने मुझसे यह बात कही तो मैंने यह कृति बनायी औरत को सितार की शक्ल में दिखाया है। सितार बजाने के लिए माइंड चाहिए, मन चाहिए। वह इसमें दिखाया है–वोमेन विद माइंड–समन स्त्री..."

वोमेन विद माइंड वाली कृति के सन्दर्भ में बात करते हुए वे कहने लगे, "असल में शादी करके लोग एक कंपेनियन–साथी–नहीं चाहते बल्कि रोटी पकाने और कपड़े धोने वाली नौकरानी चाहते हैं। अगर रोटी के लिए शादी करेंगे तो फिर नौकरानी ही मिलेगी, कंपेनियन नहीं मिल सकती। असल बात तो कंपेनियनशिप–साथीपन–की है। ज़्यादातर मर्द सोचते हैं कि औरत मेरी सेवा करे चाहे वह सेवा के काबिल न हों। अगर रोटी पकवाने, कपड़े धुलवाने के लिए शादी करना है तो फिर एक नौकरानी रख लो, शादी की क्या ज़रूरत है?..."

अपनी रचनाधर्मिता के विषय में उन्होंने कहा, "असल बात यह है कि रचनात्मकता आती है स्वतन्त्रता से। यह स्वतन्त्रता आपको मज़हब और राजनीति से नहीं मिल सकती। जिन्हें शासन करना है, वो आपको आज़ादी क्यों देंगे?"

मैं इमरोज़ जी के चेहरे को अवाक् देख रहा था, सोच रहा था, "यह अनूठा कलाकार अपनी कला में ही नहीं सोच में भी क्रान्तिकारी है।"

उनके कमरे के एक कोने में पिआनो जैसा कोई वाद्य रखा था। मेरी छोटी बहन वन्दना बार-बार मेरे कान में चुपके से पूछ रही थी–"भईया, यह क्या है?" मैं हर बार कहता, "इमरोज़ जी से पूछो।" आख़िर काका जी ही पूछ बैठे–"यह क्या पिआनो है?" इमरोज़ जी ने कहा, "नहीं काका, सारंगी की शक्ल में यह कैलेंडर है।" फिर उसे उठाकर उन्होंने दिखाया और बताया कि कैसे इस पर तिथि, माह और वार बने हैं। एक और कैलेंडर दिखाया जो चाँद की शक्ल में है।

इमरोज़ जी की सबसे बड़ी विशेषता है कि वे अपनी किसी भी कलाकृति पर अपने हस्ताक्षर नहीं करते। उनसे किसी ने पूछा–"आप अपनी कृतियों पर हस्ताक्षर क्यों नहीं करते?" उन्होंने पलटकर पूछा–"ख़ुदा ने इतनी बड़ी कुदरत बनायी, उसने कहीं अपने हस्ताक्षर किये?"

उनका यह सवाल ही उनके जीवन-दर्शन का सार है जो उन्हें बाक़ी कलाकारों से बिल्कुल अलग खड़ा कर देता है। वह कहते हैं–हस्ताक्षर कलाकृति का हिस्सा नहीं होता, उसका होना मुझे खटकता है।

उनकी एक प्रशंसिका ने जब उनकी एक पेंटिंग ख़रीदकर उसी पर उनसे हस्ताक्षर–ऑटोग्राफ़–माँगे तो उन्होंने साफ़ इनकार कर दिया। कहा–"मैं अपने ही हाथों से अपनी कृति को गन्दा नहीं कर सकता। जब उस युवती ने बहुत आग्रह किया तो उन्होंने कृति के पीछे हस्ताक्षर कर दिए।

सच तो यह है कि उनकी कृति ही उनका हस्ताक्षर होती है। देखने वाला देख सके तो वे पूरे कैनवास पर नज़र आते हैं और नहीं तो वह कहीं नज़र नहीं आते।

एक दिन अमृता जी ने बताया, एक बार इमरोज़ जी को पैंट ख़रीदनी थी। उनके पास साठ रुपये थे। तब हमारे पास पैसे कम होते थे। वह कनाट प्लेस पहुँचे। जिस दुकान से पैंट लेनी थी उसके पास ही किताबों की एक दुकान थी। वहाँ उन्हें कज़ान जाकिस की एक किताब दिखाई पड़ गयी जिसमें उसके पत्र छपे थे। वह किताब उन्हें पसन्द आ गयी और संयोग कि वह ठीक साठ रुपये की मिल रही थी। इमरोज़ किताब ख़रीदकर घर आ गये। पैंट नहीं ली...

घर आये तो मैंने पूछा, "पैंट? तो उन्होंने किताब आगे बढ़ा दी, कहा–ये रही पैंट। यह किताब मुझे अच्छी लगी, सोचा तुझे पसन्द आयेगी इसलिए ख़रीद लाया।"

ऐसे ही एक दोपहर मैं घर पहुँचा तो इमरोज़ जी ने बताया–"आज पानी नहीं आ रहा है।" अमृता जी ने बताया–"जो पानी घर में रखा था, नहाने के लिए, वह इमरोज़ जी ने पौधों को दे दिया।" बोले–"मेरे एक दिन न नहाने से फ़र्क़ नहीं पड़ेगा, लेकिन पौधे तो एक दिन भी पानी न मिलने से सूख जायेंगे।"

मैं इमरोज़ जी के चेहरे को देखने लगा। मेरे मन में विचार चल रहा था–"क्या हर कलाकार के अन्दर इतनी ही संवेदनशीलता होती है?"

स्मृति शेष : इमरोज़

–संजय मल्होत्रा

रूह छूकर कोई गुज़रे तो मोहब्बत कहना,
जिस्म छूकर तो हवाएँ भी गुज़र जाती हैं।

कल इस दौर के रांझा इमरोज़ ने नश्वर शरीर त्याग दिया, मूलतः उनकी पहचान अमृता प्रीतम के साथी, चित्रकार और शायर की ही रही है।

जितना मैं उन्हें जानता और समझ पाया हूँ वे प्यार की पावनता और समर्पण के प्रतीक पुरुष थे।

अपने करियर को ही नहीं इमरोज़ ने अपने वजूद को ही अमृता प्रीतम में समाहित और विलीन कर दिया था।

"रूह ने उसकी कहा मरघट से कल
ए दोस्त, उम्र ही हारी है मेरी, ज़िन्दगी हारी नहीं।"

मैं और डॉ. श्वेता श्रीवास्तव इमरोज़ पर अपनी प्रकाशनाधीन पुस्तक 'मेरा रांझा' को मुम्बई जाकर उनके समक्ष रखना चाहते थे परन्तु नियति उन्हें वहाँ ले गयी, जहाँ 2005 से कोई उनकी प्रतीक्षा कर रहा था।

मेरी उनसे पहली मुलाक़ात अदम गोंडवी जी के माध्यम से उनके निवास पर हुई, उनकी बेहतरीन पेंटिंग्स के साथ-साथ अमृता प्रीतम व उनका अपना कमरा और उनकी ज़ुबानी कहूँ तो उनके प्यार का नायाब घर था।

इमरोज़ अच्छी तरह जानते थे कि अमृता प्रीतम साहिर से मोहब्बत करती थी, पर सच्चा प्यार कहाँ यह सब मानता और समझ पाता है, उनके स्कूटर के पीछे बैठकर अमृता अकसर साहिर का नाम उन्हीं की पीठ पर उकेरा करती थी, तब भी इमरोज़ के चेहरे पर शिकन का नामोनिशान तक न होता था।

सच कहूँ तो इमरोज़ कोई हो नहीं सकता इसलिए नहीं कि वे एक महान प्रेमी के रूप में समाज में नज़र आते थे बल्कि इसलिए कि वे एक सरल व्यक्तित्व और विशाल हृदय के इन्सान थे।

मेरा K-25 हौज ख़ास (दिल्ली) जाना दिन-पर-दिन बढ़ता गया क्योंकि इमरोज़ का निश्छल और सम्मोहक व्यक्तित्व मुझे अपना बना चुका था। उनकी अमृता से मोहब्बत को समझने के लिए सच्चे प्यार की दृष्टि की आवश्यकता थी। इसके लिए अमृता की लम्बी बीमारी में जिस भावना से

इमरोज़ उनकी सेवा-शुश्रूषा करते उनके क़रीबी ही जान सके। 2005 में 'अपूर्वा' सम्मान अमृता प्रीतम को उनके घर पर दिया जाना था। मैंने राजधानी के कुछ बड़े साहित्यकारों की नाराज़गी उठायी और सम्मान इमरोज़ के हाथों दिलवा दिया। लगता था कि उनसे बेहतर कोई हो ही नहीं सकता था।

उस दिन भी बहुत रोया था और आज भी।

कितना बेचैन उसे लेने को गंगाजल था, जो भी धारा थी, उसके लिए वो बेकल था। प्यार उनका भी तो गंगाजल की तरह निर्मल...

अलविदा रांझा।

(संजय मलोत्रा 'हमनवा' का इमरोज़ पर "रांझा मेरा" उपन्यास नेट बुक्स से प्रकाशित हो गया है)

ज़िक्रे-यार

–सतीश गुजराल

आर्टिस्ट सतीश गुजराल अपनी स्व जीवनी Brush with life में लिखते हैं कि इन आख़िरी बरसों में मेरे समकालीन कलाकारों में से कोई अच्छा काम कर रहा है तो इन्द्रजीत का नाम लेना, ज़िक्र करना बनता है, जो मुझसे एक वर्ष जूनियर था। वह देहाती ज़मीन से जुड़ा शर्मीला और अन्तर्मुखी स्वभाव का था। जहाँ वह अपने पहनावे के प्रति उदासीन था, वहीं इसके ऐन विपरीत अपने बालों के प्रति ख़ास ख़्याल रखता। वह कई तरह के तेलों का इस्तेमाल करता। कक्षा हो या होस्टल–अपने बालों में रह-रहकर कंघी करता रहता। फिर वह कुछ साल नहीं मिला। कई वर्षों बाद वह पंजाबी कवयित्री अमृता प्रीतम के साथी के रूप में दोबारा मिला।

इमरोज़ चले गये अमृतालोक

–श्यामल भट्टाचार्य

उनकी निस्वार्थ प्रेम कहानी विश्व प्रसिद्ध है। एक थी विश्वविख्यात कवयित्री और कथाकार अमृता प्रीतम, जिन्हें भारत और पाकिस्तान दोनों देशों में सर्वोच्च साहित्यिक सम्मान प्राप्त है, दूसरे उनके प्रेमिक और चित्रकार इमरोज़, जो अपने जीवन के अन्तिम चार दशकों से अमृता के साथी थे। 31 अक्टूबर 2005 को अमृता की नींद में ही मृत्यु हो गयी। इससे पहले, वह लम्बे समय तक बीमार रही थी। उसी दौरान उसने इमरोज़ के लिए कविता लिखी थी, "मैं तैनू फेर मिलांगी" (मैं तुम्हें फिर मिलूँगी) इमरोज़ ने उस साधारण वादे को निभाने के लिए लगभग दो दशक तक इन्तज़ार किया।

22 दिसम्बर 2023 को उनका निधन हो गया। उनके पिता का दिया नाम इन्द्रजीत सिंह था। उन्होंने 97 साल की उम्र में मुम्बई के कांदिवली स्थित अपने घर में अन्तिम साँस ली।

अमृता कविताएँ लिखती थी और आकाशवाणी दिल्ली पर पंजाबी कार्यक्रम करती थी। यह प्रतिदिन सांयकालीन कार्यक्रम होता था, उसके घर के पास ही चित्रकार इन्द्रजीत का घर। छत से सड़क दिखाई देती थी। एक दिन हिरण जैसी आँखों वाली एक लड़की बस से उतरी। इमरोज़ उससे अपनी आँखें नहीं हटा पा रहे थे। उन्हें एक अजीब-सा आकर्षण महसूस हो रहा था। इमरोज़ उस समय उर्दू पत्रिका 'शमा' में काम कर रहे थे। जल्द ही एक दिन अमृता बिन बादल माँगे बरसात की तरह ही अपनी पुस्तक का आवरण बनाने के लिए इमरोज़ के पास आ गयी। यहीं से उनकी कहानी शुरू होती है। अमृता को लगता था कि इमरोज़ से उनकी मुलाक़ात जीवन में थोड़ी देर से हुई। तब तक अमृता कवि साहिर लुध्यानवी के साथ अपने रिश्ते के तनाव और जटिलताओं से थक चुकी थीं।

इस पहली मुलाक़ात के बाद भी इमरोज़ छत से सड़क को देखते रहते थे। उन्हें छत और सड़क के बीच बस का अन्तर बिल्कुल पसन्द नहीं आया। उन्हें अमृता का बस से वापस जाना पसन्द नहीं आया। ताकि यह अन्तर उन्हें परेशान न करे, उन्होंने पैसे बचाए और एक दिन एक स्कूटर खरीद लिया। उसके बाद से इमरोज़ हमेशा अमृता को घर छोड़ने जाते थे। इस प्रकार, पहले दोस्ती, फिर प्यार और अन्त में साथ-साथ जीवन बिताने का फैसला। इस तरह अमृता–इमरोज़ का रिश्ता दिनों-दिन आगे बढ़ा है। अन्ततः स्कूटर पुराना हो गया, उसमें जंग लग गयी और वह टूट जाता है। फिर दोनों ने मिलकर एक कार ख़रीदी।

1966 में अमृता ने दिल्ली से 'नागमणि' नाम से पंजाबी मासिक साहित्यिक पत्रिका का प्रकाशन शुरू किया, जिसमें उन्होंने उभरते और स्थापित पंजाबी कवियों और लेखकों के साथ-साथ

विदेशी लेखकों के बेहतरीन साहित्य का अनुवाद प्रकाशित किया, जो धीरे-धीरे बहुत लोकप्रिय हो गया। इमरोज़ ने 'नागमणि' पर 37 वर्षों तक चित्रकार के रूप में काम किया है।

उन्हें समाज की बाध्यताओं और रीति-रिवाज़ों की परवाह नहीं थी। कोई भी पारम्परिक तरीक़े से प्रेम की बात नहीं करता था। वे बस इतना जानते थे कि वे अविभाज्य हैं। इसीलिए इमरोज़ लिख पाये, "तू मेरा समाज और मैं तेरा समाज, इससे बड़ा कोई समाज नहीं।" अमृता और इमरोज़ एक-दूसरे के आश्रय बन गये। अमृता की सफलता के पीछे इमरोज़ की भूमिका निर्विवाद है। अमृता ख़ुद कवि, गीतकार साहिर लुध्यानवी के साथ अपने सम्बन्धों के बारे में बात करने से कभी नहीं झिझकीं। साहिर के प्रति उनका प्यार कभी कम नहीं हुआ। अनेक उतार-चढ़ावों के बाद भी यह एक जटिल रिश्ता बना हुआ है। और इतना कुछ होने के बावजूद इमरोज़ ने अमृता से प्यार किया और बिना शादी किये चार दशकों से उनके साथ रह रहे थे। इस तरह साहिर लुध्यानवी और सज्जाद हैदर जैसे प्रेमी इमरोज़ के सामने फीके पड़ गये। कई लोग यह भी कहते हैं कि इमरोज़ अमृता से उससे कहीं अधिक प्यार करते थे जितना अमृता साहिर से करती थी।

अमृता-इमरोज़ से मेरी पहली मुलाक़ात 1999 में हुई थी जब मैं पंजाबी कथाकर गुरबचन मुल्लर के साथ दिल्ली में उनके निवास पर गया था। मेरा उद्देश्य अमृता की रचनाओं का बंगाली में अनुवाद करने की अनुमति प्राप्त करना था। उन्होंने बिना किसी हिचकिचाहट के मुझ जैसे नौसिखिए को अपने किसी भी गद्य या पद्य का अनुवाद करने की अनुमति दी और माथे पर चुम्बन देकर आशीर्वाद दिया। मैं भी रोमांचित था। इमरोज़ जी अभी भी मेरे बगल में खड़े थे और मन्द-मन्द मुस्कुरा रहे थे।

अमृता-इमरोज़ का प्रेम उनके जीवित रहते हुए कैसे एक अमर प्रेम कहानी बन गया, यह समझने के लिए हमें उनके जीवन और आदर्शों के बारे में जानना होगा। एक अलग तरह का रिश्ता, सिमोन दी बोउवा की तरह ही अमृता भी एक दुखी वैवाहिक रिश्ते से बाहर आयी और तब से अकेली ही रही। 1966 से इमरोज़ के साथ विवाहेत्तर सम्बन्ध बनाने का वह निर्णय, वह साहस, सभी सामाजिक वर्जनाओं और विवाह की औपचारिक वैधता को पार कर गया। इस प्रकार, उनका रिश्ता "आदर्श भारतीय नारीत्व" के मानदण्डों के साथ असंगत होने के कारण सबसे अधिक आलोचना का विषय बन गया।

साहिर के प्रति अमृता की भावनाओं और इच्छाओं के बारे में ये सब बातें जानने के बावजूद, इमरोज़ को जीवन भर उनके साथ रहने की आवश्यकता महसूस हुई। इमरोज़ अमृता के अन्तिम वर्षों में चट्टान की तरह उनके साथ खड़े रहे। उनके बच्चों को प्यार दिया और यहाँ तक कि उनके बीमार पति प्रीतम सिंह की भी घर पर देखभाल की, जब तक उन्होंने अन्तिम साँस नहीं ले ली।

एक बार गुलज़ार ने अमृता प्रीतम और उनके लिव-इन प्रेमिक इमरोज़ के बारे में जो कहा, उसने उनके चार दशक से भी अधिक समय तक चले रिश्ते को परिभाषित कर दिया। कवि और फिल्म निर्माता गुलज़ार उन्हें अलग-अलग और साथ-साथ जानते थे।

जब अमृता अपने हौज़ ख़ास स्थित घर पर मेहमानों का स्वागत करती थी तो इमरोज़ अकसर चाय और बिस्कुट की ट्रे लेकर आते थे। वह अपने प्रियजन की वरिष्ठता को स्वीकार करने का एक दिलचस्प और प्यारा तरीक़ा था। अमृता इमरोज़ से कुछ साल बड़ी थी। एक ऐसी प्रेम कहानी जिसमें गहरा सम्मान, प्रशंसा और समर्पण था। कई बार उन्होंने उसे बरकते (बहुतायत) कहा। व्यक्तिगत पत्रों में उसे माजा नाम से सम्बोधित करते थे, जो कि एक स्पेनिश उपन्यास की नायिका का नाम था जिसे उन दोनों ने पढ़ा था और चित्रकार फ्रांसिसको गोया की एक पेंटिंग की मुख्य नायिका का नाम था, और कभी-कभी आशी नाम से भी सम्बोधित करते थे।

अमृता की अन्तिम प्रेम कविता, जिसका शीर्षक 'मैं तैनू फेर मिलांगी' (मैं तुमसे फिर मिलूँगी) है, अब महज एक कविता नहीं रह गयी है, यह जनमानस में एक किवदंती बन गयी है, जिसे प्रसिद्ध लेखक गुलज़ार सहित कई लोग दोहराते हैं। अमृता ने यह कविता इमरोज़ को समर्पित की। यह जीवन के प्रति उनके अद्वितीय दृष्टिकोण, विश्व के प्रति उनके प्रेम तथा शान्ति के लिए उनकी अन्तहीन आशा और इच्छा को प्रकट करता है। एक साधारण-सा वादा, जिस पर पंजाबी कवि और लेखिका अमृता प्रीतम और कवि और चित्रकार इमरोज़ ने 40 साल साथ-साथ बिताए। वस्तुतः, यह जीवन कालातीत है।

मुझे ख़ुशी है कि मैं 2002 में उनके घर जा सका और अमृता को उनकी लघु कथाओं और छह कविताओं के बंगाली अनुवाद की प्रतियाँ सौंप सका। मुझे ख़ुशी है कि त्रिवेणी साहित्यिक अकादमी, जालन्धर और अमृता प्रीतम जी द्वारा स्थापित पत्रिका 'पारसमणि' ने मुझे मेरे पहले उपन्यास 'बुखारी' के लिए अमृता प्रीतम पुरस्कार 2015 से सम्मानित किया है। बाद में मुझे पता चला कि इमरोज़ स्वयं इस चयन समिति के अध्यक्ष थे।

2005 में जब अमृता का निधन हुआ, इमरोज़ 79 साल के थे। लेकिन वे एक पल के लिए भी अमृता की याद को नहीं भूले। वह उनके चित्र बनाते थे, लिखते थे और हर पल को ध्यान में रखते थे। इमरोज़ ने अमृता की बीमारी के बाद से ही लेखन कार्य शुरू कर दिया था। उनकी कई कविता पुस्तकें अमृता को समर्पित है। उनकी पहली पुस्तक 'जश्न जारी है' के लिए उन्हें पुरस्कृत भी किया गया। हालाँकि प्रेम की अटूट अभिव्यक्ति 'अमृता' नामक कविता में मिलती है–कभी-कभी ख़ूबसूरत ख़्याल, ख़ूबसूरत बदन भी अख़्तियार कर लेते हैं। इमरोज़ ने एक बार अपने बारे में लिखा था, 'मैं एक लोक-गीत...'

वह एक पल में ही चीज़ों की तह तक पहुँच जाते थे, एक कलाकार जिसे मान्यता की आवश्यकता नहीं थी। उन्होंने कभी भी अपने चित्रों पर हस्ताक्षर नहीं किये, लेकिन वह अपनी रचना से सन्तुष्ट थे, जो गीत की तरह बढ़ रही थी, एक नदी की तरह बह रही थी। इमरोज़ ऐसे ही थे–सुरक्षित और अमृता प्यार के प्रति समर्पित। मेरा मानना है कि इस प्रेम ने अमृता को एक महिला और एक लेखिका के रूप में पूर्णतया प्राप्त करने में मदद की है। बीमार अमृता जानती थी कि उसकी मुलाक़ात इमरोज़ से होगी। इमरोज़ को भी आख़िरी दिन तक यक़ीन नहीं हुआ कि अमृता चली गयी है। वे दोनों अपने विचारों, चिन्तन और श्वास से एक-दूसरे से जुड़े हुए थे। इसीलिए उन्होंने ज़ोर देकर कहा, "मैं तुम्हें फिर मिलूँगी" यह एक आश्वासन पर्याप्त है।

उस स्मृति का कोई विनाश या क्षय नहीं होता। इमरोज़ लम्बे समय से उम्र से सम्बन्धित बीमारियों से पीड़ित थे। जीवन के अन्त में वह पूरी तरह से बिस्तर पर पड़े रहे, फिर भी, अगर कोई अमृता की मौत के बारे में बात करता तो वह परेशान हो जाते। वह कहते थे, "अमृता यहीं है।" उनके शब्दों में, 'वह यहीं है, घर पर ही है, कहीं नहीं गयी।' अपने अन्तिम वर्षों में वह अमृता के बेटे नवराज की पत्नी अलका और उनके पोता-पोती के परिवार के साथ रहे। अन्ततः यह जीवन समाप्त हो गया और अब अमृता की इच्छा पूरी करते हुए इमरोज़ स्वयं अमृता की दुनिया में चले गये। अमृता से मिलने के लिए।

ऐसा लग रहा है, जैसे अमृता के जाने के बाद से ही वह इसी पल का इन्तज़ार कर रहे थे। इमरोज़ ने 97 वर्ष की आयु में मुम्बई के कांदिवली स्थित अपने घर पर अन्तिम साँस ली। क्या यह सब सचमुच ख़त्म हो गया है? इमरोज़ और अमृता की दोस्त अमिया कुँवर के अनुसार, दोनों फिर से एक दूसरी दुनिया में साथ-साथ विचरण कर रहे हैं। इमरोज़-अमृता का प्यार इतनी आसानी से ख़त्म नहीं होने वाला। अलका ने मीडिया से कहा, "इमरोज़ अमृता का जन्मदिन कभी नहीं भूले"। हर साल वह इसे अपने तरीक़े से मनाते थे। अमृता की पोती शिल्पी ने मुम्बई के दहानुक्कला श्मशान घाट पर अपनी दादी के प्रेमी-दोस्त का अन्तिम संस्कार किया।

रंगों का दरिया

–डॉ. हरजीत सिंह

इमरोज़ का नाम तब इन्द्रजीत हुआ करता था। बंज़र, बेआबाद ज़मीन की हिम्मत, लगन और प्यार के साथ सिंचाई कर फ़सलें उगाने के इरादे से इन्द्रजीत का दादा बचितर सिंह धिआलिया अपने बाग़-परिवार के साथ चक्क नम्बर छत्तीस में आकर बस गया।

इन्द्रजीत के दादा के पाँच बेटे थे। सिर्फ़ ज्येष्ठ पुत्र, कृपाल सिंह (इन्द्रजीत का पिता) का ही विवाह हुआ था। उसके चाचा बहुत हँसमुख, मेहनती और बहुत ही दलेर थे। एक चाचा को सारंगी से बहुत मोह था। अपनी जवानी की उम्र में एक करालां की लड़की के साथ प्यार करने लगा पर यह इश्क़ नाकाम रहा और गाँव में चाचा के साथ कई किस्से जुड़ गये। उसका एक और चाचा फोटोग्राफ़ी का शौक़ीन था। बचपन में इन्द्रजीत जानवरों के पीछे दौड़ता-भागता, कभी तालाबों से पानी पीता, और फिर वृक्षों की छाया में अपनी तख़्ती पर मूर्तियाँ चित्रित करने बैठ जाता था।

इन्द्रजीत अभी दूसरी कक्षा में ही पढ़ता था कि किसी बात पर उसके चाचा की नम्बरदारों के साथ झड़प हो गयी। नम्बरदारी की धौंस को ललकारते चाचा उनके लठ्ठमारों के साथ लड़ने लगे। ख़ून-खराबा हुआ और उस रात चक्क नम्बर छत्तीस में दो क़त्ल हो गये। सारा दोष इन्द्रजीत के दादा और चाचा के सिर पर आ गया। गिरफ़्तारियाँ, मुकदमें, और काले पानी की सज़ा सुनाने में अदालत ने देर नहीं लगाई। सारंगी ख़ामोश हो गयी, कैमरा किसी सूने कोने में पड़ा हुआ जंगाला गया। इन्द्रजीत की माँ को एक नामुराद बीमारी ने जकड़ लिया और वह इन्द्र-इन्द्र करते-करते कुछ दिनों में ही ईश्वर को प्यारी हो गयी। उसकी बहनें अभी बहुत छोटी थीं। पर अब वे ख़ुद खाना पकाने लगीं। इन्द्रजीत के पिता ने दूसरा विवाह नहीं किया और अपनी सन्तान को माँ बन कर पालने लगा।

वह ख़ुद साहित्यिक रुचियों का मालिक था। नॉवल, कहानियाँ और कविताएँ पढ़ने का रसिया था। संगीत में भी उसकी ख़ासी रुचि थी। हारमोनियम बजाने में वह बहुत माहिर था। वह अकसर फ़िल्में देखने लाहौर जाया करता था। उन दिनों मूक फ़िल्मों का ज़माना था, सजिन्दे एक गढ़े में बैठ कर फ़िल्मों के साथ-साथ संगीत बजाया करते थे। इन्द्रजीत का पिता भी अकसर इन सजिन्दों के साथ हारमोनियम बजाया करता था।

चक्क नम्बर छत्तीस में बहे ख़ून ने शौक, सुर और सपनों को ख़ामोश कर दिया। एक दिन नन्हे

इन्द्रजीत की कॉपी के हाशिये पर बने मोर और फ़ाख़्ताओं को देख कर, उसके पिता को एहसास हुआ कि इन्द्र हल नहीं चित्र ही बनायेगा, गर्मी की छुट्टियों में वह इन्द्र को साइकिल पर बिठा कर लाहौर एक 'आर्टिस्ट एण्ड पेंटर' की दुकान पर ले गया। छुट्टियों में उससे पेंटिंग सीखने के मकसद से पिता ने एक ढाबे से इन्द्र की रोटी का इन्तज़ाम कर दिया। रात को वह दुकान के चबूतरे पर ही सो जाया करता था। पर वह आर्टिस्ट एण्ड पेंटर सिर्फ़ नाम का ही था, उसे सिर्फ़ बोर्ड लिखने आते थे। इन्द्रजीत पूरा-पूरा दिन बोर्ड रगड़ता, रंग घोटता और उस्ताद जी के लिए कभी चाय लाता, कभी खाना। एक रात वह बाहर चबूतरे पर बैठा ख़ाली लिफ़ाफ़ों को फाड़ कर उनके ऊपर रेखाएँ उकेर रहा था, तब सामने के घर में रहता एक नौजवान उसके पास आया और उसकी ड्राईंग देख कर कहने लगा, अगर चित्रकारी सीखनी है तो पहले दसवीं पास कर ले। मेओ स्कूल में दाख़िला ले लेना। यह तो बोर्ड बनाने वाला है, इसको और कुछ नहीं आता।

इस तरह से इन्द्रजीत ने दसवीं पास कर ली और फिर वह बिस्तर, घी वाला डिब्बा और कुछ रुपए लेकर मेओ स्कूल ऑफ़ आर्ट में दाख़िल हो गया। तीन बरसों बाद वह एक पेंटर के पास असिसटेंट बन कर काम करने लगा। उस पेंटर ने दिल्ली आना था, इन्द्रजीत भी उसके साथ दिल्ली आ गया। और कुछ समय बाद दंगे-फ़साद शुरू हो गये। वह अपने परिवार से बिछड़ गया और उसे दिल्ली के रिफ्यूज़ी कैंप में शरण लेनी पड़ी। बेरोज़गार, ख़ाली पेट, परिवार से बिछड़ा इन्द्रजीत फिर भी निराश नहीं हुआ, वह अकसर टोटके सुना-सुना कर अपने जैसे शरणार्थियों को हँसाता रहता था। एक दिन उसके मेओ कॉलेज के एक अध्यापक की पत्नी शरणार्थियों को खाना और कपड़े बाँटने आयी, उसने इन्द्रजीत को पहचान लिया और उसे एक विज्ञापन कम्पनी में नौकरी दिला दी पर वह कम्पनी भी जल्दी बन्द हो गयी। एक दिन उसने सड़क के किनारे फ़िल्मों के बड़े-बड़े बैनर बनते देखे, उसे अपने चक्क नम्बर छत्तीस के कच्चे घर की दीवारों पर चिपके फ़िल्मों के छोटे-बड़े पोस्टर नज़र आने लगे जो उसके पिता ने बहुत प्यार से लगाए थे। देविका रानी, कानन देवी, रणजीत मूवीयेन और प्रभात फ़िल्म से जुड़ी तस्वीरें लगा रखी थीं, इनकी किताबों के अक्स उसकी आँखों के सामने लहराने लगे। इन्द्रजीत ने अपने ब्रुश रंग में डुबोए और बैनर बनाने लगा। पर उसका मन किया, वह किसी के डिज़ाइन ही क्यों बनाए वह तो ख़ुद डिज़ाइन बना सकता है पर उसे कौन जानता था, उसे कौन काम देगा?

फिर उसे एक तरकीब सूझी। उसने अपनी कल्पना से फ़िल्मों के नाम सोचे, अपने मनपसन्द फ़िल्म अदाकारों के चेहरे लेकर कुछेक डिज़ाइन बना लिए और फिर वह दिल्ली छोड़ कर मुम्बई आ गया। कुछ दिन फ़ाका मस्ती में समुद्र किनारे, रेत पर सो कर गुज़ारे, फिर किसी वाकिफ़ के ज़रिए एक घर की सीढ़ियों में जगह तलाश ली। एक दिन अपने डिजाइन लेकर वह एक निर्माता निर्देशक के दफ़्तर में चला गया। उसे अपने डिजाइन दिखाए, दूर कुर्सी पर दलीप कुमार भी बैठा था, अपना चेहरा चित्रित देख कर उसने पूछा, "यह कौन सी फ़िल्म है और इसका डायरेक्टर कौन है?" इन्द्रजीत ने कहा, "फिल्म तो अभी बननी है, और डायरेक्टर मैं ख़ुद ही हूँ।" दलीप कुमार उसकी बात सुन कर ऊँचा-ऊँचा हँसने लगा और अगले दिन उसको महबूब स्टूडियो में मिलने के लिए कहा।

अगले दिन इन्द्रजीत अपने रंग-ब्रुश और डिज़ाइन बगल में दबा कर दलीप कुमार को मिलने के लिए महबूब स्टूडियो पहुँच गया। उन दिनों भारत की पहली रंगीन फ़िल्म 'आन' बन चुकी थी पर उसके स्टिल अभी ब्लैक एण्ड वाइट ही थे। इन्द्रजीत को उन चित्रों को रंगीन बनाने का काम दिया गया। उसने अपने अंदाज़ में उनको इस तरह रंगों में ढाला कि इन्द्रजीत को आर्य चक्रवती की अगली फ़िल्म 'दाग़' के पोस्टर डिजाइन करने का मौक़ा मिल गया। बहुत जल्दी इन्द्रजीत कई और फिल्मों के पोस्टर बनाने लगा। के. आसिफ़, महबूब ख़ान, केदार शर्मा, ए.के. कारदार, राज कपूर, गुरुदत्त, ओ.पी. रल्हन तथा कई और फ़िल्मकारों के पोस्टर और किताबचे बनाए। पर जल्दी ही उसका मन उकता गया। इसमें मौलिकता कम और दूसरों की दख़लअंदाज़ी अधिक थी, कभी हीरो ने तब्दीली करवाई, कभी निर्देशक ने, कभी डिस्ट्रीब्यूटर ने। बस एक दिन उसे मौक़ा मिला और वह फ़िल्म नगरी को अलविदा कह कर, दिल्ली में एक लाख से भी अधिक छपने वाली पत्रिका 'शमा' में बतौर आर्टिस्ट काम करने लगा। उर्दू की नज़्मों, ग़ज़लों और अफसानों को अपने रंगों रेखाओं से सजाने लगा।

उन्हीं दिनों अमृता प्रीतम अपनी एक किताब आख़िरी ख़त का टाइटल बनाने के लिए किसी आर्टिस्ट को तलाश रही थी। किसी ने उसे इन्द्रजीत का नाम सुझाया। इन्द्रजीत ने उसकी किताब का टाइटल बनाया, जो अमृता को बहुत पसन्द आया। और वह टाइटल बनाने वाला आर्टिस्ट भी, इस तरह से दोस्ती का एक पुल उसरने लगा।

उन्हीं दिनों इन्द्रजीत को गुरुदत्त का ख़त आया, ख़त में उसे अच्छा वेतन, बढ़िया नौकरी और रहने के लिए फ़्लैट की पेशकश थी। गुरुदत्त इन्द्रजीत द्वारा 'शमा' मैगजीन में की गयी चित्रकारी से बहुत प्रभावित था और उसे अपनी प्रोडक्शन कम्पनी के साथ स्थायी रूप से जोड़ना चाहता था। नौकरी तो 'शमा' की भी बढ़िया थी, उन्हीं दिनों उसे हज़ार से अधिक वेतन मिलता था पर गुरुदत्त के साथ मिल कर काम करने के चाव में इन्द्रजीत ने फिर से दिल्ली छोड़ने का मन बना लिया। अमृता के साथ इन्द्रजीत की नज़दीकी तब सिर्फ़ एक दोस्ती की हद तक थी। अमृता एक बहुत बड़े तूफ़ान से गुज़र रही थी। एक ओर मनचाही ज़िन्दगी जीने की लालसा, दूसरी ओर पति और परिवार उसकी सोच में साहिर था। पर साहिर कई सौ मील दूर ही नहीं था, वह और भी बहुत दूर था, समान्तर चलती रेलवे लाइनों की तरह उनमें फ़ासला बना रहा। इन्द्रजीत के मुम्बई जाने के फ़ैसले ने अमृता प्रीतम को सोच में डाल दिया। उसने इन्द्रजीत से तीन दिन माँगे, वे तीन दिन चुपचाप ख़ामोश मकबरों, पार्कों और अजायबघरों में घूमते रहे, कभी अमलतास के वृक्षों के नीचे बैठे पीले फूल चुनते हुए, कभी दिन को शाम में ढलते देखते रहे। फिर इन्द्रजीत मुम्बई चला गया। पर तीसरे ही दिन वापस आ गया और अब उन्होंने एक-साथ ज़िन्दगी जीने का फ़ैसला ले लिया। इन्द्रजीत ने अमृता के बच्चे अपने सीने के साथ लगा लिए। पर कभी-कभी स्मृतियों में अमृता इन्द्रजीत की पीठ पर साहिर का नाम उकेरती रही। पर साहिर इन्द्रजीत का रकीब नहीं था क्योंकि साहिर अमृता के क़रीब भी नहीं था।

1966 में नागमणि का पहला अंक प्रकाशित हुआ, सम्पादक अमृता प्रीतम आर्टिस्ट इन्द्रजीत और अगले अंक से वह इन्द्रजीत से इमरोज़ हो गया। 35 वर्षों से भी ज़्यादा उन्होंने 'नागमणि' को

अपनी सन्तान की तरह पाला। पंजाबी पाठकों को विश्व साहित्य के रूबरू किया। नई कलमों को सींचा और जब नागमणि का अन्तिम अंक प्रकाशित हुआ उस पर लिखा था, कामे (काम करने वाले) अलविदा चाहते हैं। –अमृता और इमरोज़।

इमरोज़ सारी उम्र अमृता की कलम की स्याही बना रहा। घर की हर दीवार, शीशा उसके रंगों से रंगा जाता। उसकी हर किताब को कैनवस की तरह पेंट किया। उसे एकान्त, हिफाज़त, प्यार और इबादत दी। उसके अक्षर- अक्षर को सँभाला और अन्तिम वर्षों में जब अमृता ज़िन्दगी से रुखसत होने लगी तब उसका हाथ पकड़ कर, खामोशी से उसके दर्द को पीता रहा। कभी कभार वह निराश होकर कहती, "ईमा, मुझे, ज़हर ला दे।" वह हँस कर कहता, "बरकते ! आजकल असली ज़हर मिलता कहाँ है, सब नकली है।"

उसके घर के सारे शीशे, दरवाज़े, नेम प्लेट भी उतार कर ले आया और फिर ग्रेटर कैलाश के एक बड़े फ्लैट में ज्यों-का-त्यों सृजित कर दिया। बहुत सारे लोगों के बहुत बार पूछने पर एक ही वाक्य कहा, "मेरा हासिल अमृता है, के-25 नहीं।"

26 जनवरी 1926 को जन्में इमरोज़ को आज भी रंगों के साथ मोह है। वह हर रोज़ नज़्म लिखता है, जीता है और पेंट करता है।

ईर्ष्या, अफ़सोस, उदासी और धन की लालसा को कभी भी अपनी रूह की दहलीज़ लाँघने की इजाज़त नहीं देता। उसे हर सुबह सूर्य को 'हैलो' कहना बहुत अच्छा लगता है। खिले हुए फूल, मुस्कराते चेहरे और पत्तों पर लटकती शबनम देख कर वह खड़े हो कर उनसे बातें करने लग जायेगा। कई वर्षों से उसके पीछे-पीछे चलते मैं भी उसे अपने कैमरे में कैद करता रहा हूँ।

दिसम्बर 2022 में कलकत्ता इन्टरनेशनल फिल्म फेसटिवल में 'इमरोज़ –ए वाक डाऊन मैमोरी लेन' नाम से इस दस्तावेज़ी फ़िल्म का प्रदर्शन हुआ। इमरोज़ आज भी 96 वर्ष की उम्र में लगातार पेंट कर रहे हैं। पर उन्होंने पूरी उम्र में एक बार भी अपनी पेंटिंग्स की नुमाईश नहीं की। उन्होंने किताबों के आवरण पृष्ठ, घड़ियों के डायल, खिड़कियाँ, दरवाज़े, शीशे और मटमैले खाक़ी काग़ज़ों को कैनवस के तौर पर इस्तेमाल किया है। मैगजीन का हर पृष्ठ एक पेंटिंग की मानिंद है।

ख़त-ओ-किताबत

सुरजीत पात्तर का एक ख़त इमरोज़ को;

फ़रवरी 6, 2006

प्यारे इमरोज़ जी,

मुद्दतों से आपकी शख़्सियत का और आपकी सृजना का ख़ामोश प्रशंसक हूँ। आपकी रेखाओं का पंजाबी साहित्य के ऊपर बहुत बड़ा अहसान है ! दूसरा बड़ा अहसान आपका सम्पूर्ण पंजाबी कौम पर है कि आपने हमारी धरती की शायरा को अन्तिम साँसों तक सीने से लगाए रखा, पलकों पर उठाए रखा। इस धरती की बेटियों के साथ इस धरती के पुरुषों ने जो किया और आज भी जो कर रहे हैं, जन्मी और अनजन्मियों के साथ। उस धरती के सीने में आपका नाम लेकर ज़रूर ठंडक पड़ती होगी। आपका नाम लेने से पुरुषों के अहम् के सिर से इलज़ाम धोये जाते हैं।

अमृता जी की विदा को बयान करना आसान नहीं। इस विदा में वियोग भी है और संयोग भी।

आप कैसे जुदा हो गये
धूप पानी हवा हो गये...

ये सब बातें हैं पर हम आप की तपिश नहीं जान सकते।

आपकी कविताएँ पढ़ता हूँ तो आपके साथ गुफ्तगू कुछ और भी अपनत्व भरी हो जाती है... रिश्ता कुछ और गहरा।

साधू भाजी मिले थे। उन्होंने गुरु नानक देव यूनिवर्सिटी, अमृतसर के बारे में बताया। मुझे अच्छा लगा। यूनिवर्सिटी के लिए बहुत गर्व और अमीरी वाली बात होगी। पंजाब कुछ और भाग्य वाला हो जायेगा। पश्चिमी पंजाब वालों के लिए भी कविता का काबा क़रीब हो जायेगा।

...प्यार से

आपका
सुरजीत पात्तर

इमरोज़ के नाम सुखबीर का ख़त

प्यारे इमरोज़,

सुरिन्द्र ने तेरी इक्कीस कविताएँ भेजी हैं।

ये कविताएँ कलम के साथ तो लिखी हुई हैं ही, ब्रुश के साथ भी लिखी गयी लगती हैं। शब्दों के रंग, रूप कलम को ब्रुश की तरह इस्तेमाल कर के भी चित्रित किये जा सकते हैं। पंजाबी के बहुत कम लेखकों/कवियों की रचनाओं में शब्दों के रंग, रूप, ध्वनियाँ आदि प्रकट हुई दिखती हैं और जज़्बात के बिना तो शब्द निर्जीव लगते हैं–हृदय-रहित, दिल को न छू सकने वाले और सतरें जज़्बात अनुसार, अलग-अलग लय में चलती छोटी-बड़ी बनती हैं। कविता में भी, गद्य में भी। गद्य में यह लय लेखक से कहीं अधिक सामान्य लोगों की बातों में देखी-महसूसी जा सकती है। गद्य की लय कविता की तरह से नेम-बद्ध नहीं होती। उनके छदों की तयशुदा लय की जगह, अलग-अलग विषय के अनुसार, लेखक को ख़ुद सृजित करना पड़ता है।

तेरी कविताओं द्वारा अमृता जी को देख पाया हूँ, और अपने अन्दर के मौन में सुन पाया हूँ। यह मौन उन्होंने लम्बी बीमारी में बेसुधि से पहले, सचेत अवस्था में भी जिया था। अब बेसुधि के आलम में यह चुप और तरह की है, जिसमें शायद मन बोलता है।

कुछ दिन पहले स्वराज ने बताया था कि अमृता जी ने एक अवसर पर बहुत कमज़ोर और अस्पष्ट आवाज़ में कुछेक बार सुखबीर कहा, जुहू कहा। समुद्र किनारे का नाम, जहाँ अमृता जी ने फ्लैट लिया था। मुम्बई कहा। उनका अवचेतन मन बोला होगा। सुन कर मेरी आँखें भर आयी थीं, दिल छलक उठा था।

तेरे बारे में सुरिन्द्र के साथ कई अवसरों पर बातें हुई हैं और अमृता जी के बारे में पता चलता रहा है। कई बार ख़्याल आया है कि तुमने जो थोड़ा बहुत लिखा है, इंटरव्यू में बोला है, अमृता जी के साथ बातें करते हुए कहा है, उसको इकट्ठा करके छपवा लें। उसकी बहुत अहमियत है। जो कुछ भी तुमने बोला-लिखा है, वह किसी हद तक हमारा भी है। बोली हुई बात दूसरों की बन जाती है। अकसर वह होती ही दूसरों के लिए है। अधिक लेखन भी अधिकतर दूसरों के लिए होता है। उसको छपना चाहिए, ताकि वह तुम्हें जानने और न जानने वालों तक पहुँचा सके। ऐसी चीजों के साथ दूसरों के दिलो-दिमाग़ का विकास भी होता है। दिल-दिमाग़ में कभी ठहराव आ जाता है, तब

चौगिर्दा सिकुड़ने लगता है। किसी के शब्दों के कारण वह फैलता है और सृजनात्मक बन जाता है। तेरे बहुत सारे बोले हुए शब्द छपने पर साहित्य बन सकते हैं–चित्रों वाला साहित्य या चित्रित हुआ साहित्य।

कइयों के तो लिखे हुए शब्द भी साहित्य नहीं बन पाते।

साहित्य का अपना किरदार है, अपने मूल्य हैं, अपनी कला है। इसके विपरीत, सामान्य लोगों के बोले हुए शब्द सहज ही साहित्य बन जाते हैं। लोक-बोलियाँ, लोक-गीत, कहावतों आदि की शक्ल में और उनमें समाई लोगों की समझदारी सदका वे सदियों तक जीते रहते हैं। न उनका सौन्दर्य-बोध ही मरता है, अपितु पीढ़ी-दर-पीढ़ी निखरता और अधिक सुन्दर बन जाता है। सम्पूर्ण मूल्यों वाला साहित्य मरता नहीं है और उसमें लोग भी जीवित रहते हैं।

हर लेखक को इस महान लोक-विरासत से बहुत कुछ सीखने की ज़रूरत है। विषय-वस्तु के नुक्ते से ही नहीं रूपक पक्ष से भी हमारे, बड़े कवियों ने उससे बहुत कुछ सीखा और उसके काव्य-रूपों का इस्तेमाल किया है। गुरुवाणी और सूफ़ी साहित्य में इसके अद्वितीय उदाहरण हैं।

अच्छा लेखक कुछ भी लिखते हुए कहने की जगह चित्रित करता है, बताने की जगह दिखाता है और इस प्रक्रिया में दिखाई गयी चीजों की शक्लें चित्रों की तरह उजागर होती हैं, जो पाठक के दिल-दिमाग़ में बस जाती हैं। उनकी छाप अमिट हो जाती है।

हर शब्द एक अधूरा चित्र ही होता है। अपने शुरुआती रूप में वह काफ़ी हद तक पूरा चित्र होता है, जैसे चीनी, जापानी भाषाओं के शब्दों में चीज़ों की शक्लें दिखाई देती हैं, आवाज़ें तक सुनाई देती हैं, जैसे रिमझिम, लहर-बहर, आँधी-तूफ़ान, चक्रव्यूह, काटे-माटे, शोर-शराबा, किण-मिण आदि में। इन शक्लों और आवाज़ों को प्रस्तुत करना भाषा और लेखन-कला की सूझ-समझ करने पर ही सम्भव है।

लेखक शब्दों के रंग-रूप के अनुसार उनके सही इस्तेमाल द्वारा चित्रित भी करता है। इसके विपरीत, चित्रकार बिम्बों और प्रतीकों का प्रयोग करते हुए लिखता भी है, बिम्बों और प्रतीकों के इस्तेमाल द्वारा लेखन और चित्र में एक-दूसरे के काफ़ी नजदीक लगते हैं। इस तरह चित्रकार और लेखक, सही अर्थों में सृजना करते हुए एक-दूसरे के पूरक बन जाते हैं।

पिकासों ने कहा है, अगर मैंने चीन में जन्म लिया होता, तो मैंने चित्रकार नहीं होना था, लेखक होना था।

इसी तरह बच्चा जब कोई चित्र बनाता है या कुछ लिखता है, तो उसका चित्र और उसके शब्द अपने अधूरे और स्पष्ट रूपों में एक-दूसरे के साथ मिलते-जुलते लगते हैं। उसके जज़्बात और विचारों को समझने के लिए ऊल-जलूल लगने वाले वे चित्र और लिखी हुई बेतुकी बातें किसी मनोवैज्ञानिक के लिए बहुत सहायक होती हैं। दोनों में भी काफ़ी समानता होती है, जो बच्चे के मन की झात (झलक) दिलाती है। इस तरह लेखन और चित्र किसी इन्सान के जागरूक और ख़ास तौर पर अवचेतन मन को देखने-समझने के अलग-अलग पक्षों से सहायक होते हैं।

तेरे चित्रों और तेरे लेखन को एक-दूसरे के पूरक बना कर तुम्हें और अमृता जी को देखने के लिए एक नयी नज़र मिल सकती है। कम-से-कम मैं उस नज़र से तुम्हें कुछ अधिक गहराई से

देखना चाहूँगा। तुम्हें मैं बहुत कम मिला हूँ–दिल्ली में कुछ ज़्यादा, यहाँ मुम्बई में कुछ कम पर काफ़ी नज़दीक से ज़्यादा समझ पाया हूँ। कई लोग तो अनगिनत बार मिलने पर भी एक-दूसरे को जान-समझ नहीं पाते हैं।

अब तेरे शब्द (लेखन) और चित्रों द्वारा तुम्हें और क़रीब से देखने की ख़्वाहिश है। देखने के अलावा चित्रों और लेखन का आनन्द लेने की ख़्वाहिश है। मैं जानता हूँ कि बहुत ज़्यादा दर्शकों और पाठकों तक पहुँचने की तेरी ख़्वाहिश नहीं है–शायद इसलिए कि तू अधिकतर लेखकों और चित्रकारों की तरह व्यवसायिक मण्डी से दूर रहना चाहता है, जहाँ बेचने के लिए अपनी चीज़ का और ख़ुद अपना भी, दिखावा करना पड़ता है, जिसमें अपने बारे में झूठ लिखा होता है। पर, गिनती के कुछ लोगों तक तो ज़रूर पहुँचना चाहिए, जो व्यापारिक मण्डी से दूर रहते हुए समूह की मानसिकता (भेड़-चाल) का शिकार नहीं बने होते।

उनके दिल-दिमाग़ प्रदूषण से काफ़ी हद तक बचे हुए होते हैं। हर बार मिलने पर तू अपने चित्र तथा कला-कृतियाँ शौक से मुझे दिखाता रहा है। मेरे जैसे और व्यक्ति भी उनका आनन्द लेना चाहते हैं–वैसा आनन्द, जो तू चित्रित करते और लिखते हुए महसूस करता है। बाँटकर खाने (वंड-छक्कण) की तो बहुत अहमियत है, जो मानव की सदियों से चली आ रही परम्परा है। अब चाहे उसमें पहले जैसी सुच्चता (पवित्रता) और सुहृदयिता नहीं है, फिर भी कुछ लोगों को यह सुच्चता और सुहृदयिता क़ायम रखनी चाहिए। इसके साथ ही आजकल चारों ओर पसरी जज़्बाती वीरानी में फूल खिलने का एहसास होगा। इस सिलसिले में अपनी एक कविता की कुछ सतरें मैं लिख रहा हूँ, जो तुम्हें शायद किसी चित्र के क़रीब लगे–

"एक फूल ले ले
एक फूल दे दे
अगर फूल नहीं है
एक फूल ले कर
फिर वही फूल दे दे
लेन-देन की चाहत
अनादि काल की चाहत
महक-रहित न बन जाये
तन महकते, मन तृप्ताएँ
हाँ, एक फूल ले ले
और फिर चाहे वही फूल
फिर से दे दे
ताकि इससे हर एक कली भी
लेन-देन की रस्म निभाए..."

ख़त लम्बा होता जा रहा है। सो, कविता अधूरी छोड़ कर यहाँ ही बस करता हूँ। मौका बने या दिल करे, तो कुछ शब्द लिखना या कोई बिम्ब बना कर भेज देना। शुभ इच्छाओं के साथ

—सुखबीर

(अक्स, जुलाई 2005)

डॉ. हरजीत को लिखा इमरोज़ का एक ख़त

हरजीत
यह फ़िल्म भी तू
और फ़िल्म बनायी भी तुमने
अपने रंगों से
अपने ख़्यालों से
अपनी शायरी से
और मनचाहे Visuals के साथ
जिस तरह तेरा दिल करे...
तेरी फ़िल्म में मेरी फ़िल्म में
एक ही पात्र है इमरोज़
जिसका आगा-पीछा भी एक ही है अमृता–बस अमृता
दोनों जब मिले
दोनों का एक नया जन्म हुआ
मनचाही अमृता का भी
और मनचाहे इमरोज़ का भी
एक-दूसरे के साथ चलते-चलते
ख़ुद भी जवान हो गये
उनके रंग भी, ख़्याल भी और मोहब्बत भी
ज़िन्दगी में एक नयी ज़िन्दगी आ गयी

बोलों में नये अर्थ और शब्दों में नई शायरी यह दो व्यक्तियों का एक ही Biodata मुख्तसर भी और मुकम्मल भी...

इमरोज़
24/10/2012

नागमणि के पाठकों के सवालनुमा ख़तों के इमरोज़ द्वारा दिए गये जवाबों में झलकता इमरोज़ का किरदार:

सितम्बर 82

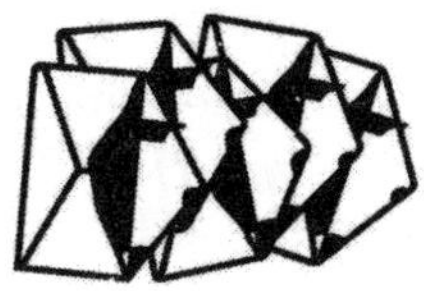

? *इमरोज़ वीर (भाई) ! ज़िन्दगी का जो रंग खोना था, वह तो खो गया। अब कोई प्यार या विवाह करवा कर क्या करूँगी–एक पाठिका*

• महबूब इस तरह का रंगरेज़ होता है, जो खोया हुआ रंग भी रंग सकता है।

अक्तूबर 82

? *एक आर्टिस्ट से मोहब्बत करती हूँ, पर वह कहता है कि हमें विवाह नहीं करना चाहिए। विवाह करने से यह मोहब्बत वाली बात नहीं रहेगी... परमजीत*

• अपने आर्टिस्ट को पूछना कि, "क्या मोहब्बत पोरट्रेट होती है, और विवाह कैरिकेचर?"

दिसम्बर 82

? *इमरोज़ भाई जान ! अब तुम ही बताओ कि इन्सान क्या करे। कुछ रिश्ते और जानकार इन्सान को जोकों की तरह चिपक जाते हैं?–केहर सिंह*

• बात ठहरे हुए पानियों की होती है। जोकें सिर्फ़ ठहरे हुए पानियों वाले छप्पड़ों में चिपकती हैं, बहते पानियों वाले दरियाओं में नहीं। मन की अवस्था को बहते पानियों जैसा बना लो।

जनवरी 84

? *इमरोज़ भाई ! मैं अभी मुश्किल से 24 वर्ष का हूँ। ख़ूब घूम कर दुनिया देखना चाहता हूँ। मैं घर से भाग न जाऊँ, इसलिए माँ-बाप मेरा ज़बरन विवाह करने जा रहे हैं–बहुत परेशान हूँ। आप उन्हें समझाएँ।*

–लुधियाना से कमलजीत

• वह विवाह नहीं करने जा रहे, गर्दन में डेहा डालने जा रहे हैं, जो बिगड़ैल गाय-भैंसों को डालते हैं, कि अगर वे भागने लगे, तो गर्दन में पहना हुआ लकड़ी का तख़्ता उनके घुटनों

पर लगे और वे भाग न सकें। उन्हें सिर्फ़ तू ही यकीन दिला सकता है कि विवाह डेहा नहीं होता।

अक्तूबर 81

? *नागमणि का अंक 'चार पैरों का सफ़र' पढ़ा, 'ज़ुर्रतनामा' भी और 'काले बागों की मेहंदी' भी। पर मैं सोचता हूँ कि मर्द के अन्दर एक ज़िम्मेदार पति भी होता है, और एक रोमांटिक प्रेमी भी। यह दोनों ओर का सच है। इस हक़ीक़त का क्या किया जाये।*

–कुलदीप सिंह

• मर्द पीपल का वह वृक्ष नहीं होता, जिसके ऊपर झूला तो दूसरे लोग डालें, पर उसकी छाया उसके बीवी बच्चों के लिए हो। यह एक मर्द के दो टुकड़ें में टूटने वाली हालत है। सालम मर्द की तशबीह नहीं।

? *मोहब्बत की तपिश क़ायम रखनी हो तो मेरे ख़्याल में प्रेमिका के साथ विवाह नहीं करना चाहिए।*

–जोगिन्दर सिंह

• धूप किसी और को दे, ज़रखेज़ किसी और को करे यह सूरज का करम नहीं।

? *अकेली ज़िन्दगी से मैं सोचती हूँ कि चाहे बुरी चंदरी हो, पर विवाहित ज़िन्दगी अच्छी... इमरोज़ वीर जी ! आप बताना कि यह बात ठीक नहीं।*

• नहीं। अकेली ज़िन्दगी में सपने अधूरे रह जाते हैं, पर नाइट मेयर नहीं बनते। भयानक बात होती है, सपनों का नाइट मेयर बन जाना।

नवम्बर 81

? *मेरा एक मित्र एक लड़की से इश्क़ करता है, पर बहुत दुखी हैं क्योंकि समाज को नाराज़ करने की हिम्मत नहीं। ज़ात-पात का फ़र्क है। बात कैसे बने।*

–सुरजीत सिंह

• जो तालाब फलाँगने से डरता है, आप उसे चनाब पार करने के लिए कहते हैं, यह किस तरह सम्भव हो...

अप्रैल 82

? *बहुत ज़हीन औरत के साथ रहना बहुत मुश्किल होता है भाई जान।*

–अरशद

• सिर्फ़ तेज़ धार वाले चाकू के साथ ही पेंसिल घड़ी जा सकती है, खुंडा चाकू तो सिक्का भी तोड़ देता है।

? *इमरोज़ भाई ! यह तो मान लिया कि तुमने अमृता के सातों सवालों के जवाब ज़िन्दगी के काग़ज़ पर बरसों की कलम से लिखे हैं, पर उन सवालों में से हमें एक सवाल तो बता दें।*

–सुरिन्दर

- उसने कहा था "हमारे इश्क़ ने एक सवाल किया, उत्तर किसी रब से न देना हुआ और मैंने कहा था–मुझे जवाब बना ले सारे का सारा।"

मई 1982

? *कोई प्रेमी या प्रेमिका कितनी शक्ति दे सकते हैं ?*

–सुरिन्द्र

- आग की छुअन जितनी। पर दीया रोशन करने के लिए–दीये का तेल और रुई बाती ख़ुद ही बनना होता है।
- इमरोज़ भाजी ! यह ज़िन्दगी क्या शय है?–सुखदेव
- जीने का दावतनामा।

दिसम्बर 1985

? *सुरिन्द्र शर्मा की नज़्म 'मनुष्य' मेरे एकदम पास आकर बैठ गयी है। यह एहसास दर एहसास की पहुँच है। गहरे सागर से निकले मोती हंसों के इन्तज़ार में हैं...*

–सरोद सुदीप

- यह तकदीर मोतियों और हंसों की। एक ओर मोती हंसों के इन्तज़ार में है, और दूसरी ओर हंस उंडर कोधरे भया, लोक विडारन जाई, भोला लोक न जाणई, हंस न कोधरा खाए।

मई 1997

? *आपकी नज़र में एक बेहतरीन शायर के क्या गुण होते हैं?*

–मल्कियत सिंह

- वह मोहब्बत की नज़्म लिख सकता हो, चाहे स्याही से और चाहे साँसों के साथ।

सितम्बर 1997

? *जिसके मन के तार सुर में हो–बहुत अकेला हो जाता है। बेसुरी तारों के साथ नाता कैसे जोड़े?*

–सुरिन्द्र पाल

- अपने अकेलेपन को स्वीकार करो। एक छोटी सी बात सुनाता हूँ–सन्ता सिंह और उसका बड़ा भाई अपने काम में बहुत गुणी थे। घर की बेटी के वास्ते एक बार कहीं लड़का देखने जाना हुआ। वे लोग भी उसी पेशे के थे। उन्होंने अपना नया-नया घर बनाया था। ज़ाहिर है लकड़ी का सारा काम उन लोगों ने अपने हाथों से किया था। इन मेहमानों को बिठा कर जब वे लोग अन्दर जलपान लेने गये, तब सन्ता सिंह के बड़े भाई की नज़र खिड़की की चौखट पर गयी–जो सीध में नहीं थी। वह कहने लगा–उठ सन्ता सिंह। जिनका गुणिया ही ग़लत है, उनके घर हमने अपनी बेटी नहीं देनी।

जून 1982

? *शायद अपनी-अपनी जगह पर सारे ही व्यक्ति गहरे कुएँ जैसे होते हैं, पर उनके साथी प्यासे रह जाते हैं।*

–एक पाठिका

• व्यक्ति ज़रूर कुएँ जैसे होते हैं, पर कर्म के रहट किसी-किसी कुएँ के पास ही होते हैं।

मार्च 1998

? *इन्सान की ज़ात इतनी रोगी क्यों हो गई है?*

–हरमीत

• जिस तरह हिरन की नाभि में कस्तूरी होती है, इन्सान की नाभि में अच्छाई होती है, पर मुश्किल यह हुई कि इन्सान की नाफ ठिकाने से हिल गयी, नाफ ठिकाने से हिल जाये तो नित्य का रोग बन जाती है...

अक्तूबर 1999

? *इमरोज़ जी ! आज घर-घर में होती झड़पों को देख कर ख़्याल आता है कि एक वक़्त था, जब सीधी साधारण बीवी अच्छा घर बना लेती थी, कभी किसी की ऊँची आवाज़ नहीं सुनी थी...आज की कम पढ़ी-लिखी बीवियों की अपेक्षा क्या वह वक्त अच्छा नहीं था?*

• सारा दुख ही अर्द्ध कचरों का होता है, चाहे औरत हो, चाहे मर्द। जिस समय की आपने बात की है, वह दोनों तरफ़ एक स्वीकृति का समय था, जिसमें सोच-समझ का बहुत अधिक दख़ल नहीं होता था...वह हालत न आज के मर्द को मंज़ूर है, न आज की औरत को, चाहे दोनों ओर जितनी भी सोच-समझ है, वह मसनूई है।

जिस समय की तुमने बात की है, उसका उदाहरण एक बहुत सहज और शान्त चलती ज़िन्दगी वाली, आज भी मैंने एक मर्द में देखी है, वह व्यक्ति निहायत ज़हीन, बहुत उच्च ओहदे पर काम कर रहा है, पर अपनी पूरी ज़िन्दगी उसने सहज की हुई है, उसकी कही हुई एक बात सुनाता हूँ...

एक सन्त तिलोपा हुए हैं। एक पहुँचे हुए महात्मा के डेरे में, एक बन्दा सिर्फ़ तिल कूटा करता था। पूरे डेरे की ज़रूरतों को देख कर। वह महात्मा तिल के पेड़े प्रसाद की तरह हर आये-गये को देते थे। इसलिए वह बन्दा उनका मुरीद हो कर भी, न कुछ पूछता था, न कहता था, पूरा दिन अकेला, एक कोठरी में तिल कूटता रहता था...

एक बार महात्मा के कई मुरीदों में से किसी एक ने दीवार पर लिख दिया, "साधना का मतलब है मन के दर्पण पर धूल न पड़ने दो। जिस समय धूल पड़े, दर्पण पोंछ दो।" पूरे डेरे में इसकी चर्चा होने लगी, लोग अश-अश कर उठे। उस तिल कूटने वाले ने भी दीवार पर लिखा पढ़ा। कहा कुछ नहीं, सिर्फ़ ज़रा सी स्याही लेकर, उस पंक्ति के नीचे लिख दिया "कौन-सी धूल? जब मन ही न रहे, तो किस दर्पण पर धूल पड़ेगी?" यह पूरी बात भी महात्मा तक पहुँची। और वे चुप रहे। पर जब वह महात्मा शरीर त्याग रहे थे तब उस तिल कूटने वाले को बुला कर, अपनी गद्दी, अपना

डेरा उसे सौंप दिया। वह हाथ में एक साधारण-सा डण्डा पकड़े रहते थे, वह भी उसे सौंप दिया। इस तरह से उस तिल कूटने वाले का नाम हुआ था–सन्त तिलोपा। और इस सारी बात का हवाला देते हुए एक दिन उस व्यक्ति ने कहा, "मेरे घर में कोई मुश्किल नहीं। मैंने तो अपनी बीवी को अपना डण्डा दे दिया और उसे सन्त तिलोपा बना दिया..." यह हमें पता था कि उसकी बीवी काफ़ी समय से बीमार है, और घर में सब खाना पकाना वह व्यक्ति ख़ुद करता है। ख़ुद ही बाहर से दूध-सब्ज़ी लाता है और फिर सही वक़्त पर दफ़्तर जा कर अपने ऊँचे ओहदे पर बैठ जाता है।

यह बाहर की नहीं, भीतर में आयी सहज अवस्था है, जिसने सकारात्मक पत्नी की कद्र करते हुए, उसे सन्त तिलोपा बना दिया है...लगता है–उन दोनों के पास सहज अर्पण है, सहज स्वीकार है...

दिसम्बर 1999

? *इमरोज़ जी ! विवाह लफ़्ज़ का मामला ऐसा है कि इस लफ़्ज़ से मुझे डर लगने लगा है। बताएँ, क्या करूँ?*

इमरोज़ : एक ऐतिहासिक हवाला देता हूँ कि फिलॉस्फ़र कान्त को किसी हसीना ने अपने साथ विवाह करने का प्रस्ताव दिया। वह सोच में पड़ गया, और कहने लगा–सोच कर बताऊँगा, कान्त फिलॉस्फ़र था, इसलिए उसे हाँ या न करने के लिए तर्क चाहिए थे, सो उसने कई किताबें पढ़नी शुरू की, और हाँ के पक्ष में मिली दलीलों की भी एक फाइल बना ली और न के हक़ में मिले तर्कों की भी। किताबें भी ख़त्म नहीं होती थीं, और सन्दर्भ भी ख़त्म नहीं होते थे। कितना वक़्त यूँ ही बीत गया। उसका प्यारा नौकर रोज़ उसकी हालत देखता था, और उसके जाने के बाद फ़ाइलों के कई काग़ज़ भी पढ़ता था। एक बार उस नौकर को फाइलों में से एक हवाला मिला, एक तर्क, ज़रूर किसी भारत के दार्शनिक का लिखा हुआ था कि "बन्दा बहुत ख़ुशी के साथ विवाह करने के लिए घोड़ी पर सवार होता है, पर बाद में पूरी उम्र घोड़ी की दुलत्तियाँ खाता है।" और नौकर ने देखा–इस तर्क के साथ कान्त ने अपने हाथ से लिखा हुआ था कि विवाह की घोड़ी पर चढ़ते वक़्त, घोड़ी की बाग़ घोड़ी के सईस ने पकड़ी होती है, ताकि घोड़ी विवाह वाले को कोई दुलत्ती न मार दे।

पर विवाह के बाद, सईस कोई नहीं होता, इसलिए घोड़ी जब चाहे उसे दुलत्तियाँ मार सकती है।

नौकर यह पढ़ कर बहुत देर तक हँसता रहा, इतना कि हँस-हँस कर उसका पेट दुखने लग गया। फिर जब कान्त घर आया, तब नौकर ने कहा– साहिब ! फ़ाइलें चाहे कितनी बना लो, बात तो दो अक्षरों की होती है–हाँ या न की। न के साथ एक तजुर्बे का दरवाज़ा हमेशा के लिए बन्द हो जाता है और हाँ के साथ वह खुल जाता है। दरवाज़े को हमेशा के लिए बन्द करने से अच्छा है कि दरवाज़े को खुलने दो। फिर दो ही बातें हो सकती हैं–या तो घोड़ी आपको उम्र की मंज़िल आसानी से तय करवा देगी, या दुलत्तियाँ मार कर आपके शरीर को चोटें देती रहेगी। हिम्मत की

ज़रूरत तो उस समय चाहिए कि बन्दा हिम्मत करके घोड़ी का साथ छोड़ दे और अपने पैरों पर अपने रास्ते चल दे।

फिलॉस्फ़र कान्त का हश्र यह हुआ था कि दरवाज़ा खोलने में उसे तर्क में पड़े हुए बहुत देर हो गयी थी। वह हसीना तब तलक अपने रास्ते जा चुकी थी, और कान्त अपनी फाइलें लेकर बैठा रह गया था। पर उस नौकर का कहा आज भी हवा में क़ायम है। किसी तर्क के बल पर नहीं, अपनी हिम्मत के बल पर।

फ़रवरी 1998

? *हार-जीत के मामले में ओशो ने भी बहुत कुछ कहा है, अमृता ने भी लिखा है, आपका नज़रिया क्या है?*

- मेरी नज़र में जीत की तमन्ना रखने वाला, अपने भीतर से कहीं बहुत हारा हुआ होता है...बुद्ध के समय की एक कहानी कही जाती है कि बुद्ध दिन में एक बार भिक्षा लेने जाते थे, और एक दिन शैतान ने सब घर वालों के मनों को उलट दिया कि वे बुद्ध को भिक्षा नहीं देंगे। इसलिए उस दिन बुद्ध का भिक्षा पात्र ख़ाली रहा, किसी घर से भिक्षा नहीं मिली। दिन डूब गया तब शैतान सामने आया, पूछने लगा–आज क्या हाल है?

बुद्ध ने एक नज़र शैतान की ओर देखा, फिर सहज बोले–बहुत बढ़िया हाल है...

शैतान हँस दिया, कहने लगा–सो आज मैं जीत गया, आप हार गये... बुद्ध ने जवाब दिया–हारा कोई भी नहीं, तू भी जीत गया, मैं भी...

शैतान ने पूछा–ख़ाली भिक्षा पात्र सामने रख कर कह रहे हो कि आप जीत गये? लोग आपको बुरा-भला बोलते रहे, भिक्षा भी नहीं दी...

बुद्ध ने कहा–भले मानुष। तू इसलिए जीत गया कि तूने लोगों के मनों को प्रभावित कर लिया। मैं इसलिए जीत गया, कि भिक्षा न मिलने पर भी मैं तुझसे प्रभावित नहीं हुआ...

यह बहुत क़ीमती घटना है, ओशो की ज़ुबानी, हार जीत का सारा रहस्य इसमें समाया हुआ है। किसी भी नागवार बात से प्रभावित न होना, अन्दर की अवस्था है। हार जीत के मसले से बेनियाज़।

? *आपकी नज़र में काफ़िर की क्या तशरीह है?*

- काफ़िर वह होता है जो मैं को मानता है, तू को नहीं। इसलिए सिर्फ़ आशिक होता है जो काफ़िर नहीं होता, बाक़ी सब काफ़िर है। प्यार करने वाला मैं को भी मानता है, तू को भी। और उसकी मैं अहंकार के अर्थों में नहीं होती, होने के अर्थों में होती है।

प्रश्नकर्ता–दिलजीत सिंह, मई, 1998

? *इमरोज़ साहब ! आज की कच्ची-पक्की पत्रकारी के बारे में कुछ कहेंगे?*

इमरोज़ : नज़्मों और कहानियों के लिए मन के मौसम की प्रतीक्षा करनी होती है, नहीं तो वह कच्ची लिल्लों की तरह हो जाती है, बेबहारी, जिन पर न रंग आता है, और न जिनमें रस पड़ता है...उसी तरह आज की पत्रकारी भी कच्ची लिल्लों जैसी हो जाती है...

एक दिन रमेश सुनाने लगे—एक बार उर्दू शायर शाद साहब साहिर का इंटरव्यू लेने गये। और पहला सवाल ही पूछ लिया, साहिर साहब ! कुछ अपने जन्म के बारे में बताएँ। साहिर ने कहा—जन्म क्यों हुआ, यह तो ख़ुदा को पता होगा, मुझे नहीं पता। और अब आप पूछेंगे कि कैसे हुआ? माँ की नॉर्मल डिलीवरी हुई थी कि सज़ेरियन हुई थी? और उस वक़्त माँ ने कौन-सी पंजीरी खाई थी?

इसी तरह एक बार एक दो पत्रकार मिल कर फ़िराक साहब के पीछे पड़ गये कि हमने आपका इंटरव्यू ज़रूर लेना है। फ़िराक साहब ने बहुत पीछा छुड़ाया कि आख़िर आपने पूछना क्या है?—पर वे लोग पीछे पड़ गये तब उन्होंने कहा—अच्छा ! निकाल लो अपने टेप रिकॉर्डर और पूछो !

पत्रकारों ने पूछा—"फ़िराक साहब। आप नज़्म कैसे लिखते हो? और क्यों लिखते हो?—फ़िराक साहब ने एक साथ दस गालियाँ निकालीं और कहा "यह गालियाँ शायरी है, जो आपको समझ आ सकती है। मैं जो लिखता हूँ—वह आपको समझ नहीं आ सकता..."

एक बार कुछ पत्रकार हैमिंगवे के पीछे पड़ गये कि आज हमने आपका इंटरव्यू ज़रूर लेना है। और एक दो बातों के बाद पूछने लगे—आपकी ज़िन्दगी में औरतें ज़रूर आयी होंगी, पर यह बताओ कि काली नस्ल की कितनी आयीं और गोरी कितनी आयीं? कब कब आयीं?

हैमिंगवे चुपचाप सुनते रहे और फिर अपनी शान्त सी आवाज़ में कहने लगे—सर्दियों में काली, और गर्मियों में गोरी।

एक बार किसी अख़बार के सम्पादक ने किसी को अमृता का इंटरव्यू लेने के लिए भेजा, और ख़ास तौर पर कहा कि—अमृता के दो इश्क़ तो सब को पता है, साहिर वाला और इमरोज़ वाला, पर तू इससे अधिक भी कुछ पूछ कर आना। आने वाले ने यही बात आकर कह दी, तब अमृता ने कहा—"मुझे तो दो इश्क़ नसीब हो गये, पर लगता है, पूछने वाले को एक भी नसीब नहीं हुआ।"

इमरोज़ के लेखन में अमृता प्रीतम

तीन ख़त

मेरी क़ौम, नया साल मुबारक !
मेरी दोस्त, नया साल मुबारक !
मेरी नज़र, नया साल मुबारक !
मेरे नुक्ताए नज़र, नया साल मुबारक !
मेरी कला, नया साल मुबारक !
मेरे माहौल, नया साल मुबारक !
मेरी पहचान, नया साल मुबारक !
मेरे ईमान, नया साल मुबारक !
मेरी हक़ीक़त, नया साल मुबारक !
मेरे करिश्मे, नया साल मुबारक !
मेरी माजा, नया साल मुबारक !
मेरे ख़ुदा, नया साल मुबारक !

चारों तरफ़ एक शोर मच गया है, चीख़ों जैसी ख़ुशियों का शोर जो एक धुन्ध की तरह हर तरफ़ फैल चुका है, पैरों से लेकर सिर तक, क़दमों से लेकर सोच तक, झोंपड़ी से लेकर स्काईस्क्रेपर तक मिट्टी से लेकर चाँद-सितारों तक, नज़र से लेकर नुक्ताए नज़र तक, कायदे से लेकर कुरान, बाइबल और ग्रन्थ तक और पहली सांस से लेकर ज़िन्दगी तक।

ज़िन्दगी की नज़्म इस शोर में बिखरती जा रही है।

हर नज़्म काग़ज़ के सलीब पर टँगी हुई खामोशी लग रही है।

हर तस्वीर कैनवास में फँसी हुई बेरंग दिखाई दे रही है।

हर कला हमारे अंगों के खण्डहर में दिन-ब-दिन दबती दिखाई दे रही है।

मैं इस शोर में खड़ा इसमें शामिल न होते हुए भी शामिल हूँ। नया साल शुरू होने की आवाज़ सुन रहा हूँ।

लेकिन यह आवाज़ किसी मुबारकबाद की नहीं। मेरे अन्दर से 'मुबारक' लफ़्ज़ अभी बाहर नहीं आ रहा। नये साल और 'मुबारक' में इस शोर का फ़ासला है।

1.1.1968

जीती

ख़त इमरोज़ का

माजा,

एक काली रात में मैं खड़ा अपनी राह खोज रहा हूँ। राह, जो मेरे अपने पैरों में है।

एक वीरान शहर में खड़ा मैं अपना सपना ढूँढ़ रहा हूँ। सपना जो मेरे 'होने' में शामिल है।

एक ख़ाली आसमान के सामने मैं खड़ा अपना तसव्वुर ढूँढ़ रहा हूँ। तसव्वुर, जो मेरे ख़्याल में है।

एक 'कल' नाम की बस्ती में मैं अपना आज ढूँढ़ रहा हूँ। आज जो मेरी नज़र में है।

लेकिन मैं बाहर क्या ढूँढ़ रहा हूँ, कहाँ से और क्यों जहाँ कि मेरा अपने सिवा कुछ मेरा नहीं है।

4.1.68

ख़त इमरोज़ का

एक राह, सारी और साबुत राह,
आज अपने ही हर क़दम से बिखरती जा रही है।

ओंस की बूँद, हँसती, ताज़ा,
आज अपनी ही आँख का आँसू बनती जा रही है।

एक जहान ख़ुशबू का,
आज अपने ही अन्दर घिरा हुआ, जैसे धुआँ बनता जा रहा है।

एक इन्क़लाब, अपने आपमें मुक़म्मल आज बेपहचान,
अपने आप में मरता जा रहा है।

एक हुंकारा, विकास-दर-विकास का, मज़हब की तरह बेहुंकारा,
अपने आप सिकुड़ता जा रहा है।

एक ख़्याल, हर साँस के साथ नया,
ईश्वर की तरह हर घड़ी बासी होता जा रहा है।

एक सवेरा, आज, बिन दोपहर,
बिन महक ढलता जा रहा है।

एक नज़र, नुक्ताए नज़र जितनी,
नज़रों की भीड़ में बेनज़र होती जा रही है।

एक फ़िक़रा पूरे इल्म जितना, अकेला,
अनजान ख़त्म होता जा रहा है।   7.1.1968

आधी रोटी पूरा चाँद

–इमरोज़

(अमृता प्रीतम की शख़्सियत को हर कोण से उकेरता इमरोज़ का विस्तृत आलेख)

मैं अभी चौथी कक्षा में पढ़ता था कि माँ मर गयी। घर में चार चाचा थे पर चाची कोई नहीं थी। सब कुछ होते हुए भी एक कमी महसूस होने लगी। हर चीज़ में कमी। आँखें हर समय कभी अन्दर, कभी बाहर कुछ तलाशती रहती। मुझसे छोटी बहन, जो अभी 8-9 वर्ष की ही थी, इस कच्ची उम्र में ही उसे चूल्हा-चौका सँभालना पड़ गया। कच्ची-पक्की रोटी पकती–एक-दो खाता, और एक-दो बाँध कर स्कूल ले जाता। रोटी ज़रूर होती पर उसमें माँ के हाथों का रस न होता। माँ बिना किसी चीज़ में रस होते हुए भी रस न लगता–जैसे सब ऋतुएँ पतझड़ हो गयी हों। मैं हर वक़्त उठते-बैठते, सोते-जागते कुछ तलाशता रहता। कहीं भी कोई ममता भरा चेहरा दिखता तो मेरा ख़ुद-ब-ख़ुद उसे माँ कहने को दिल चाहता। पर माँ बिना किसी को माँ कहाँ कहा जाता है। फिर भी जहाँ कहीं भी किसी औरत में ममता दिखती या महसूस होती, उसे ख़ुद-ब-ख़ुद माँ कहने को मन करता। ऐसा कई बार हुआ, गाड़ी में सफ़र करते हुए, मार्किट में ख़रीददारी करते हुए, किसी के घर, अपनों के घर, दावत पर या किसी त्योहार पर बातचीत करते हुए...।

इस तलाश को लिए हुए मैं प्राइमरी स्कूल में भी बैठा और हाई स्कूल के डेस्क पर भी और आर्ट स्कूल के ड्राईंग टेबल पर थी। मेरे गाँव का लड़का मेरा सहपाठी मेरे साथ ही साथ के गाँव के स्कूल आया करता था। हम आधी छुट्टी में इकट्ठे खाना खाते थे। उसकी माँ बहुत बढ़िया पराठें बनाया करती थी, सात तह वाले। वह मेरा सहपाठी मुझे आधा पराठा रोज़ दे देता था। उस परांठे को खाते हुए मुझे महसूस होता था कि कहीं मेरी माँ है। अमृता को मिला, उसकी किताब 'आख़िरी ख़त' का कवर-डिजाइन बनाने के लिए। नहीं जानता था यह आख़िरी ख़त हमारी

दोस्ती की शुरुआत हो जायेगा। मैंने अमृता में जाने क्या देखा जो इतने देखे हुए चेहरों में नहीं देखा था, मैंने वह देख लिया लगता था। हम अकसर मिलने लगे और धीरे-धीरे वाकफ़ियत बढ़ने लगी। हम रोज़ शाम को मिलने लगे और धीरे-धीरे वाकफ़ियत दोस्ती बनने लगी और फिर हमारी दोस्ती धीरे-धीरे घर बनती गयी, हम दोनों का एक घर। अब सुबह-शाम अपने हो गये। दिन भी अपने हो गये, रातें भी अपनी हो गयीं। वह पतझड़ का मौसम बहार बनने लगा। दोस्ती के वृक्ष पर पहली बार बौर पड़ा, फिर फूल खिलने लगे। मैं फूलों को, घर को जीने में मस्त हो गया। मुझे जैसे बिसर ही गया हो कि कब से मेरी कोई तलाश है। अमृता के अस्तित्व में जैसे सब रिश्तों के दरिया आ कर एक हो गये...।

उन दिनों मैं साउथ पटेल नगर और अमृता वेस्ट पटेल नगर रहती थी। तब मेरे पास स्कूटर हुआ करता था। मैं शमा में काम करता था। सुबह अमृता के दोनों बच्चों को स्कूटर पर बिठा कर मॉडर्न स्कूल छोड़ कर शमा के दफ़्तर में चला जाता था। एक सप्ताह मेरे दो चालान हो गये। स्कूटर के पीछे दो बच्चे बिठाने के कारण। कचहरी जाकर चालान भरे। अमृता के साथ बैठ कर विचार किया कि कार ली जाये। पाँच-पाँच हज़ार मुश्किल से जमा हुए। पर हो गये। दस हज़ार की फिएट कार ली। जब रजिस्ट्री करवाने गया दोनों नामों की, तब अफसर ने पूछा, अमृता के साथ तुम्हारा क्या रिश्ता है? दोस्त है ! मैंने कहा। पर दोस्ती, उन्हें यह कोई रिश्ता नहीं लग रहा था। बहुत देर मुझे खिड़की के बाहर खड़े कर, अन्ततः रजिस्ट्री कर ही दी, पर बेदिली से।

अजीब बात है, न हमारे समाज को और न हमारे क़ानून को आदमी औरत में दोस्ती का रिश्ता लगता है। हालाँकि इस जैसा और कोई खरा रिश्ता है ही नहीं। एक बार अमृता ने मुझे एक ख़त दिया, साहित्य अकादमी के एक अफसर को देने के लिए। मैंने उस अफसर को ख़त दिया तब उसने मुझे बैठने के लिए कहा और पूछा, अमृता से आपका क्या रिश्ता है? मैंने कहा, दोस्त हूँ। उसने फिर पूछा, मैंने कुर्सी से उठकर उसे कहा, जो रिश्ता है वह आपको समझ नहीं आयेगा?

एक बार मैंने इंश्योरेंस करवाई और फार्म के वारिस वाले खाने में मैंने अमृता का नाम लिख दिया और रिश्ते वाले खाने में दोस्त लिख दिया। अफसर ने ऐतराज़ किया कि घर वालों को छोड़ कर दोस्त का नाम क्यों? यह मेरे पैसे हैं, जिसे मेरा दिल करे, दूँगा, आप कैसे ऐतराज़ कर सकते हो? मेरे यूँ बोलने पर अन्ततः उस अफसर ने वह इंश्योरेस कर दी। पर यह बुल फाइट हर जगह हुई, मैदान चाहे समाज का हो और चाहे क़ानून का।

पहली बार मैं और अमृता दिल्ली से बाहर जा रहे थे, किसी भी पहाड़ पर या जहाँ दिल चाहे। पठान कोट स्टेशन आने पर गाड़ी से उतर कर देखा कि एक रास्ता डलहौजी की ओर जा रहा है और दूसरा अन्दरेटे की ओर, शोभा सिंह जी की रिहायश की ओर। शोभा सिंह अमृता के पिता के दोस्त थे और अमृता उन्हें चाचा जी कहती थी। हम चाचा जी के यहाँ जाती हुई गाड़ी में बैठ गये। पालमपुर स्टेशन पर उतर कर पैदल चल दिये। अमृता पहले भी अन्दरेटे में आयी हुई थी। चाचा जी अमृता को देख कर बहुत ख़ुश हुए। हमें बहुत प्यार और तपाक से अपनी गैलरी में बिठाया। हम तस्वीरें देख ही रहे थे कि चाय आ गयी। मेज पर पड़ी चाय के गिर्द हम बैठ गये। धीरे-धीरे बातें करने लगे। ऐमरस्न थोरो भी आ गये। कुछ देर यह महफ़िल चलती रही। सिर्फ़ भोजन करने के लिए

चाची जी की आवाज़ से यह महफ़िल बर्खास्त हुई। रसोई में लकड़ियों वाले चूल्हे के पास बैठ कर खाना खाया। खाना खाते हुए, चाची जी को खाना पकाते देखते हुए मैंने उनकी जगह कई बार अमृता के बारे में सोचा। रात को जब हम चौबारे वाले कमरे में अकेले थे, तब मैंने अमृता को कहा, कल तुम खाना बनाना। चाची जी बुज़ुर्ग हैं। जितने दिन हम यहाँ हैं तू ही खाना बना। सुबह चाची जी को मना लिया पर वह मानी तो सही पर बहुत मुश्किल से। और वह भी एक वक़्त के खाने का। हम दस दिन वहाँ रहे। रोज़ शाम को अमृता खाना बनाती। पर उसने यह खाना बनाना एक शर्त पर शुरू किया कि आग मैं जलाऊँगा और चूल्हे का ख़्याल भी मैं ही रखूँगा। दिल्ली अमृता खाना नहीं बनाती थी, नौकर बनाता था। मैं अमृता को खाना बनाते हुए पहली बार देख रहा था। खाना बनाते हुए वह बहुत सुन्दर लग रही थी। इन दस दिनों में, जाने क्या हुआ, अमृता को खाना बनाना अच्छा भी लगने लगा और ज़रूरी भी।

दिल्ली आकर उसने रसोई सँभाल ली। मैंने सब्ज़ी लाने का काम अपने ज़िम्मे ले लिया। कुछ दिनों के बाद मालकिन को रसोई में काम करते देख नौकर काम छोड़ कर चला गया। अब हम ही दोनों रसोई के मालिक हैं, हम ही हैल्पर। जैसे ज़िन्दगी में एक-दूसरे के कम्पलिमेंट।

यह तब की बात है जब मेरे पास कोई सवारी नहीं थी। अमृता शाम के पंजाबी प्रोग्राम के लिए रोज़ बस से जाती थी और जहाँ अमृता आकर उतरती थी मैं वहाँ उससे पहले खड़ा हो कर उसका इन्तज़ार करता था। प्रोग्राम के बाद रेडियो स्टेशन की ओर से अमृता को दफ़्तर की गाड़ी मिल जाती थी। एक बार यूँ हुआ कि दफ़्तर की गाड़ी किसी को छोड़ने गयी और वापस आने में देर कर दी। मैंने अमृता को कहा, चल आज हम पैदल चल कर घर जाते हैं। और हम चल दिये। पूर्ण चन्द्रमा की रात थी। हम हर सड़क के किनारे-किनारे चल रहे थे, अपने आप में मस्त। हमारे पास से साइकिल, स्कूटर, कारें, बस, ट्रक और लोग आम दिनों की तरह आ-जा रहे थे–पर हमें चलते-चलते पता ही नहीं चला कि सड़क पर हमारे अलावा कोई और भी चल रहा है या चल रहे हैं। सड़क पर लोगों के आने-जाने का, ट्रक, बस, कारों और स्कूटरों का शोर भी था–पर शायद हमारे लिए नहीं था–हमें पता ही नहीं चला कि हम कब रेडियो स्टेशन से अपने घर वेस्ट पटेल नगर पहुँच गये–काफ़ी देर हो गयी थी–सब खाना खा चुके थे। अमृता के लिए भी खाना रखा हुआ था। अमृता ने मुझे भी खाना खाने के लिए बैठा लिया। नौकर खाने की थाली लेकर आया। अमृता ने एक थाली और मँगवाई। अमृता के लिए सिर्फ़ दो चपातियाँ रखी हुई थीं। अमृता ने एक रोटी ख़ुद ले ली और एक मेरी थाली में रख दी। खाना खाते-खाते अमृता ने आधी रोटी मेरी थाली में धीरे से और रख दी–यह आधी रोटी मुझे आज भी याद है, यह रोटी ही आधी थी पर चाँद पूरा था उस रात।

फ़िल्म डायरेक्टर गुरुदत्त ने शमा मैगजीन में मेरा काम देख कर मुझे अपनी फ़िल्म 'प्यासा' का काम दे दिया। मैंने वह काम इतना अच्छा किया कि गुरुदत्त ने अपनी फ़िल्मों का काम करने के लिए मुम्बई में अपने पास आने की दावत दी। मैं कब से मुम्बई जाना चाहता था। फ़िल्में मुझे अपनी ओर आकर्षित करती थीं। आपस में बात हुई, सब कुछ तय भी हो गया। तनख़्वाह पर आकर बात रुक गयी। कई महीने बीत गये। मैं भी धीरे-धीरे इस बात को भूल गया कि अचानक एक दिन गुरुदत्त का ख़त आ गया, मेरी मर्ज़ी की तनख़्वाह का। मैं बहुत ख़ुश हुआ। सीधा अमृता

के पास गया। मुझे इतना ख़ुश देख कर वह भी ख़ुश हुई पर ख़त पढ़ कर उदास हो गयी। अपनी उदासी को बताने के लिए उसने मुझे एक कहानी सुनाई—यह सोच कर भी कि मुझे कौन सी समझ आनी है। कहानी में दो दोस्त थे। एक लम्बे कद का, गोरा, तीखे नयन-नक़्श वाला और दूसरा छोटे कद का, काले रंग का, मोटे-मोटे नक़्श वाला। पर वह समझदार और ख़ूबसूरत दिल वाला था। एक हसीना उस ख़ूबसूरत व्यक्ति पर फिदा हो गयी। रोज़ शाम को अपनी बाल्कनी में खड़े हो कर उसका इन्तज़ार करती। ख़ूबसूरत व्यक्ति अपने दोस्त को अपने साथ ही रखता था। हसीना की बातों का जवाब उसका दोस्त दिया करता था, पर बोलता ख़ूबसूरत व्यक्ति ही था, सामने हो कर। दोस्त हमेशा बगिया की झाड़ी के पीछे खड़ा रहता था। मुलाक़ातों का यह सिलसिला अभी चल ही रहा था कि देश में जंग छिड़ गयी। दोनों को लड़ाई के मोर्चे पर भेज दिया गया। मोर्चे से ख़ूबसूरत व्यक्ति ने हसीना को बहुत ख़त लिखे, जो उसके दोस्त ने बोल कर लिखवाए थे। युद्ध में ख़ूबसूरत व्यक्ति की मृत्यु हो गयी। उसका दोस्त भी बहुत ज़ख़्मी हो कर अपने शहर के अस्पताल में दाख़िल हुआ। ख़तों से हसीना को सब पता चलता रहता था। वह ख़ूबसूरत व्यक्ति के ज़ख़्मी दोस्त को मिलने के लिए अस्पताल गयी। बहुत देर तक अपने ख़ूबसूरत दोस्त की बातें करती रही। ज़ख़्मी दोस्त के साथ उसके ख़ूबसूरत ख़तों की भी बातें कीं। वह ख़त दोस्त पढ़ने लगा। ख़त पढ़ते-पढ़ते अँधेरा हो गया। पर वह ख़त पढ़ता जा रहा था। अँधेरे में भी उसके द्वारा ख़त पढ़ते जाने से हसीना जान गयी कि यह ख़त इसी के लिखे हुए हैं, वह और उदास हो गयी और उसने सिर्फ़ एक ही फिकरा बोला, "आई लवड वन मैन बट लॉस्ट हिम टवाईस (I loved one man but lost him twice) यह कहानी सुना कर अमृता अन्दर अपने कमरे में चली गयी। मैं कुछ देर वहाँ ही मौन बैठा अपने आप को सुनता रहा:

तूने कुछ भी कहा न हो जैसे
मेरे ही दिल की सदा हो जैसे...।

मई का महीना था और साल 1958 का। बेइन्तहा गर्मी पर पीले फूलों का मौसम। जगह-जगह सड़क किनारे, बागों में, बगीचों में, और कई घरों के आँगन में अमलतास के पीले फूलों से वृक्ष लदे हुए, फ़र्श भी भरे हुए और हवा भी। यह तीन दिन जैसे अपने साथ पता नहीं क्या लेकर आये, अमृता भी कुछ और लग रही थी, हवा भी तथा पैरों तले की ज़मीन भी और थी। हर चीज हर जगह पहले जैसी ही थी, पर उनके रंग जैसे गहरे हो गये हों। हम चल रहे थे बिना किसी पहुँचने वाले रास्ते पर। उन तीन दिनों की वैसे कोई तलाश भी नहीं थीं। बस बहते दरिया की तरह ख़ुद-ब-ख़ुद चलते जा रहे थे। कभी किसी बगिया में पीले फूलों के वृक्ष तले बिछे फूलों पर चुपचाप लेटे हुए, बैठे हुए, कभी आसमान की ओर देखते खुली आँखों से, कभी बन्द आँखों से, एक-दूसरे को। कभी किसी तवारीख़ी इमारत की सीढ़ियाँ चढ़ते, कभी उतरते। एक इमारत की छत से दूर यमुना दरिया दिख रहा था और नीचे इमारत का ख़ूबसूरत बगीचा। मैं बहते दरिया के साथ मस्त हुआ उसे देख रहा था कि अमृता ने पास आकर पूछा, तू यहाँ पहले भी कभी आया है, किसी के साथ? मुझे लगता है, मैं कभी भी किसी के साथ कहीं नहीं गया...मैंने कहा था। जहाँ दिल करता सड़क के किनारे, चाय के

ढाबों पर बैठ कर चाय पी लेते। हर जगह ख़ूबसूरत लग रही थी। और फिर सुन्दरता किसी जगह में इतनी नहीं होती, जितनी अपनी नज़र में होती है। तीन दिन बाद मैं मुम्बई गया भी, गुरुदत्त को मिला भी, पर उनकी इजाज़त लेकर, बिना कोई कारण बताये वापस लौट आया, जैसे अपने आप के पास। मेरे वापस आने पर अमृता हैरान हुई। मुझे कितनी ही देर देखती रही, पर कहा कुछ नहीं।

मेरी तबीयत में फ़कीरी शुरू से ही है। जैन फ़कीरों को पढ़ने से बहुत पहले। (कहा जाता है कि जैन फ़कीर अपनी जीविका ख़ुद कमाते हैं।) मैं अपनी जीविका ख़ुद कमाने के वक़्त का प्रतीक्षित रहता था। आर्ट स्कूल के दूसरे साल में था, जब मैंने अपने घर से पैसे मँगवाने बन्द कर दिये। यह लाहौर, सन् 1944 की बात है। बीस रुपए में खान-पीन का ख़र्च चल जाता था। मैं छोटे-छोटे काम कर अपनी रोटी और रंगों-ब्रुश का ज़िम्मेदार बन जाता था।

मैं अब तक अपनी कमाई ही ख़र्च करता हूँ। इसी में मुझे सुख मिलता है। किसी दूसरे की कमाई में से नहीं, माँ बाप की जायदाद में से भी नहीं। अमृता की तबीयत और मेरी तबीयत की यह बात बहुत मिलती है। सिर्फ़ रसोई और घर का ख़र्च मिल कर करते हैं। बाक़ी अपनी ज़रूरतें अपनी मर्ज़ी से, अपनी कमाई से, जैसे दिल करे पूरी करते हैं। हमारे स्वभाव कई बातों में बहुत मिलते हैं। पर कई बातों में बिल्कुल अलग-अलग भी हैं।

हम शुरू से ही अपने-अपने कमरों में रहते हैं। अमृता के सोने का वक़्त मेरे काम करने का वक़्त होता है। अमृता के जागने का वक़्त मेरे सोने का। मुझे बिस्तर की चादरें एक ही रंग की पसन्द हैं, काले प्रिंटस की। अमृता को हल्के मद्धिम रंग की चादरें। उसे छोटे-छोटे बुत (मूर्तियाँ) इकट्ठे करने का बहुत शौक है, काँच के बने कृष्ण, कई तरह के पत्थरों से बने गणेश, कई धातुओं से गढ़े बुद्ध। पर वह किसी को पूजती नहीं। हाँ, प्यार करती है, बहुत प्यार से।

मैं हर वक़्त जो सोचों में है, उसे कर के, बना कर देखता रहता हूँ या देखना चाहता हूँ। मेरे पास बहुत सारी घड़ियाँ हैं, जिनके डायल मैंने कई तरह के बनाये हैं।

किसी में भी हिंदसे नहीं हैं। किसी में हिंदसे एक कोने में पड़े वक़्त देख रहे हैं। किसी में किसी शायरा की एक नज़्म है, उसकी तस्वीर के साथ। और कइयों में अपनी पसन्द की कोई पंक्ति है... कोई शेअर है...

एक और भी शौक है मुझे, जो गीत, ग़ज़ल पसन्द आ जाये मैं उसे कैसिट के दोनों और रिकॉर्ड कर लेता हूँ और फिर सारा दिन बार-बार सुनता रहता हूँ। एक दिन इसी तरह मैं अपने कमरे में गालिब की ग़ज़ल सुन रहा था, अमृता दो-तीन बार कमरे में आयी तब वही ग़ज़ल सुन कर पूछने लगी, आज कोई ग़ालिब का ख़ास दिन है। मैंने हँसते-हँसते कहा, लाहौर वाले आज ग़ालिब का दिन मना रहे हैं...मैंने तो मज़ाक में बात कही थी–काश किसी कलाकार को इस तरह से याद किया जाये और उसका दिन इस तरह से मनाया जाये...कई लेखकों के बारे में सुनने में आया है कि वे नियम से नहा धो कर लिखने बैठ जाते हैं और कई लेखक अपने लिखे को कई-कई बार सुधारते रहते हैं।

अमृता का कोई वक़्त नहीं लिखने का। वह अकसर आधी रात के बाद लिखती है। बहुत बार तो वह लिखती नहीं सिर्फ़ उतरी हुई नज़्म को काग़ज़ पर उतारती है। कभी-कभी नज़्म दिन में भी आ जाती है। और कई बार नज़्म लिखते वक़्त बच्चे आ जाते हैं खाना खाने के लिए, तब वह सहज

ही काग़ज़ कलम रख कर, मैं अभी आयी...नज़्म को होल्ड ओन कह कर बच्चों के लिए खाना बनाती है, पास बैठ कर खिला कर वापस नज़्म के पास आकर उसे लिख लेती है।

कई बार पेंट करते हुए भी इस तरह महसूस होता है कि रंग हमारे साथ खेल रहे हों–अधिकतर तो हम ही रंगों के साथ खेलते हैं।

हम दोनों न तो दावतों पर जाना पसन्द करते हैं और न दावतें करना ही पसन्द करते हैं। वैसे अगर चाय पी रहे हों, दोस्त हमारे घर आ जाये तो हमारे साथ जी सदके (ख़ुशी से) चाय पी लें। इसी तरह खाने के वक़्त कोई मित्र आ जाये और हम खा रहे हो तो जो हाज़िर हो वह भी खा ले हमारे साथ। कोई अलग से तकल्लुफ़ नहीं किया जाता। तकल्लुफ़ वैसे हमारी ज़िन्दगी में कम ही दिखता है। हम दोनों को एकान्त बहुत अच्छा लगता है। हम सारा दिन घर में ही रहते हैं। पर अधिकतर अपने-अपने कमरों में। हमारे कमरों के दरवाज़े खुले ही रहते हैं रात-दिन, गर्मी-सदी के मौसम में। पर खुले दरवाज़ों वाले कमरों में से एक-दूसरे के होने की महक तो आती है, पर कोई दख़ल नहीं।

अमृता जब लिखती है तब मैं उसके एकान्त का, घर का सब ख़्याल रखता हूँ। बीच-बीच में गर्म चाय का प्याला उसके पास धीमे से रख भी आता हूँ।

अमृता को मैं कई नामों से बुलाता हूँ। उनमें से एक नाम बरकते भी है। उसके हाथों में बरकत है, उसकी कलम में बरकत है और सब से अधिक जो मैं जानता हूँ उसके अस्तित्व में एक बरकत है...। अमृता के मेहनती हाथों की रेखाएँ दिल की, परिश्रम की, दुख-सुख की, धन की, सब रेखाएँ बरकत की गंगोतरी में से निकलती है और उम्र के क्षितिज तक दिखती हैं। अमृता हीर भी है और फ़कीर भी। उसका दीन तख़्त हज़ारा है और प्यार उसका धर्म। ज़ात की वह फ़कीर है और स्वभाव की अमीर। वह जो एक हाथ से कमाती है वही दो हाथों से बाँट देती है। वह बहुत खुले स्वभाव की है। इन्सानियत को प्यार करने वाली। सारी कायनात को प्यार करने वाली। वह किसी वाद, किसी मज़हब के साथ कंडीशन्ड नहीं। वह कहती है कंडीशिनिंग से विकास रुकता है, घर में भी और मुल्क में भी। सही मायनों में विकास तब होगा जब इन्सान ख़ुद अपना ज़िम्मेदार बनेगा। न फ्रायड की तरह कोई कहेगा कि माँ बाप ज़िम्मेदार हैं और न मार्क्स की तरह दोनों व्यक्ति को ज़िम्मेदार नहीं मानते। और दूसरी ओर बुद्ध के अलावा, किसी मज़हब ने नहीं कहा, न माना कि व्यक्ति अपने अच्छे बुरे का ख़ुद ही ज़िम्मेदार है। जिसने भी विकास करना है, उसे अपनी ज़िम्मेदारी ख़ुद लेनी होगी। चाहे वह ऊँची जाति का हो और चाहे नीची जाति का।

ज़ात-पात से मुक्त अमृता ने, जिन दिनों राज्य सभा की मैम्बर थी, पार्लियामेंट में बहुत ग़ुस्से से कहा था कि आप इन लोगों के लिए सीटें आरक्षित रख कर, उन्हें शिड्यूल कास्ट कह कर हमेशा के लिए उनके मस्तक पर क्यों लिख रहे हैं कि यह हरिजन और शिड्यूल कास्ट हैं। सिर्फ़ उन्हें अवसर चाहिए, आरक्षित सीटें नहीं। उन्हें मौक़े दीजिए पढ़ने के, योग्य बनने के और उन्हें मेन स्ट्रीम में लाओ, फिर वे अपनी काबलियत से मैम्बर बनें। सीटें लें...आरक्षित सीटें किसी के लिए नहीं होनी चाहिए। सब सीटें योग्यता के लिए हों, सिर्फ़ योग्यता के लिए...। अमृता शुरू से ही किसी कंडीशिनिंग को नहीं मानती, न घर की और न समाज की। वह लाहौर रेडियो पर कई बार प्रोग्राम करने जाती थी–एक बार उसके घर के एक बुज़ुर्ग ने उसे बुला कर पूछा, "तुझे रेडियो

से कितने रुपए मिलते हैं?" अमृता ने कहा, 'दस रुपए।' 'मुझसे बीस रुपए ले लिया कर। पर वहाँ रेडियो पर न जाया कर !' पर अमृता ख़ुद कमा कर अपने पर ख़र्च करना सोचती थी। उसने अपनी यह ख़ुदमुख़्तियारी जारी रखी और लाहौर रेडियो से प्रोग्राम करती रही...मर्द को औरत की ख़ुदमुख़्तियारी ख़ास तौर पर घर की औरत की, समझ नहीं आती। वह औरत की कमाई तो सहज ही कबूल कर लेता है, पर उसकी ख़ुदमुख्तियारी बिल्कुल नहीं। माँ-बाप और मज़हब दोनों अपने-अपने ढंग से बच्चों की, समाज की कंडीशिनिंग करते हैं। दोनों कई तरह के डर पैदा करते हैं, ताकि बच्चे और समाज दोनों उनके अनुसार चलें। पर यह वह कभी भी नहीं सोचते कि कंडीशन से डरे हुए बच्चे, कंडीशन से डरे हुए समाज से रिश्ता नहीं बना सकते। रिश्ता सिर्फ़ सहजता से ही बनता है। जिस से भी आपको डर लगता हो, चाहे वह पिता हो या रब। उनके साथ सहजता ही नहीं होती, फिर प्यार कैसे हो सकता है। दिखता पिता का अदब और दिखती मज़हब की मान्यता है। पर सिर्फ़ दिखती है, होती नहीं है और हो भी कैसे सकती है...? मैं कहीं भी गया हूँ, अमृता मेरा इन्तज़ार कर, मेरे आने पर ही खाना खाएगी। मिल कर खाना खाने का अपना ही एक स्वाद है, वह भी अपनी पसन्द के व्यक्ति के साथ। और खाना खाने योग्य होकर, खाना खाने का स्वाद सिर्फ़ मेहनती लोगों के हिस्से ही आता है, हर एक के नहीं। माता-पिता की कंडीशिनिंग और मज़हब की पाबन्दियों में न कहीं औरत आज़ाद हुई है और न मर्द। आज़ादी आज भी अधिकतर देशों के झण्डों में झूल रही है। अगर कभी कैदो कैदो न होते, अपने चाचा होते तब आज हीरें अपने रांझों के साथ-साथ उसके बच्चों को भी चूरी खिला रही होतीं।

जितनी देर सूर्य आसमान पर रहता है, अमृता भी अपने आप के शिखर पर रहती है। निडर, ख़ुदमुख़्तियार और बेफ़िक्र। दिन के छोटे-से-छोटे और दुनिया के बड़े-से-बड़े धमाके से बिल्कुल बेपरवाह। दिन का ज़्यादा हिस्सा वह सिर्फ़ अपने आप के साथ रहना चाहती है, रहती है, लिखती है, पढ़ती है या सोचती है।

पर रात का अँधेरा उतरते ही वह अपने आप में से जैसे उतर जाती है–एक सामान्य औरत की तरह, कमज़ोर, डरपोक, निराश और मोहताज। हर बात पर फिक्रमन्द। छोटे-छोटे से खटके से डर-डर जाती, सहम-सहम जाती। सुबह उठने पर उसका चेहरा बुझा-बुझा, थका-थका होता है। जैसे वह सारी रात अँधेरे की एक लम्बी गुफ़ा को चल कर पार कर आयी हो, और वह भी अकेली। पर दिन चढ़ते ही उसकी काया पलट आती है। ज्यों-ज्यों सूर्य उदय होता है, त्यों-त्यों उसका चेहरा रोशन होता जाता है, धूप के रंग का। सुबह के उजाले में उसकी ख़ुदमुख़्तियारी का यह हाल है कि सुबह की पहली घण्टी बजाने वाला बेचारा उसके ग़ुस्से का शिकार हो जाता है। उसके मन के एकान्त में यह दुनिया का पहला खड़ाक होता है, पहली दख़लअंदाज़ी। चाहे यह दख़लअंदाज़ी उसके अपने आराम के लिए होती है–कमरों की और बर्तनों की सफाई। पर इस सफाई के लिए कम-से-कम एक घण्टा चाहिए होता है और यह एक घण्टा उसका बहुत बेचैन घण्टा होता है। और फिर अगर धोबी भी आ जाये तो आयी सभ्यता की शामत, जिसकी ख़ातिर कपड़े पहनने पड़ते हैं और फिर धुलाने पड़ते हैं। वह बर्तनों के खड़ाक से भी बेचैन हो कर कहती है–हम सिर्फ़ फल नहीं खा सकते? न रोटी खायें, न बर्तन जूठे हों। उस वक़्त उसे सर्विस देने वालों की सलाम एक लानत

लगती है। आजकल जो सफाई कर्मचारी काम करता है, उसे बार-बार हाथ जोड़ने की आदत है। वह कई बार उसे समझा चुकी है कि इस तरह हाथ न जोड़ा करें। शायद यह भी उसकी ख़ुदमुख़्तियारी का तकाज़ा है कि वह न किसी के सामने ख़ुद हाथ जोड़ सकती है, न किसी की ओर से हाथ जुड़े सहन कर सकती है।

सादगी का यह आलम है कि न नहाने की परवाह, न मेक-अप की, न कपड़े बदलने की और न नये-नये कपड़े ख़रीदने की चाहत। कोई एक कमीज़ उसे पसन्द आ जाये तो समझो उसकी ख़ैर नहीं। वह बार-बार उसी को पहने जायेगी। सिल-सिल कर पहनने की हद तक। कई बार वह किसी पार्टी में सिर्फ़ इसलिए नहीं जाती कि उठ कर कपड़े बदलने पड़ेंगे।

एक अजीब फक्कड़ तबीयत, फुल्का चाहे ताजा हो या बासा, साथ में चाहे सिर्फ़ आम का अचार हो और एक प्याला चाय। लगता है, जैसे एक फकीरी उसकी रगों में है। पर कभी-कभी उसकी तबीयत की बादशाहत मचल उठती है। एक दिन हम सड़क के किनारे बने, एक ढाबे पर चाय पी रहे थे, चाय पीते-पीते एक ख़ूबसूरत मकान पर उसकी नज़र गयी। एकदम से मुझे कहा, लगभग हुकुम की तरह-जा कर इस मकान की क़ीमत पता कर के ला। मैं–बहुत अच्छा मल्लिका मुअज़मा अभी दरयाफ़त करके लाया, कह कर मकान की क़ीमत पता करने चल दिया...ऐसा उसने कई बार किया है। करती है और करती रहेगी, जब तक वह है और जब तक ख़ूबसूरत मकान हैं। वह कभी सोने की एक अँगूठी भी नहीं पहनती, (सोने की पतली-पतली बालियाँ भी कानों में डाले, तब मुश्किल से आधा घण्टा ही सहन कर सकती है, उसे सचमुच सिर दर्द होने लग जाता है।) मैंने इस शाहनी-फकीरनी का भेद पा लिया है। हीरे, मोती, नीलम, पुखराज उसकी सनक हैं। जब कभी भी कनाट प्लेस में हीरों की दुकान सामने आती है उसकी यह बादशाही तबीयत उसे जबरन भीतर ले जाती है। हीरे, मोती, नीलम, पुखराज और हर तरह के क़ीमती पत्थर देखती है और देखे जाती है। उस समय कोई देखे इसका हीरों-मोतियों से भी ज़्यादा जगमगा रहा चेहरा। वैसे उसने ख़रीदा कभी कुछ नहीं। उसे पता है कि यह जेवर, यह जवाहरात उसके लिए नहीं बने, न वह इन ज़ेवरों, जवाहरात के लिए बनी है। अगर कभी कोई ज़ेवर पहन ले तो दर्पण में अपने आप को देख कर ग़ुस्सा हो जाती है–यह तो मैं मैं ही नहीं रही और वह उसी समय सब कुछ उतार देती है। अपनी सूरत उसे ख़ुद ही पहचानी हुई नहीं लगती। कभी घड़ी पहना करती थी, वक़्त देखने के लिए। अब मैं साथ होता हूँ, वह घड़ी भी नहीं पहनती, वक़्त मुझसे पूछ लेती है।

तसव्वर से माला-माल इस शायरा के पास अगर सचमुच पैसा भी होता तो पता नहीं अब तक कितने ख़ूबसूरत मकान और कितने हीरे-जवाहरात उसकी मल्कियत होते। ख़ूबसूरती देख कर वह यूँ मचलती है जैसे भूख, गरीबी, बेबसी, अन्याय, ज़ब्र, और जहालत देख कर वह बेचैन हो उठती है, उदास हो जाती है।

यह फकीरनी नाज़ुक मिजाज़ भी बहुत है और पोजैसिव भी। इसके मकान में कोई कहीं कील नहीं ठोक सकता। अगर कोई कभी कहीं कील ठोक रहा हो तो वह सहन नहीं कर सकती। ज़ख़्मी शेरनी की तरह उस पर झपटती है–जैसे वह कील उसके अपने जिस्म पर ठुक रही हो। कील लगाने वाला कोई भी हो–चाहे मैं और चाहे किरायेदार।

सब से अधिक परेशान इस मालकिन से मैं हूँ—क्योंकि मुझे अपने कमरे में तजुर्बे करते रहने का क्रेज़ है, दीवार तोड़ने से लेकर खिड़की बदलने तक। मुझे अकसर बहुत सब्र और इन्तज़ार करना पड़ता है—इस मालकिन के दिल्ली से कहीं बाहर जाने का। इस मालकिन, इस शेरनी की ऐसथैटिक सैंस ही मेरा बचाव है—वापस आकर नया तजुर्बा देख कर, चेंज देख कर वह ख़ुश होती है, तारीफ़ करती है। तोड़-फोड़ उसे भूल जाती है—बीत गयी बात की तरह, बीत गये कल की तरह।

अमृता की आधी से अधिक उम्र बिस्तर में बीती है। पर बिस्तर में वह सोई कम है, जागी बहुत है। बेशक उसके उपन्यासों और कहानियों के सब पात्रों से पूछ लो, क्योंकि उन्हें भी उनके साथ-साथ जागना पड़ा।

जब अमृता की कलम लिख नहीं रही होती तब उसके दायें हाथ की उँगली अपने आप अकसर लिखने लग जाती है—एक अक्षर—एक नाम। शायद किसी का नाम—शायद अपना ही नाम। और उसकी उँगली यह अक्षर—यह नाम बार-बार लिखती चली जाती है—हर चीज़ पर—जो भी सामने हो—पहुँच से अपहुँच तक। अपने घुटने से लेकर मेरे कांधे तक—अपनी चार दीवारी से लेकर हर दीवार तक। इस पीढ़ी से लेकर हर पीढ़ी तक। यहाँ तक कि पवन, पानी, फूलों, सुगन्धियों तक, वह हर शय पर लिखती महसूस होती है, उसने ख़ुद बताया था कि बचपन में उसे चाँद पर पड़े काले धब्बे अक्षर लगते थे। शायद तब भी परछाइयों को वह अपनी ऊँगली से एक अक्षर, एक नाम बना लेती थी—ज़रूर बना लेती होगी। पर जाने क्यों यह एक अक्षर, यह एक नाम, अपने आप में कैसी इबारत है, इबारत है या इबादत है, जो अब तक लिखते हुए भी मुकम्मल नहीं हुई। मैं बरसों से अमृता को देख रहा हूँ यह लिखते हुए। अमृता जाने कब से लिख रही है? ज़रूर अपने अस्तित्व के होने से ही लिख रही होगी—नहीं तो उसके हाथों की उँगलियाँ निस्बतन कभी इतनी छोटी-इतनी घिसी हुई न होतीं।

उसकी तबीयत अपने आप में कंट्रास्ट है। एक ओर वह इतना सरफ़ा करेगी कि रात की बासी रोटी भी बेकार न जाये, वह दूसरों को ताजी रोटी दे कर ख़ुद बासी खा लेगी। पर दूसरी ओर यह तबीयत कि उसके बेटे ने जब आर्किटेक्ट की डिग्री ले ली तो उसका इनाम उसने यूरोप का टूर माँगा। उसने उसी वक़्त टेलीफोन पकड़ कर एयर-इंडिया वालों को कहा कि यूरोप की एक वापसी टिकट बना कर भेज दें। बिना किसी संकोच वह अपनी इस तबीयत के साथ जीती-जागती है—बिल्कुल दिन और रात की तरह, एक-दूसरे के विपरीत, पर हमेशा साथ-साथ।

अमृता का चेहरा बहुत रंग बदलता है, आसमान की तरह अपितु आसमान से भी अधिक और जल्दी। कभी जगता जगता दिखता है और कभी बुझा-बुझा। कभी मुलायम-मुलायम, पिघला-पिघला लगता है और कभी पत्थर की तरह सख़्त और बेरहम। कभी हर एक के साथ हँसता-हँसता और कभी सबके साथ ग़ैर और अजनबी। एक पल भरा-भरा, छलकता-छलकता जाम लगेगा और दूसरे ही पल ख़ाली-ख़ाली, वीरान-वीरान। यहाँ तक कि अभी उसका चेहरा बहार का भरपूर नज़ारा होता है—रंगों सुगन्धों का सुमेल, और अभी पतझड़ की तरह बेरंग, बेमहक हो जायेगा। एक अजीबो ग़रीब चेहरा है जैसे एक सिक्के के कई सीधे-उल्टे रूप हों, जैसे एक चेहरे में कितने ही चेहरे हों, अपने आठ पहरों में कितने ही दिन, कितनी ही रातें लिए।

अमृता का चेहरा जितना हसीन है, ख़ूबसूरत है, उतना ही वह मुश्किल है। उसके चेहरे के प्रभाव इतनी जल्दी-जल्दी बदलते हैं कि इस चेहरे को किसी रूप में रिकॉर्ड करना बहुत ही कठिन काम है। उसकी तस्वीरें, स्केच और फोटोस अकसर बहुत ही हार्ड और बहुत ही ग़ैर अमृता होते हैं। अमृता ख़ुद भी उन्हें देखकर चौंक जाती है और उसके होठों से निकल जाता है, इट इज़ होरेबल। इट इज़ नॉट मी...

मैंने बहुत चेहरे देखे हैं, चित्रित किए हैं। मुझे कभी किसी का चेहरा इतना दिलचस्प और इतना मुश्किल नहीं लगा। मुझे कभी किसी का चेहरा बनाते हुए अपने आप के साथ संघर्ष नहीं करना पड़ा। पर अमृता का चेहरा तौबा-तौबा, जाने किस होनी ने यह चेहरा सोचा और गढ़ा है। जितने इसके नयन-नक्श तराशे हुए हैं उतने ही यह मुश्किल हैं—आर्ट में पकड़ने बहुत चैलेंजिंग हैं। मैं सालों से इस चेहरे को हैरत से देखे जा रहा हूँ—कभी दूर से खड़े हो कर, कभी एकदम से नजदीक होकर।

एक दिन हम पालम से आ रहे थे। रास्ते में ऐअर पोर्ट की एक नई बिल्डिंग आयी तो मैंने अमृता को कहा, तुझे याद है शायरा, यहाँ एक ख़ाली मैदान था, जहाँ तुमने तब कार चलानी सीखनी शुरू की थी...(पर एक साइकिल से टक्कर लगने के बाद उसने कार चलानी छोड़ दी थी।) कुछ देर अमृता सोचती रही और जब उसे याद आया तब एक शिकवे के साथ मेरी ओर देख कर कहा, "तुमने मुझे यूँ ही कार सीखने नहीं दी।" मैंने कहा, "शायरा तुमने साहित्य में ठेलों, ट्रकों, साइकिलों, स्कूटरों और छकड़ों की भीड़ से अपनी गाड़ी को सही सलामत रखा है—सही सलामत रखे रख। यही अपने आप में बहुत है। यह सड़कों के स्कूटर, साइकिल, ट्रक तू मेरे ज़िम्मे रहने दे...।"

अमृता को किसी पर एतबार नहीं, न किमी इज़्म पर, न किसी इन्सान पर। मैं जब भी किसी व्यक्ति के शब्दों पर एतबार करने लगता हूँ, वह ख़तरे की लाल बत्ती की तरह मेरी ओर देखती है। मैं हरी झण्डी को हाथ से नहीं छोड़ता, एक व्यक्ति पर एक बार एतबार ज़रूर करता हूँ। वैसे अफ़सोस के साथ कहना पड़ता है कि हर बार उसकी बात सच्ची निकलती है और मेरा एतबार चटखता है। पर मुझसे अधिकतर फ़ितरतन और कुछ ज़िद से फिर एतबार हो जाता है। मैं कहता हूँ—मैं एक व्यक्ति को एक एतबार का मौक़ा ज़रूर दूँगा। वह कहती है, हिन्दुस्तान की आबादी बहुत है, सो बहुत बार तुम्हें एतबार करना होगा, लगे रहो दिहाड़ी पर...

अमृता को सिर्फ़ अपने आप पर और अपने पात्रों पर एतबार है। कोई पात्र जब कहानी से बाहर हो, वह एतबार योग्य नहीं होता। पर वह पात्र जब कहानी के अन्दर आ जाये तो पेशे का ईमान रखने वाला बन जाता है।

बस तू मेरा एकमात्र दोस्त है, वह कहती है।

"पर तुझे मुझ पर एतबार कैसे आ गया?" मैं पूछता हूँ।

तूने ख़ुद ही तो कहा था कि तू मेरे डॉक्टर देव उपन्यास का डॉक्टर देव है। वैसे उपन्यास मैंने पहले लिखा तुम्हें देखा बाद में—एतबार-शिकनों की भीड़ में तुम्हें देख लिया, यह कम है?...और वह फैज़ का शेर गुनगुनाने लगती है—

किसी का दर्द हो करते हैं तेरे नाम रकम
गिला है जो भी किसी से तेरे सबब से है

और मैं दुनिया में जहाँ कहीं भी ग़लत होता हूँ, उसका जवाबदेह बन जाता हूँ। वह चाहे अख़बार की यह घटना हो कि रात को बस में अकेली सवारी एक औरत रह गयी थी, कंडक्टर और ड्राइवर ने ज़बरदस्ती करनी चाही, तो वह चलती बस से कूद गयी, और चाहे चीन की कोई चालाकी हो, रूस की कोई धक्केशाही हो, अमेरिका की कोई तानाशाही हो और पाकिस्तान का कोई झूठ हो उसे मुझ पर ग़ुस्सा आ जाता है...।

एक फिलॉसफर का कहना है "इट इज़ चीटिंग टू ट्राई टू बी काईंड यू मस्ट बी बोर्ट काईंड आर नैवर मैडल विद इट...।"

वह पैदाइशी आदर्शवादी है। चेहरा बागी हो कर कुछ भी कहे पर उसकी रग-रग में आईडियलइज़म है। कोई भी एतबार शिकन उसके एकदम भीतर बसे एतबार को नहीं तोड़ पाया। वह बाहर से लाल बत्ती की तरह जल उठती है, पर भीतर से कहीं हरे रंग की तरह हरी और शान्त रहती है। और जब वक़्त आये वह फिर ज़िन्दगी पर एतबार कर लेती है। चाहे बाद में उसे अपने एतबार का मर्सिया लिखना पड़ता है जैसे कि उसकी कहानियाँ—मोनालिज़ा नम्बर दो, दो औरतें नम्बर पाँच, करमां वाली, केले का छिलका, उजाले का उसांस, टोस्ट, जन्मजली, साल मुबारक तथा और कई नज़्में।

पर दुनिया के साथ उसके अपनत्व का यह आलम भी है कि उसके किसी समकालीन ने या किसी एकदम नये शायर ने अगर कोई अच्छी नज़्म लिखी हो, वह उस नज़्म की सतरें गुनगुनाती रहती है, हर मिलने आये को सुनाती है, इस तरह से—जैसे उसके किसी बहुत अज़ीज ने अदबी दुनिया में कोई प्राप्ति की हो। उस पल वह भूल जाती है कि उसके यही समकालीन उसके लिए कितने संगदिल, तंगदिल हैं। समकालीनों के व्यवहार अँधेरे रास्तों जैसे हैं, पर उनकी अगर कोई कृति उसे अच्छी लगती है तब उसके लिए धूप निकल आती है और उसकी तारीफ़ करते-करते वह ख़ुद धूपरंगी (धूप के रंग की) हो जाती है।

इमरोज़ की कुछ कविताएँ

–अमृता प्रीतम पर

अमृता[1]

कभी-कभी
ख़ूबसूरत ख़्याल
ख़ूबसूरत बदन भी
अख़्तियार कर लेते हैं।

(पृष्ठ-6)

अमृता[2]

फकीर कहते हैं
अपनी मर्ज़ी से जी लेना
करिश्मा है...
ये करिश्मा उसने
सहज स्वभाव जी लिया है
वह कविता जीती है
और ज़िन्दगी लिखती है...

(पृष्ठ-16)

वह

हर कोई कह रहा है
कि वह नहीं रही
मैं कहता हूँ
वह है
कोई सबूत?
मैं हूँ
अगर वह न होती
तो मैं भी न होता

मिलकर

हम जब भी
मिल कर चलते हैं
रास्ते बुलाने लग जाते हैं
और मंज़िलें इन्तज़ार करने लगती हैं... (पृष्ठ-56)

नज़्में

लोग कह रहे हैं
उसके जाने के बाद
तू उदास और अकेला रह गया होगा
मुझे कभी वक़्त ही नहीं मिला
न उदास होने का, न अकेले होने का...
वह अब भी मिलती है
सुबह बन कर, शाम बन कर
और अकसर नज़्में बन कर
हम कितनी-कितनी देर एक-दूजे को
देखते रहते हैं
और मिल कर अपनी-अपनी नज़्में
ज़िन्दगी को सुनाते हैं... (पृष्ठ-94)

ग़ज़ल

जब तू चली जाती है
ज़िन्दगी ग़ज़ल हो जाती है
और जब तू आ जाती है
तो ग़ज़ल ज़िन्दगी हो जाती है... (पृष्ठ-128)

तेरा भला करे

अमृता जब भी ख़ुश होती
मेरी छोटी-छोटी बातों पर
तब वह कहती
वे रब तेरा भला करे
और मैं जवाब में
कहता हूँ
मेरा भला तो

कर भी दिया रब ने
तेरी सूरत में
आ कर...

(पृष्ठ-144)
–"जश्न जारी है" –इमरोज़

साथ

उसने ज़िस्म छोड़ा है साथ नहीं
वह अकसर मिलती है
कभी तारों की छाँव में
कभी बादलों की छाँव में
क़भी किरनों की रोशनी में
कभी ख़्यालों के उजालों में

हम पहले की तरह मिल कर
कुछ देर चलते रहते हैं
एक-दूजे को
देख-देख चुपचाप कुछ कहते रहते हैं
और कुछ सुनते रहते हैं
हमें बगीचे में चलते देख कर
फूल बुला लेते हैं
हम फूलों के दायरे में बैठ कर
अपना-अपना कलाम सुनाते हैं

वह मुझे अपनी अनलिखी
कविता सुनाती है
मैं भी उसे अपनी अनलिखी
नज़्म सुनाता हूँ

वक्त पास खड़ा ये अनलिखी शायरी
सुनता-सुनता,
अपना रोज़ का नियम
भूल जाता है

जब वक़्त को वक़्त याद आता है
कभी शाम हो गयी होती है

कभी रात उतर आयी होती है
और कभी दिन उग आया होता है
उसने सिर्फ़ ज़िस्म छोड़ा है
साथ नहीं

(पृष्ठ-87)

समाज

तू मेरा समाज
और मैं तेरा समाज
इसके सिवा और कोई
समाज नहीं...
सिर्फ़ भीड़ है

(पृष्ठ-173)
"रंग तेरे मेरे" –इमरोज़

घड़ी

हम हर रोज़
चलते-चलते दरख़्तों में
दरख़्त होकर बैठ जाते हैं

वह अकसर चूड़ियाँ नहीं पहनती
उस दिन भी उसकी बाँहें ख़ाली थीं
उसने मेरे हाथ से घड़ी उतार कर
अपने हाथ में बाँध ली
फिर मुझे देख कर मुस्करा दी
मैं भी उसको देख कर मुस्करा दिया

जैसे अपने आपको कुछ करते वक़्त
कुछ पूछना नहीं पड़ता
उसने भी घड़ी उतारते वक़्त
मुझसे नहीं पूछा
वह मेरी जेब में भी
ऐसे ही हाथ डाल लेती है
जैसे अपनी ही जेब में हाथ डाल रही हो
वह सब कुछ सहज स्वभाव कर लेती है
मैंने फिर और घड़ी नहीं ख़रीदी

घड़ी अकसर बदलती रहती है
कभी मेरे हाथ पर, कभी उसके हाथ पर
पर वक़्त कभी नहीं बदलता
वह मेरा वक़्त है और मैं उसका वक़्त हूँ (दृष्ठ-90-91)

सच

एक दिन चलते-चलते
उसने रुक कर पूछा
तेरा क्या ख़्याल है
ज़िन्दगी सच है कि सपना?
मैंने उसका हाथ
अपने हाथ में लेकर कहा
ज़िन्दगी सपने जैसा सच है–
पर तेरे साथ... (पृष्ठ-15)

जाई (बेटी)

फूल पौधे हर सुबह
उसका इन्तज़ार करते हैं
और वह भी उनका...

जब वह
पौधों को पानी देती है
पत्तों को नहलाती है
फूलों को चूमती है
वह फूलों में फूल ही हो जाती है
उसको देख-देख फूल हँसते हैं
वह फूलों के साथ
खेल खेल खिलती है

पता ही नहीं लगता
कि वह फूलों से जन्मी है
कि फूल उससे जन्में...
ज़िन्दगी ये रहस्यमय लीला
देख-देख रोज़
मुस्कराती रहती है... (पृष्ठ-151)

जागकर

जवानी के मोड़ पर
वह मिल गयी
वह रोज़ मिलती
सारी शाम
हम मिलकर चलते रहते
चुपचाप
एक दूजे को देखते भी रहते...

एक शाम
चलते-चलते
उसने पूछा
तू पहले भी किसी से मिला है?
मिला था
पर मिल कर जागा नहीं
जागा सिर्फ़ तेरे साथ हूँ...

यह सुन कर वह खड़ी हो गयी
मुझे नज़र भर कर देखती रही
फिर अपने हाथ में मेरा हाथ लेकर
एक बेफ़िक्री से चलने लगी
जैसे सब हदें सरहदें
पार कर ली हों...

(पृष्ठ-29)
–*"मनचाहा ही रिश्ता"* –इमरोज़

घर और ज़िन्दगी-इमरोज़

घर[1]

–इमरोज़

अपने आप में जो घर है
वह ही घर है
इस घर को कोई भी
बेघर नहीं कर सकता
कोई आया ख़ुशी आयी
कोई गया ख़ुशी गयी
इस आती जाती ख़ुशी से
कोई कैसे ख़ुश रह सकता है
अपने आप से ख़ुश रहने वाला ही
ख़ुश रह सकता है...

अकेला भी ख़ुश था
अकेला घर भी था
अमृता के साथ ख़ुश भी रहा और घर भी रहा
अमृता के बाद भी रहा
नवराज, अलका,
शिल्पी, अमन
सब अमृता के अनलिखे नॉवल नज़्में हैं
उन में ख़ुश भी था और घर भी हो रहा हूँ,
कुछ नहीं बदला
लोगों को जो बदला हुआ दिख रहा है
वह अपनों को नज़र नहीं आ रहा...
सिर्फ़ पता बदला है
मेरा वही पता है...

घर[2]

–इमरोज़

माँ भी घर होता है
माँ के जाने के बाद
लगने लगा
माँ ही घर होता है...
सब कुछ होते हुए भी
उम्र का तवील हिस्सा ख़ाली गुज़र गया
फिर किस्मत मेहरबान हुई
अमृता के साथ मुलाक़ात हुई
मुलाक़ात क्या हुई
ख़ुद-ब-ख़ुद एक घर का नक़्शा
ख़्यालों में बनने लगा
दोस्ती हुई–
इस घर की उसारी शुरू हो गयी
दोस्ती बढ़ती गयी
और छतें भी पड़ गयीं
फिर वह हो गया
जो ख़्यालों में था–
एक साथ रहना
एक साथ जीना
अपने नक़्शे के घर में
इस घर ने मुझे वह घर भी दे दिया
जो मैं बचपन से तलाश रहा था...

अमृता-इमरोज़ का स्वप्न-घर

मैं जब भी इस घर से बाहर जाता हूँ
मुझे लगता है अमृता पीछे से अकेली होगी
मेरा कभी दिल नहीं करता इस घर से जाने का...
घर माँ से भी होता है
और मनचाहे के साथ भी...।

मनचाही कहानी

–इमरोज़

मैं बाँसुरी बजाते-बजाते जवान हो गया और साथ ही जवान हो गयी अपनी मनचाही की तलाश। मुझे पता ही नहीं चला मैं कब अपना गाँव छोड़ कर अपनी तलाश की बाँसुरी बजाता, गाँव-गाँव जाकर तलाशने लगा अपनी तलाश। जहाँ कहीं भी जाता, बाँसुरी बजाता, सारा गाँव इकट्ठा हो जाता पर वह कहीं न दिखती, जिसकी तलाश थी। बाँसुरी बजती रही। मैं चलता-चलता, ढूँढ़ता-ढूँढ़ता चनाब दरिया के पास पहुँच गया। दरिया के किनारे बँधी ख़ाली नाव देख कर, मैं उसमें बैठ गया और नाव को, दरिया को बाँसुरी सुनाने लग गया। आँखें बन्द कर मैं भी बाँसुरी सुनता रहा–जब आँखें खोलीं–देखा–नाव का मालिक लुडण और उसकी पत्नी मेरे पास बैठे हुए, वह भी बाँसुरी सुन रहे थे। मैं बाँसुरी बजाता रहा–रात भी सुनती रही, दरिया भी और मेरी तलाश भी...।

सुबह लुडण और उसकी पत्नी ने बहुत अपनत्व से बाँसुरी सुनते हुए मुझे दरिया पार करवा दिया।

चनाब के पार एक और नाव खड़ी थी–ख़ाली देख कर मैंने उसमें बैठ कर बाँसुरी बजाना शुरू कर दिया–आँखें मूँदे मैं भी बाँसुरी सुनता रहा, सुनता रहा–जब आँखें खुलीं–सामने नाव के पलंग पर एक ख़ूबसूरत, नौजवान लड़की बैठी, बाँसुरी सुन रही थी–वह चुपचाप मुझे देखती रही और मैं उसको...पर बाँसुरी बजती रही और हम सुनते भी रहे और एक-दूसरे को देखते भी रहे–

मुझे पता ही नहीं चला वह कब मुझे अपने बापू के साथ मिला कर, खेतों में बनी एक झोंपड़ी में पहुँचा कर, ख़ुद घर चली गयी–मैं उसे लेकर सोचता रहा, देखता रहा और बाँसुरी बजाता रहा–वह चूरी बना कर लायी, मुझे भी खिलायी और ख़ुद भी ख़ाती रही मुझे देख-देख कर...और जाते हुए कह गयी–अब तू बाँसुरी मेरे लिए बजायेगा और मैं तेरे लिए चूरी बनाती रहूँगी।

मैं जब भी झोंपड़ी के बाहर बैठ कर बाँसुरी बजाता, एक व्यक्ति ज़रा दूर एक वृक्ष के पीछे खड़े होकर सुनता रहता।

एक दिन वह व्यक्ति मेरे पास आकर बहुत तपाक से बैठ गया–अपना नाम बताया–मेरा नाम पूछा, गाँव का नाम पूछा और घर के लोगों के बारे में भी...यह पूछने के बाद फिर वह मुझे नहीं दिखा–लड़की से पता चला वह उस लड़की का चाचा था।

मैं बाँसुरी बजाता रहा, गाय-भैंसें चुगाता रहा और वह लड़की मेरे साथ मिल कर मुझे चूरी बना कर खिलाती रही और ज़िन्दगी बाँसुरी भी सुनती रही और हमें प्यार भी करती रही...

जाने किस तरह से बाँसुरी की आवाज़ उस लड़की के परिवार वालों ने भी सुन ली और मेरे परिवार वालों ने भी...।

अब वह लड़की मेरी भाभियों की लाडली देवरानी है। मैं आँगन में चारपाई पर बैठा, गोद में बेटे को बैठा कर बाँसुरी बजाता हूँ और वह लड़की हर रोज़ चूरी बना कर मुझे भी खिलाती है, बेटे को भी और ख़ुद भी...

यह जो कहानी आपको सुनाई है, यह मेरी नहीं मेरे मनचाहे माँ-बाप की है–मेरे बाप का नाम है राँझा और माँ का नाम है हीर...

हर जागता व्यक्ति हीर राँझा है–मनचाही नस्ल का कर्ता
हर सोया हुआ व्यक्ति कैदो है हर अनचाही नस्ल का कारण।

मेरी जीवन कहानी

-इमरोज़

माँ के जाने के बाद
सब कुछ होते हुए भी घर ख़ाली-ख़ाली लगने लगा
मेरा किसी चीज़ में मन नहीं लगता था
मैं तब चौथी कक्षा में पढ़ता था
ख़ालीपन हर समय मेरे साथ चलने लगा...

जैसे-जैसे उम्र बढ़ती गयी
ख़ालीपन भी बढ़ता गया
हाई स्कूल में भी पढ़ाई में
मेरा दिल नहीं लग रहा था
मैंने बापू को बताया भी था
धीरे-धीरे जो पढ़ाया जा रहा था
बापू चुपचाप मुझे देखते रहते थे
बस एक बार इतना ही कहा–
मेरे कहने पर दसवीं पास कर ले
फिर आगे तेरी मर्ज़ी–
जिस में तेरा दिल लगे वही करना
स्कूल से घर आ कर
अकसर मैं अपनी ही उकेरी गयी
लकीरों से खेलता रहता
ज़मीन पर बैठता
ज़मीन पर लकीरें उकेरता
उन लकीरों से खेलता
दीवार के पास खड़े हो कर
दीवार पर उकेरी लकीरों से
जो मैंने ही तिनकों से डाली थीं

धीरे-धीरे यह लकीरें
काग़ज़ों की ओर चलने लगीं
काग़ज़ों पर चलती-चलती
कभी मोर बन जाती, कभी फाख़्ता
जब दिल चाहता
यह मोर फाख़्ताएँ काग़ज़ों से उड़ कर
कभी दीवार पर बैठ जाते
कभी मेरे सामने ही
आँगन में घूमते रहते
इस खेल में मेरा दिल लगने लग गया...

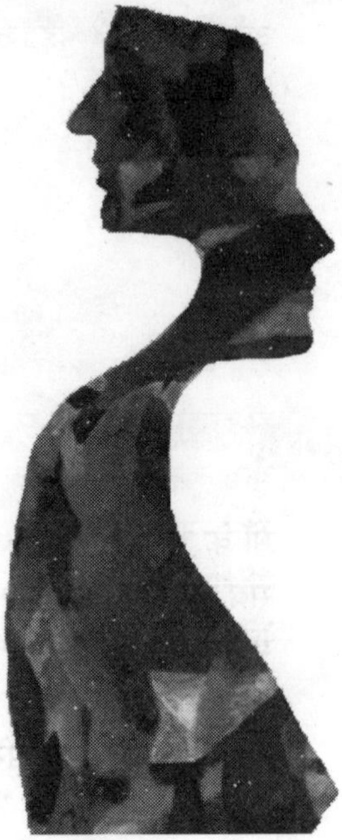

मैं पहलौठा लड़का, दस वर्ष का
हम, पिता के चार बच्चे थे
दो बहनें, दो भाई,
न कोई चाची और न कोई ताई
अकेला बापू हमें भी सँभालता
और खेतों को भी
मैं छटी में था
रविवार वाले दिन
बालों को धोना होता था
मेरे बाल मेरी उम्र से लम्बे और भारी थे
एक बार बाल धोने से पहले
बापू ने मेरे बाल
कैंची से, छोटी उँगली जितने कर दिये
मैंने सिर को हाथ से सहला कर
बापू की ओर देखा
बापू ने मेरी ओर देख कर कहा,
अब तेरे बाल तेरे नाप के हो गये हैं...
अब तुम ख़ुद नहा सकते हो,
सँवार सकते हो...

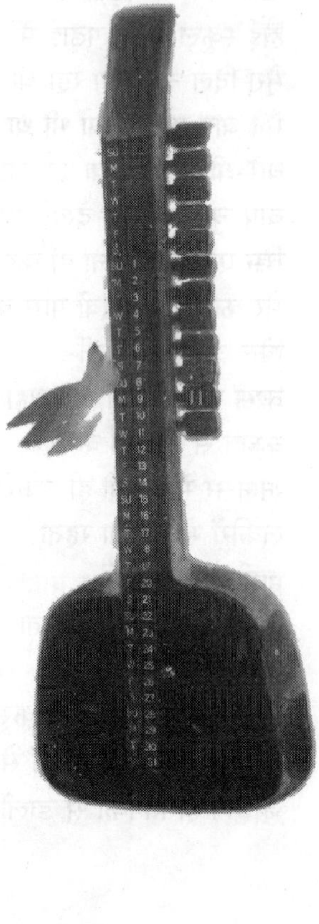

अपने आप का आप ज़िम्मेवार होना
यह मेरा पहला सबक था—
जो मुझे मेरे बापू ने ही दिया था

आँगन में खड़ी हुई ज़िन्दगी
मुझे भी और बापू को भी
कितनी देर देखती ही रही थी
मुस्करा भी रही थी...

खेतों में खेलने के बाद
रंगों से खेलने के लिए
मैं लाहौर के आर्ट स्कूल पहुँच गया
कुछ बनने, कुछ न बनने से बेफ़िक्र
तीन साल आर्ट स्कूल में
मैं रंगों से ख़ूब खेला...
जो कुछ हो चुका है
उसको दोहराने में
मेरी कोई दिलचस्पी नहीं
कुछ नये की तलाश में रहता हूँ...
इन्तज़ार भी करता हूँ...

मेरे लिए ज़िन्दगी एक खेल है
मैं अपने बेस्ट के साथ
ज़िन्दगी की ख़ूबसूरती से
अकसर खेलता रहता हूँ...
आर्ट स्कूल के बाद
ज़िन्दगी के स्कूल में भी
मेरा रंगों के साथ खेलना जारी रहा
खेल चलता रहा,
कभी सिनेमा के बैनरों के रंगों से
कभी फ़िल्मों के पोस्टरों के रंगों से
खेल चलता रहा...

एक दौर कैलीग्राफ़ी का भी आया
उर्दू के 'शमा' रसाले में छह वर्ष
मैं अपनी तरह की कैलीग्राफ़ी करता रहा
साथ ही साथ रंगों से भी खेलता रहा–
अधिकतर पेंटिंग ही बनीं
ख़ास तरह के टैक्सटाइल

डिज़ाइन भी
घड़ियों के नये-नये
ख़ूबसूरत डायल भी बनाये
ज़िन्दगी भी चलती रही
रंगों का खेल भी

एक उम्र अमृता के साथ मिल कर
मोहब्बत और आज़ादी का सतसंग
ज़िन्दगी भर देखा
जब अमृता वृक्ष से बीज बन गयी
एक नया मौसम आ गया
अनलिखी नज़्मों के लिखने का मौसम
जो मैं अब लिख रहा हूँ...

इमरोज़ पर हुआ सम्पूर्ण काम

(मेरी नज़र में)

-अमिया कुँवर

अभिनव इमरोज़

(मुख्य सम्पादक-देवेन्द्र कुमार बहल, अतिथि सम्पादक-डॉ. उमा त्रिलोक)

–समीक्षा : अमिया कुँवर

फरवरी 2024 में प्रकाशित हुई हिन्दी पत्रिका "अभिनव इमरोज़" सम्पूर्ण रूप से इमरोज़ को समर्पित श्रद्धांजलि अंक है। जिसमें अधिकतर उन लेखकों ने अपना योगदान दिया है जो अमृता के जाने के बाद इमरोज़ के सम्पर्क में आये। इमरोज़ के अन्तर की रिक्तता को दूर किया। इमरोज़ दिखने में बहुत शान्त, सहज, धीर-गम्भीर नज़र आते। कविता लिखते, पेंटिंग करते, नित्य प्रति के कार्य करते, मिलने आये लोगों से गुफ़्तगू करते। कहने को तो वह अमृता को अपने क़रीब-क़रीब महसूस करते। कहते–उसने ज़िस्म छोड़ा है, साथ नहीं। पर, भीतर-ही-भीतर उनका एक हिस्सा इतना जीवन्त नहीं रहा। भरे-भरे भी वह भीतर से खाली थे बस उस गुबारे को एक पिन चुभने की देर थी कि सारी हवा...ऐसे समय उन्हें कोई भी मिलता...वह अमृता की परछाइयों के पीछे भाग रहे...बेशक सीने में जलती आग के साये के मेच का कोई नहीं बनता...पर कुछ पल ही सही मिलने आये लोगों से हँसते-बोलते, अमृता जी की बातें करते ख़ुद को भरा-भरा महसूस करते। 'अभिनव इमरोज़' में संकलित लेखकों ने इमरोज़ को श्रद्धांजलि देते हुए इमरोज़ के किरदार के कई नये जाविए प्रकट किये हैं। रश्मि प्रभा जो इमरोज़ को पहली बार 31 जनवरी 2010 में मिली थी। अपनी प्रथम पुस्तक 'शब्दों का रिश्ता' के प्रगति मैदान में लोकार्पण होने पर। इस पत्रिका में रश्मि की इमरोज़ पर लिखी गयी तीन कविताएँ हैं–तुम मुक्त हुए, अमृता का इमरोज़ तथा इमरोज़। 'इमरोज़' कविता में एक जगह वह कहती है :–

अच्छा चलो तुम अमृता हो जाओ
और मैं बना रहूँ अदना सा इमरोज

मेरी निगाह में तुम एक जिद हो मासूम बच्चे की
जो वही खिलौना चाहता है
जो उसे सबसे प्रिय हो...
अमृता तुम्हारा ख़्वाब
अमृता तुम्हारा सच
तुमने गौर किया या नहीं
मैंने किया,
तुम्हारी पुतलियाँ अमृता हो गयी हैं...

इमरोज़ से जुड़ी यादों में वह स्वीकार करती है कि इमरोज़ जहाँ भी उसके साथ गये, अपने अकेलेपन को भरते हुए, मेले में गुम हुए बच्चे की तरह लगते थे। इसीलिए "तुम मुक्त हुए," कविता में वह कहती है,

...आज तुम्हारे जाने की ख़बर से
तुमसे जुड़ी मेरी तमाम स्मृतियाँ
रिवाइंड होकर
वर्तमान में लौटी
फिर स्वत: मैंने कहा,
आज अपने अकेलेपन से तुम मुक्त हुए !! !

असमा सलीम अपने आलेख, "इमरोज़–एक जश्न अपने रंग, अपनी रोशनी का" में कहती है, "इमरोज़ को पानियों की तरह मिट्टी में भी जज़्ब होने का हुनर ख़ूब आता है। वह जज़्बाती भी हैं और असली दानिश रखने वाले एक बेहद व्यवस्थित और व्यावहारिक शख़्स भी। हम में से ज़्यादातर लोग सिर्फ़ ख़्वाब देखना जानते हैं। इमरोज़ को अपने ख़्वाबों को हक़ीक़त में ढालना भी आता है।...इमरोज़ की मिट्टी का गुदाज़, लोच और लचक देख कर हैरत होती है कि कोई इतना सहज भी हो सकता है। लोग चाहे जो कहें, वे तकरीबन हमेशा इमरोज़ को अमृता के चश्मे से देख रहे होते हैं जबकि इमरोज़ को, उनके मर्कज़ से, उनके केन्द्र से देखे जाने की भी उतनी ही ज़रूरत है।"

इमरोज़ किताबों के शीर्षक पृष्ठ बनाते थे। वही उनकी रोज़ी का साधन था। एक बार उन्होंने आवरण पृष्ठ बनाने की फ़ीस में इज़ाफा किया तो कहने लगे 'इस साल मैंने अपने आप को प्रमोशन दे दिया है।'...नाम और शोहरत की ख़्वाहिश किसे नहीं होती, ख़ास तौर पर अपने फ़न, अपने हुनर के हवाले से हर फ़नकार अपनी पहचान चाहता है लेकिन इमरोज़ के यहाँ फ़न को अपने नाम में क़ैद करने का कोई तसव्वुर नहीं रहा। फ़न उनके लिए बहते पानी जैसा, वर्तमान क्षण में जीने जैसा मुआमला रहा है। फ़न पर नाम के नक़्श-ओ-निशान की उनके यहाँ कोई ख़्वाहिश, कोई गुंजाइश नहीं रही। एक बार इस बारे में उनसे गुफ़्तगू हो रही थी तो मैंने पूछा कि आप अपनी तस्वीरों पर

कहीं अपना नाम क्यों नहीं देते। उनका जवाब था कि इतनी बड़ी कायनात ख़ुदा की पेंटिंग ही तो है। इस पर उसने अपना नाम कहाँ लिखा है जो मैं लिखूँ! सच यह है इमरोज़ ने अपनी पेंटिंगज़ पर, किताबों के मुख्य पृष्ठों पर, रंगों और लकीरों के साथ जो तजुर्बे किये हैं वह उनका अपना अन्दाज है। रंगों का संयोजन और लिखने का अंदाज़ अलग से पहचाना जाता है।

इमरोज़ को कैलीग्राफ़ी का शौक था। अपने पसन्दीदा शायरों, अदीबों के नाम उन्होंने तरह-तरह से लिखे हैं। उनमें से एक नाम पंजाबी सूफ़ी शायर सुल्तान बाहू का है। बाहू का नाम उन्होंने इस तरह लिखा है जैसे किसी का पाँव हो और उसमें हर उँगली की पोर से रोशनी फूट रही है। इस तरह कि जहाँ-जहाँ क़दम रखते हैं वहाँ-वहाँ रोशनी फैलती जाती है। मैं इमरोज़ के बारे में जब भी सोचती हूँ तो मुझे वह पेंटिंग याद आती है और यह ख़्याल आता है कि इमरोज़ ने ज़िन्दगी में जहाँ-जहाँ क़दम रखे, चाहे घर-आँगन हो या मन-आँगन, वह जगह रौशन हो गयी, मुहब्बत और सहजता से भर गयी, वहाँ ज़िन्दगी का जश्न जारी हो गया और इसका सिलसिला उनके जाने के बाद भी नहीं ख़त्म होने वाला। असीमा भट्ट अपने आलेख "अब न कोई दूसरी अमृता होगी और न दूसरा इमरोज़...में एक जगह लिखती हैं कि उसने एक बार शरारत भरे अंदाज़ में हँसते हुए पूछा–अब तो अमृता चली गयीं। अब मेरा चांस है? इस पर भी संजीदा हो कर जवाब दिया–इस जन्म में तो क्या तेरा कभी भी चांस नहीं है क्योंकि यह वादा भी वो अपने साथ ले गयी है। मैं तैनू फिर मिलांगी। जो कि अमृता की आख़िरी कविता है।" आपको पता है आपकी यही बातें हैं जो दुनिया की हर औरत 'इमरोज़' जैसा प्रेमी ढूँढ़ती है। मैंने कहा। तो वो बोले–"पहले औरत अमृता बनना तो सीख जाये। इमरोज़ तो कोई ख़ुद बन जायेगा। मुझे भी तो उसी ने बनाया।" अन्त में वह लिखती है: लोग कहेंगे यह कहानी थी पर मैं कहूँगी यह जन्म-जन्म से दो आत्माओं की इस धरती पर आने और मिलने की दास्तान थी।

कितनी बातें और कितनी दास्ताँ इमरोज़ अपने साथ ही ख़ामोशी से ले गये। जितना लोग उन दोनों की कहानी के बारे में जानते हैं; जानने का दावा करते हैं उससे कहीं ज़्यादा अनकहा है और अनकहा ही रहेगा अब। अब न दूसरी अमृता होगी न दूसरा इमरोज़...

डॉ. वृषाली किन्हालकर अपने आलेख, इमरोज़: "एक दुर्लभ लोकगीत" में लिखती हैं, 'एक ऐसा रिश्ता, जो अत्यन्त उत्कट हो कर भी समाज के नियमों का उल्लंघन करने वाला था। ऐसे रिश्ते के लिए दोनों को ज़िन्दगी भर बहुत बड़ी क़ीमत चुकानी पड़ी थी फिर भी दोनों ने जी भर कर, दिलोजान से वह रिश्ता बख़ूबी निभाया था' इस रिश्ते में कभी भी उसकी अहमियत, उसकी ताज़गी खोयी नहीं। एक पल के लिए भी कभी उन्होंने इस रिश्ते के लिए

पछतावा नहीं महसूस किया।...इमरोज़ जी ने महाविद्यालय में जा कर कोई शिक्षा नहीं पाई थी, आर्ट स्कूल भी दो साल बाद छोड़ दिया था। उन्होंने लिखा था–

किताबें पढ़ने से पढ़ना लिखना आ जाता है और ज़िन्दगी पढ़ने से जीना।

अमृता प्रीतम, साहिर लुध्यानवी और इमरोज़ जी की निजी ज़िन्दगी की बातें, अफसाने पढ़ना, चर्चा करना हरेक को पसन्द आता है क्योंकि ये आसान बात है, इमरोज़ बनना आसान नहीं। इमरोज़ एक दुर्लभ और बेनज़ीर इन्सान थे।

हिन्दू पुराण में सुशील पत्नी के विषय में एक प्रसिद्ध श्लोक है–

"कार्येशु मन्त्री। करणेशु दासी। भोजेशु माता।
शयनेशु रंभा।
धर्मा नुकुला। क्षमया
धारित्री। भार्वाच्
षाड्यगुणवती। दुर्लभ:।"

यही बात अगर आज के युग में अपने सहचर के बारे में सोची गयी तो इमरोज़ भी बिल्कुल ऐसे ही थे। उन्होंने अमृता जी के लिए हर एक भूमिका निभाई। कभी दोस्त, कभी जीवन साथी, कभी माँ, कभी सहकारी, कभी बेटा। सदियों से हम देखते आये हैं कि औरतें ऐसी विभिन्न भूमिकाओं में बड़े ही लगन और प्यार से पेश आती हैं लेकिन एक मर्द, ऐसी सभी भूमिकाएँ सालों तक निभाता है, ऐसा नज़र नहीं आता। केवल इमरोज़ ही थे जो अनेक गुणों से भरे और पुरुष के अहंकार से कोसों दूर अपने प्यार में मग्न।

लेखक, फ़िल्म निर्माता डॉ. हरजीत "चित्रकार और कवि–इमरोज़" में लिखते हैं, "इमरोज़ हर समय रंगों-रेखाओं की बातें करते जैसे उनकी दुनिया वहीं तक थी। न किसी की निन्दा न चुगली, न किसी से शिकवा, न किसी बात पर क्षोभ और न कोई लालच।"

इमरोज़ के अद्वितीय व्यक्तित्व के बारे में बताते हैं कि एक दिन उन्होंने मुझे सुबह-सुबह उठाया और हम सैर के लिए चल पड़े। पार्क की ओर जाते हुए रास्ते में गत्ते, काग़ज़, डिब्बे तथा बिखरी हुई छोटी-छोटी चीज़ों को उठा कर एक तरफ़ करते जा रहे थे तो मैंने सहसा कहा, "ऐसे कितनी सफाई कर लेंगे।" इस पर वे एकदम रुके और मेरी ओर देख कर मुस्कराते हुए कहने लगे, "मुझे सफाई पसन्द है तो इस बिखरे हुए कबाड़ से मैं अपनी नज़र ख़राब क्यों करूँ? जहाँ तक मेरी नज़र जाती है वहाँ तक तो मैं ज़रूर सफाई करूँगा।" एक और बहुत प्यारी और ख़ास बात अपने पाठकों से बाँटते हैं, उन दिनों मेरे ऊपर बच्चों के लिए एनिमेशन प्रोजेक्ट बनाने का भूत सवार था। अचानक मैंने कहा, "इमरोज़ जी, आपने कभी बच्चों के लिए चित्रकारी नहीं की है। आप बच्चों के लिए भी चित्र बनाइए।" मेरे मुँह से बात निकलने की देर थी कि वे एकदम बोले, "चलो उठो अभी स्टूडियो में चलें।" घर के साथ ही स्टूडियो है तो वहाँ जाकर काग़ज़ और पेन ढूँढ़ने लगे जो वहाँ मौजूद थे। परन्तु उन्हें अपने मन के भाव कृति में उतारने के लिए अपना मनपसन्द सामान चाहिए था तो कहने लगे, "दिल्ली में मेरे पास बहुत पड़े हैं, तुम आज शाम की शताब्दी के लिए मेरी सीट बुक करवा दो, मैं वे लेकर कल शाम तक वापस आ जाऊँगा।"

अगली शाम वे दिल्ली जाकर अपनी मनपसन्द की कलम, स्याही और काग़ज़ ले आये और जानवरों के उनकी माताओं के साथ दस बारह सुन्दर चित्र बना डाले।

इमरोज़ किसी हाशिये, भूगोल या पैमाने में नहीं बाँधे जा सकते। उनकी सोच और उड़ान तक साधारण मानव का पहुँचना नामुमकिन है।

डॉ. प्रोमिला अरोड़ा के आलेख "इमरोज़: समर्पण की दैवीय सुगन्ध" से जानकारी मिलती है कि 2007 में डॉ. बलजीत कौर और उनके पति प्रो. चरण सिंह द्वारा स्थापित शहीद ऊधम सिंह ट्रस्ट की ओर न सिर्फ़ उसके वार्षिकोत्सव में इमरोज़ जी को सम्मानित किया गया अपितु उनके द्वारा बनायी गयी कृतियों और लिखी कविताओं की भी प्रदर्शनी लगाई गयी थी। प्रोमिला का कहना है कि इमरोज़ इस दुनिया का था ही नहीं। सच में वह इस दुनिया का कहाँ था, वह तो समर्पण की एक दैवीय सुगन्ध थे जो हमेशा सृष्टि में रची बसी रहेगी।

डॉ. सुधांशु खुराना अपने लेख "कैसे होता है एक स्त्री का निर्माण?" में एक बहुत ख़ूबसूरत बात कहती हैं।

हालाँकि 2005 में अमृता का देहान्त हो गया था, लेकिन वह अपनी प्रभावशाली कृतियों और इमरोज़ के अथाह प्रेम और चिन्तन के कारण हमेशा हमारे साथ रहीं। इमरोज़ का, मृत्यु को प्राप्त होना, एक प्रतिभाशील कलाकार का खोना तो है ही मगर ऐसा लगता है कि हमने एक बार फिर से अमृता को भी खो दिया है।

डॉ. जेन्नी शबनम अपने आलेख, "क्योंकि वो ताजमहल नहीं था..." इमरोज़ से जुड़ी अपनी स्मृतियाँ बाँटते हुए अन्त में लिखती है; अमृता के परिवार के साथ दूसरे मकान में शिफ़्ट करते समय इमरोज़ अमृता की हर निशानी को अपने साथ लाये हैं और पुराने मकान की तरह यहाँ भी सजा दिया है। हर कमरे में अमृता, हर जगह अमृता। चाहे उनका पेंटिंग करने का कमरा हो या उनका शयन-कक्ष, गैलरी, भोजन-कक्ष, या फिर अन्य कमरा। अमृता को देखना या महसूस करना हो तो हमें 'के-25' या 'एन-13' नहीं बल्कि इमरोज़ से मिलना होगा। इमरोज़ के साथ अमृता हर जगह है चाहे वो जहाँ भी रहें। (मुम्बई, कांदिवली वाले घर में भी मैंने यही देखा और महसूस किया है–अमिया) इस पत्रिका में मेरा भी एक आलेख शामिल है पर मैंने उसे इस पुस्तक में शामिल किया है, सो उसका जिक्र यहाँ नहीं कर रही। डॉ. उमा त्रिलोक का, "कौन कहता है इमरोज़ नहीं रहे..." भी इमरोज़ के प्रति अकीदत को दर्शाता है। कुछ और आलेख भी हैं। इस पत्रिका का मुख्य पृष्ठ (आवरण) बहुत दिलकश है–इमरोज़ एक फ्रेम से बाहर झाँक रहे। उनके पीछे एक ओर अमृता प्रीतम दिखाई दे रहीं। तस्वीर के नीचे इमरोज़ के जीवन का सूत्र, जीने का अन्दाज एक पंक्ति में निहित किया है:

अच्छा चलो तुम अमृता हो जाओ
और मैं बना रहूँ, अदना सा इमरोज़

इमरोज़ के लिए किये इस ख़ूबसूरत प्रयास के लिए दोनों सम्पादकों को मेरा साधुवाद !

कुनाल हृदय के 'इमरोज़'
(हिन्दी नाटक) पर एक नज़र

–अमिया कुँवर

संयोग से मुझे उपलब्ध हुआ, कुनाल हृदय का हिन्दी नाटक 'इमरोज़' जो 2023 में राजकमल प्रकाशन से प्रकाशित हुआ है। यह पहली पुस्तक है जिसमें मुख्य पात्र इमरोज़ हैं। पूर्णतया उन्हें केन्द्र में रख कर इस नाटक की रचना की गयी है। इसमें कुछ और बातें भी न्यारी हैं। तथ्य के बहुत करीब, ज़मीन से जुड़ी हुईं। इस नाटक के सभी पात्र अपने वास्तविक नामों के साथ अपना वजूद दर्शाते हैं। प्रथम पृष्ठ पर उनकी जान-पहचान यूँ दर्ज है:

इमरोज़ : पेंटर, उम्र 34 वर्ष

साहिर लुध्यानवी : गीतकार और अमृता का प्यार, उम्र 30 वर्ष

भोला गार्ड : अमृता के दिल्ली वाले घर का गार्ड, उम्र 40 वर्ष

सज्जाद हैदर : अमृता का पुराना दोस्त, उम्र 28 वर्ष।

प्रीतम सिंह : अमृता का पति (उम्र के दो पड़ावों में) 25/37 वर्ष।

ब्रोकर : बम्बई में इमरोज़ को घर दिखाने वाला, उम्र 42 वर्ष।

शायर दोस्त-1 : साहिर और अमृता का दोस्त, उम्र 24 वर्ष।

शायर दोस्त-2 : साहिर और अमृता का दोस्त, उम्र 24 वर्ष।

मर्द : एक परछाईं जो साहिर, इमरोज़ और प्रीतम सिंह की आल्टर ईगो है, उम्र 25/37/40 वर्ष।

स्त्री

अमृता प्रीतम : लेखिका अमृता प्रीतम (उम्र के अलग-अलग पड़ाव में) 16/30/44 वर्ष।

इस नाटक के पहले दृश्य का शुरुआती समय 1964 की एक सुबह इमरोज़ और अमृता के घर का है। नाटक में जहाँ अमृता-इमरोज़ का अटूट, दिव्य प्रेम दर्शाया है वहीं कवयित्री अमृता के पति की कुछ छोटी-छोटी ख़ामियों के बारे में भी बताया है; जो उन दिनों के मर्द-प्रधान समाज की देन थी। दकियानूसी,

रूढ़िवादी सोच, बात-चीत, मानसिक स्तर का न मिलना और शराबनोशी। सामान्य मध्यवर्गीय घरों में होते सास-बहू के चुभते रिश्ते। कुछ संवाद हल्कापन लिए भी लगे हैं। शायद इसलिए भी कि हम अमृता को बहुत ऊँचे पेडस्टल पर स्थापित करना चाहते हैं। आख़िर वह भी इन्सान थी। मानवीय संवेदनाओं, भावनाओं, ख़्यालों से वह कैसे निर्लिप्त रहती। प्यार में ज़रूरत से अधिक संयम या स्पेस की गुंजाइश क्यों की जाये। सो अमृता-इमरोज़ के बीच हुए संवादों को, आपस में, अकेले में हुए नारी-मर्द के आपसी रिश्ते के सूक्ष्म ताने-बाने को ऐसे सोचा जा सकता है। राजकमल वालों से लेखक कुनाल का मोबाइल नम्बर लेकर जब उससे बात की तो हैरान रह गयी। मेरा ख़्याल था, वह अमृता-इमरोज़ को कई बार मिला होगा तभी वह उनकी बातों, सम्बन्धों के बारे में यूँ लिख पाया। पर, उसका कहना था कि इन दोनों को मिलने की हसरत ही रही, मिल नहीं पाया। उसने कहा कि, मैंने अमृता की पुरानी से पुरानी सब पुस्तकें बहुत ध्यान से पढ़ी हैं। अपनी नानी-दादी को जैसी ज़िन्दगी जीते देखा है–जैसे पितृ सत्ता लम्बे समय से नारी सोच, अधिकारों पर काबिज़ रही है–उससे यह सब परिणाम निकाले और नाटक लिखने की प्रेरणा मिली। हाँ, कुछ बातें अखरती भी हैं और कुछ आँकड़े भी ग़लत हैं। पर एक जगह इमरोज़ और अमृता की बातचीत में कुछ ख़्याल दिल को स्पर्श कर जाते हैं। जब अमृता इमरोज़ को समझाना चाहती है कि अभी वह बहुत छोटा है, उसने अभी दुनिया नहीं देखी। तब वह कहता है–यक़ीन मान ! इस कमरे में मैं तुझसे और इस चाय की प्याली के साथ ख़ुश हूँ। यही मेरा ब्राह्माण्ड है, तू चाहती है मैं इसे घूम कर आऊँ तो यह लो।

इमरोज़ उठ कर अमृता के तीन चक्कर लगाते हैं। बस? घूम ली दुनिया।

अमृता : तुम्हें कोई नहीं समझा सकता। यह सिर्फ़ तुम्हारा बचपना है, जो वक़्त आने पर चला जायेगा। तुम ही कहते हो न, हर रिश्ते की मियाद होती है, जब प्रीतम और साहिर की मियाद थी तो तुम्हारी भी तो होगी?

इमरोज़ : शायद हो, मैं नहीं जानता। लेकिन ये ज़रूर जानता हूँ कि हमारा रिश्ता अलग है, तुम्हारे और प्रीतम के रिश्ते की तरह ज़बरदस्ती का थोपा गया नहीं और न ही साहिर और तुम्हारे रिश्ते की तरह मिज़ाजी, ये इश्क़-ए-हक़ीक़ी है। ये मोहब्बत फूल की ख़ुशबू नहीं है जिसे छुआ न जा सके, ये तो फूल का अर्क है, जिसे छुआ भी जा सकता है और जिससे एक-दूसरे को रंगा भी जा सकता है।

इमरोज़ अपने और साहिर दोनों के अमृता के साथ सम्बन्धों को बहुत ख़ूबसूरती से एक भिन्नता में दर्शाता है। अमृता के पूछने पर कि वह साहिर से अलहदा कैसे है। तब इमरोज़ (नायक) कहता है–समझा सकता हूँ, पर अपने ढंग से। रंगों की भाषा में।

अमृता : रंगों की भाषा?

इमरोज़ : हाँ, जिसका दायरा शब्दों से बहुत बड़ा है, मैं तो वो रंग भी पहचानता हूँ, जिसके अभी तक कोई शब्द नहीं बने। लेकिन तुम कुदरत के सात अहम रंग समझ लो, मेरे और साहिर के इश्क़ में फ़र्क़ समझने के लिए वो ही बहुत हैं।

अमृता : सात अहम रंग?

इमरोज़ : हाँ बरकते ! इश्क़-ए-मिज़ाजी के सात रंग, जिसमें सबसे पहला रंग है दिलकशी का वॉयलट स्ट्रोक, वो पहली नज़र का टकराना। बैंगनी धुआँ उठता है। ऐसे ही दूसरा रंग नीला रंग (प्यार का), तीसरा रंग इश्क़-ए-मिज़ाजी का (आसमानी), इस तीसरे रंग जो कि दृश्य छह में दिखाया है, बहुत ख़ूबसूरत, सूक्ष्म भावनाओं को तर्क सहित वर्णित किया है–अमृता-इमरोज़ के संवादों के माध्यम से–

जब अमृता साहिर के बारे में इमरोज़ से बात करते हुए कहती है–"लेकिन तुम भी आज न जाने क्यूँ मुझे उसकी याद दिलाने पर तुले हो? अगर चली गयी उसके पास फिर से तो?"

इमरोज़ : मुझे तुम्हें उसके घर से उठा के भी लाना पड़े तो मैं ले आऊँगा। क्योंकि किसी को सपने से जगा कर हक़ीकत में लाना कोई गुनाह नहीं है।

अमृता : सपने की यही तो सबसे अनोखी बात है, जब तक सपना चल रहा होता है हक़ीकत ही लगता है। क्या पता ये भी सपना हो ! क्या पता हक़ीकत जैसी कोई चीज़ न हो, ज़िन्दगी बस एक सपने से दूसरे सपने का सफ़र हो जिसकी हक़ीकत सिर्फ़ मौत है।

इमरोज़ : हो सकता है, इतना तो मानती हो न कि ये सपना ख़ूबसूरत है और ख़ूबसूरत सपने को सब बचाने की कोशिश करते हैं। अपने आप से पूछकर देखो कि ये सपना पुराने सपनों से ज़्यादा ख़ूबसूरत है कि नहीं?

अमृता : बेशक ख़ूबसूरत है जीती ! एक औरत की ज़िन्दगी में बहुत अजीब दौर होता है जब उसे एक से ज़्यादा मर्द से होकर गुज़रना पड़ता है। ऐसा लगता है जैसे सूरज और चाँद दोनों साथ आ गये हों ग्रहण बन कर और दिन के उजाले में भी दिखाई देना बन्द हो गया हो। जब उसे छूता कोई और है, और उसके ज़ेहन में ख़्याल किसी और का रहता है। ऐसा नहीं है कि प्रीतम के साथ मैंने निभाने की कोशिश नहीं की, लेकिन आदमी दिमाग़ वाला हो तो ये उसका वरदान है और औरत बुद्धिमान हो तो श्राप, क्योंकि फिर वो किसी के साथ नहीं निभा सकती। इंटेलिजेंस इज़ ए कर्स फॉर वुमन इन दिस वर्ल्ड।

फिर सातवें दृश्य में जहाँ देश-विभाजन का संताप, भयानक चीख़े, ख़ून से लथपथ लोग दिखते हैं।

अकसर एक मर्द का काला साया अमृता को भयभीत करता है। प्रीतम सिंह की पितृ सत्ता सोच के साथ भी उससे समझौता नहीं हो पाता। ऐसे समय में इमरोज़ की आमद एक सुखद, सुकूनदायक एहसास से भर देती है। अमृता के चेहरे पर कहीं से रंग लग जाता है। इमरोज़ उसे कपड़े से साफ़ करना चाहता है–पर अमृता अपने हाथ से उसे साफ़ करती है तो हरा रंग देख कर ख़ुश होती है–

अमृता : जाने दो, शायद इस रंग का वक़्त आ गया है।

इमरोज़ : मतलब?

अमृता : मतलब अकीदत का रंग हरा तुमने बताया था न इश्क़ के सात रंगा।

इमरोज़ : अरे हाँ, लेकिन तुम तो आगे के सफ़र से पहले आराम करना चाहती थी।

अमृता : कर लिया आराम जितना करना था, और ये भी जान लिया कि अब मैं आराम नहीं कर पाऊँगी। मैं आगे करना चाहती हूँ ये सफर, चाहे फिर इसका अंजाम मौत ही क्यूँ न हो। मौत के डर को जीत कर ही मैं अपने डर ख़त्म कर पाऊँगी जीती और जब डर ख़त्म होंगे तब ही इन डरावने सपनों से निजात मिलेगा।

इमरोज़ : तो ठीक है? हुब, उन्स, इश्क़ के बाद अगला रंग अकीदत, यानी अटूट विश्वास अपने प्रीतम पर। मेरा मतलब, प्रेमी पर। वो एक-दो पल का छलावा जिसमें कोई शख़्स हमें इस तरह छू के निकल जाता है कि हमें लगता है इसी लम्हे को जीने के लिए तो हम पैदा हुए थे। एहसास-ए-अकीदत जो अपनी मोहब्बत के लिए सारी दुनिया से बगावत करने की हिम्मत दे देता है बरकते !

आठवें दृश्य में इसी अकीदत के हरे रंग का ब्योरा दिया है—साहिर लुध्यानवी से अमृता की मुलाक़ात, उसकी पीठ पर बाम लगाने का दृश्य...यह ख़्यालों में चलता है। इमरोज़ आकर उसका यह ख़्याली सपना भंग करता है और पूछता है—

"कहाँ गुम हो?"

अमृता : साहिर की पीठ पर अपनी उँगलियों से कुछ लिख रही हूँ।

इमरोज़ : मैं जानता हूँ वो क्या है?

अमृता : क्या?

इमरोज़ : उसका नाम...साहिर

अमृता : तुम्हें कैसे पता?

इमरोज़ : क्योंकि तुम लिखती उसकी पीठ पर हो, लेकिन महसूस मैं अपनी पीठ पर करता हूँ।

अमृता : ये कैसी मोहब्बत है जीती?

इमरोज़ : मोहब्बत जो शब्द और परिभाषा की दुनिया से बहुत दूर है, बोला था न मेरी आँखें वो रंग भी पहचानती हैं जिनका कोई नाम नहीं।

अमृता : मुझे डर लगता है जीती !

इमरोज़ : चल इश्क़ के पाँचवें आसमान पर। इबादत पर। जब महबूब ख़ुद ख़ुदा हो जाता है।

नौवें दृश्य में इबादत का पाँचवाँ रंग पीला दर्शाया गया, जिसमें मुम्बई से गुरुदत्त की ओर से साहिर को बुलावा आया है, अमृता उसके गाल पर चन्दन लगा कर शगुन करती है और उदासी के साथ उसे विदा करती है।

साहिर के जाने के बाद इमरोज़ अमृता को सम्बोधित होता है।

इमरोज़ : याद आया बरकते इबादत का रंग?

कविता प्रेम का अभाव है बरकते, तुम और साहिर एक-दूसरे की कविता हो क्योंकि तुम कभी पूरे नहीं हो सके। अब शायद मानो कि हक़ीक़त और ख़्वाब दो अलग बातें हैं। साहिर के ख़्यालों में जी रही अमृता हक़ीक़त की ज़मीन पर पैर रखती है और इमरोज़ को बताती है कि कल जो ख़त गुरुदत्त का गार्ड भोला लेकर आया था वह साहिर के लिए नहीं, तेरे लिए था। साहिर को मुम्बई से चिट्ठी आयी ज़रूर थी पर गुरुदत्त की नहीं। गुरुदत्त चाहते हैं बतौर आर्टिस्ट तू उनके साथ काम करे...जब ख़त हाथ में लिया था तभी समझ गयी थी, लेकिन फिर लगा तुम रंग-ए-इबादत से जो तस्वीर बना रहे हो उसे पूरा होने दूँ। इबादत के बीच में किसी को टोकना ठीक नहीं।

अमृता : मैंने कहा था न जीती। परिक्रमा हो रही है, फिर से वैसा कुछ होने वाला है जो पहले हो चुका है। लेकिन मुझे तुम पर विश्वास है, तुम्हें मेरी कसम तुम बम्बई ज़रूर जाओगे।

इमरोज़ : लेकिन, अभी तो इश्क़ के दो रंग और बाक़ी हैं।

अमृता : उन दो रंगों को बख़ूबी जानती हूँ मैं जीती, अगला रंग जुनून का रंग, और उसके बाद सुर्ख़ लाल यानी मौत। ज़िन्दगी के सबसे लम्बे दौर इन्हीं दो रंगों में बीते हैं मेरे। और इसके आगे मैं अकेले जाना चाहती हूँ। अब मुझे कोई डर नहीं।

फिर अमृता दर्शकों को सम्बोधित होती है...

"मर्दों की बनायी इस दुनिया में एक जंग है मेरी कहानी। इसे मैं अपने लिए नहीं बल्कि उस हर औरत के हक़ के लिए लड़ना चाहती हूँ जिसके पंख कतर कर ये समाज अपाहिज कर देना चाहता है। मैं आवाज़ हूँ उस हर औरत की जो अपनी मर्ज़ी की ज़िन्दगी जीना चाहती है। जिसकी ज़िन्दगी सिर्फ़ माँ, बेटी, पत्नी के किरदार निभाना नहीं है, वो ख़ुद भी कुछ है।

और साहिर को पाने की चाह उसी ख़ुद को ढूँढ़ने की चाह थी। समाज के लिए शादी शुदा होते हुए पराए मर्द का ख़्याल दिल में रखना कुफ्र की बात थी।...और वक़्त आ गया था जब मेरी इबादत बढ़कर जुनून बन जाये। उस सन्तरी सूरज को छूने की चाह जो मैं जानती थी मुझे जला देगा।"

दसवें दृश्य में इस छटे रंग के जुनून की झलक है। जिसे नारंगी रंग के प्रतीक के माध्यम से दर्शाया गया है।

सातवाँ रंग मौत का रंग (लाल) है।

अमृता इसे यूँ बयान करती है–

अमृता (दर्शकों की ओर देख कर) जीती !

सच बताऊँ तो बस एक मौत ही आख़िरी पड़ाव था जिसे पिछली बार ठीक से नहीं समझ पायी थी। सही कहा था तूने कि तू सब समझा देगा। मौत का रंग, लाल रंग, सरगम का, निषाद का जिसके आगे कुछ नहीं होता, जहाँ परिक्रमा भी ख़त्म हो जाती है। फिर इस लाल रंग को कई तरह से उपमा देती है–

खुरंड, जैसे सिगरेट से जले होंठ, लाल बिन्दी जिसकी गोंद पर धूल जम गयी हो, सुलगता शोला तथा अन्य कई...

नाटक का अन्त बुल्ले शाह रचित इन काव्य-पंक्तियों से होता है–

ओ बुलिया ज़हर देख के पीता ते की पीता

इश्क़ सोच के कीता ते की कीता

नाटक में जगह-जगह अमृता और साहिर के गीतों, नज़्मों को इस्तेमाल किया गया है जो नाटक के पात्रों की भावनाओं, ख़्यालों के माफ़िक नुमांयदगी करते हैं।

प्रीतम सिंह की तरफ़ से बोले कुछ संवाद अत्यन्त हल्के, छिछले स्तर के हैं जो अमृता के लिए प्रयोग किए गये हैं। इसका कोई साक्ष्य नहीं है कि उन्होंने ये शब्द बोले भी थे कि नहीं। पर ये तो तय है कि समाज की ओर से अमृता पर ये सब इल्ज़ाम रह-रह कर लगते रहे। प्रीतम सिंह उसी समाज की पितृ सत्ता का अंग है। शायद सम्पूर्ण समाज को इस एक व्यक्ति प्रतीक (बिम्ब) के तौर पर प्रयुक्त किया गया हो। ख़ैर जो भी है। इमरोज़ को केन्द्र में रख कर, इस नाटक की रचना करना एक न्यारा कार्य है। (इस पूरे आलेख में मैंने कुछ विचार ही प्रस्तुत किये है। बाक़ी सब नाटककार कुणाल द्वारा लिखे संवादों का जस का तस पाठकों की नज़र है।)

जसबीर भुल्लर द्वारा सम्पादित 'रंगों की रास-लीला'

–अमिया कुँवर

इमरोज़ के जीवन, शख़्सियत, ज़िन्दगी जीने का ढब और उसके कला-हुनर को दर्शाता उद्यम पाठकों के सामने पहली बार 2002 में आया 'रंगों की रास-लीला' के नाम पर, सम्पादक जसबीर भुल्लर की तरफ़ से। वैसे इस पुस्तक के कई लेख समय-समय पर नागमणि में प्रकाशित होते रहे हैं। पर अमृता और जसबीर भुल्लर के मिल कर किये उद्धम ने आम लोगों तक इसे किताबी रूप में मुहैया करवाने का उद्यम किया है। यह किताब दिल की उमंगों को बहुत चाव, चाहत और शिद्दत से उकेरती है। इसमें जहाँ इमरोज़ की कैलीग्राफ़ी, उसके बनाये स्केच, कैलेंडर, घड़ियों, कपड़ों पर किये कलामय हुनर के प्रयोग की तस्वीरें पाठकों के सामने लाती है वहीं असमा सलीम, अमृता प्रीतम, राजेश चन्द्रा, जसबीर भुल्लर और दलीप कौर टिवाणा के लेख इमरोज़ की सम्पूर्ण शख़्सियत के बहुत ख़ूबसूरत दीदार करवाते हैं। उन्हीं दिनों मेरे बायें हाथ की हड्डी चटख जाने के कारण लिखने से आवाज़ार इस किताब में हाज़िरी लगाने से वंचित हो गयी थी। इसके हिन्दी संस्करण में मेरा लेख शामिल था। यह अनुवाद भी मैंने ही किया था। लेख था, "पर्त दर पर्त रिश्तों का संसार : इमरोज़" जिसकी पांडुलिपि डॉ. दलीप कौर टिवाणा के घर में पड़ी अब जाने कहाँ होगी–सत्ता और सियासत की बदौलत! बाद में यह लेख 'प्रतिमान' (पंजाबी मैगजीन) और मेरी किताब 'अमृता: एक कायनात' का हिस्सा बनी। खैर !

पुस्तक की आदिका लिखते हुए डॉ. दलीप कौर टिवाणा इमरोज़ की शख़्सियत के ख़ूबसूरत आयाम से पाठकों को वाकिफ़ करवाती है।

प्रो. पूरन सिंह कहता है, जिसने एक भी पंक्ति न लिखी हो, वह भी कवि हो सकता है, इस लिहाज़ से इमरोज़ अमृता से बड़ा कवि है क्योंकि उसकी हर एक पेंटिंग ख़ूबसूरत कविता होती है...।

एक ही समय में वह एक दाना-बीना बुज़ुर्ग भी है, छैल-छबीला बांका आर्टिस्ट भी और भोला-भाला बच्चा भी। आम लोगों के लिए वह धन्ना भक्त है। ख़ास लोगों के लिए साईं लोक है और गाँव वालों के लिए इन्द्रजीत जो शहर आकर चित्र रेखांकित करता इमरोज़ हो गया है।

इमरोज़ को शायद याद भी नहीं रहा कि वह कहाँ से चला था और आज अमृता के साथ

चलते-चलते वह ख़ुद एक कविता, एक गीत, एक शेर, एक तस्वीर, एक चश्मा, एक वृक्ष, एक नीड़ और अमृता का छोटा-सा रब बन गया है।

"कुछ हर्फ़ सम्पादकी" में जसबीर भुल्लर लिखते हैं–रंगों का किस तरह का संयोजन तिलिस्म सृजित करता है। रेखाएँ किस तरह शख़्सियत उकेर देती हैं? कैलीग्राफ़ी के अक्षर किस तरह भीतरी सागर की गहराई नाप लेते हैं? रंग पास होते हैं, पर कहाँ छुपा होता है रंगों का रहस्य?

कला के भेद की ओर चलता रास्ता कौन-सा है?

यह पुस्तक इमरोज़ के बारे में कुछ मज़मून लिखने-लिखवाने या उस पर बनाये कुछ चित्र किताब में शामिल करने तक ही सीमित नहीं थी। इस किताब के लिए मोहब्बत चाहिए थी...सिर्फ़ मोहब्बत। इस किताब वाले सारे ही ख़ुशबू के दायरे में थे, इमरोज़ भी और बाक़ी दोस्त भी।

अब अगले पृष्ठों पर मोहब्बत फैली हुई है, रंगों, रेखाओं, चित्रों और शब्दों के रूप में। अगर आप मोहब्बत वाले हो तो इस किताब की जद्ध में हो।

पुस्तक की शुरुआत ही बहुत ख़ूबसूरत, सूक्ष्म अर्थी सूक्तियों से होती है। पहले पृष्ठ पर इमरोज़ का पसन्दीदा ख़्याल है–सब आर्टस रास्ते हैं–ज़िन्दगी मंज़िल है...अगले पृष्ठ पर इमरोज़ जी के बनाये मोर के स्केच के नीचे किताब का नाम 'रंगों की रास लीला' लिखने के बाद नीचे ब्रैक्ट में स्पष्ट किया है कि यह इमरोज़ की कला, ज़िन्दगी, चिन्तन और मोहब्बत की गाथा है। समर्पण वाले पृष्ठ पर अमृता–इमरोज़ की बहुत लोकप्रिय तस्वीर है, जो कि 1958 में काँगड़ा की ओर जाते हुए पठानकोट बस स्टैंड पर आटोमेटिक कैमरे के साथ खींची गयी थी। इसके नीचे लिखा हुआ है, इस किताब का सारा इमरोज़ अमृता प्रीतम के नाम। (वैसे इमरोज़ की पूरी ज़िन्दगी की किताब ही अमृता के नाम थी।)

असमा सलीम ने "ख़ुद शनासी से लेकर ख़ुदा शनासी तक" आलेख में इमरोज़ की कला, पेंटिंग और कैलीग्राफ़ी की तारीफ़ करते हुए, सूफ़ी कवियों जिन्हें इमरोज़ ने कैलीग्राफ़ी में भी उकेरा है और स्केचिस द्वारा भी चित्रित किया है, उनके बारे में पूरा ब्योरा दिया है। उनके भीतर की सूक्ष्म रमज़ को खोला है। वह अपने आलेख की शुरुआत इन शब्दों के साथ करती है–इमरोज़ उन कुछेक रचनाकारों में से हैं, जो कभी अपनी कला को बाज़ार में लेकर नहीं गये। इसलिए नहीं कि इसका मौक़ा नहीं मिला, अपितु इसलिए कि इमरोज़ के शब्दों में, "कला कलाकार का अपना इज़हार है, निरोल अपना। देखने-दिखाने से स्वतन्त्र। न तो आर्ट-मार्किट में कोई नाम पैदा करने की ख़्वाहिश।" वह इमरोज़ के बनाये चित्रों को बहुत ख़ूबसूरत ढंग से परिभाषित करती है–

इस दिवानगी में कहीं मैं बाक़ी नहीं बचा। एक इन्सानी आकृति भी उभरती है। पर चेहरे पर कोई नक़्श नहीं, आँखों में कोई अक्स नहीं। सिर्फ़ इश्क़ की आग रोशन है। इश्क़ ख़ुदा से बढ़ कर है, इश्क़ ही ख़ुदा है, और अब वह–इश्क़ अल्लाह ! हक़ अल्लाह ! यह सब कुछ ख़ुद-शनासी से ख़ुदा-शनासी तक के मुख़्तलिफ़ मरहले हैं। जिन्हें इमरोज़ ने तय किया है और जो इन तस्वीरों में उतर आये हैं।

'अमृता की कलम से' के अलग-अलग अध्यायों में जहाँ इमरोज़ के आर-परिवार, जीवन, पढ़ाई, अपने दाँवों पर खड़े होने के लिए किया संघर्ष, बात क्या उसके सम्पूर्ण पारिवारिक इतिहास

की बात कर उसके हुनर के कई पक्षों को बहुत ख़ूबसूरत कोणों से उकेरा है। उसकी कलात्मक लिखाई, रंगों की खेली जाती रास-लीला, घड़ियों के डायल, कैलेंडर और टैक्सटाइल डिजाइन के बारे में बहुत ब्योरे से वर्णन किया है। इमरोज़ के आर्ट की बात करते हुए हर दोस्त-मित्र का कहना है कि इमरोज़ अपने चित्रों की नुमाइश लगाने के हक़ में नहीं थे। जबकि आम चित्रकारों की ओर से बहुत शौक से अपने चित्रों की प्रदर्शनी की जाती है। कई लोग जब हमारे घर आते हैं तो इमरोज़ के बनाये चित्र देख कर कहते हैं, इनकी नुमाइश क्यों नहीं करते। इमरोज़ हँस देते हैं–नुमाइश दो कामों के लिए की जाती है, एक दूसरों की राय लेने के लिए, मैंने अकसर कलाकारों को देखा है, नुमाइश करें तो वे अख़बार वालों का रास्ता देखते रहते हैं कि वे आयें और कल के अख़बार इस नुमाइश का ज़िक्र करें। कई तो उन्हें शराब की दावत भी देते हैं कि वे अख़बार में चित्रों की तारीफ़ लिखें। मुझे किसी की राय नहीं चाहिए, मुझे अपनी राय पर यक़ीन है...

दूसरी बात पेंटिंग्स बेचने के लिए होती है, मैं बेचने के लिए बनाता ही नहीं। फिर नुमाइश क्यों करूँ? वैसे भी मुझे नुमाइश लफ़्ज़ अच्छा नहीं लगता। किसी हुस्न का मुज्जसमा औरत ख़ुदा की नेमत होती है, किसी शो-केस में खड़ी करने के लिए नहीं...

इमरोज़ की कलात्मक लिखाई को अमृता चेतना की यात्रा कहती है। जिस तरह कार्ल जुंग ने इन्सान के विकास की चार मंज़िलों का ब्योरा दिया है: पहली जिसमें इन्सान सिर्फ़ फ़ितरी ताकत की बुनियाद पर जीता है, जंगल नायक हो कर। दूसरी जिसमें वह ज़िन्दगी की तल्ख़ हक़ीक़तों से बचने के लिए शायराना तख़ियल में पनाह लेता है। तीसरी जहाँ वह लफ्ज़ों से खेलता है, और लोगों के लिए कशिशमय हो जाता है। पर चौथी मंज़िल लफ्ज़ों को अर्थ देने की होती है, जहाँ कोई विरला इन्सान ही पहुँचता है।

मैं समझती हूँ कि ठीक यही चारों मंज़िलें, हुनर और विकास की होती हैं। पहली कला की महारत हासिल करने के लिए। दूसरी, सख़्त मेहनत से बचने के लिए ऐबस्ट्रैट में पनाह लेने की। तीसरी रंगों और लकीरों के साथ खेल कर, कला को कशिशमय करने की, जहाँ कोई विरला कलाकार पहुँचता है।

हमारी त्रि-डायमेंशन की इस दुनिया में जिस तरह रूहानी अनुभव चौथी डायमेंशन होती है, इसी तरह कला में चौथी डायमेंशन के आने पर उसमें रूहानियत भी आ जाती है। जब असीम सीमा की हद में दिखता है।

कलात्मक लिखाई वाले अक्षर वहाँ ही लकीरों में लपेटे रहते हैं। पर देखने वाले की चेतना अक्षरों की यात्रा तय करके अर्थों की यात्रा पर चल देती है।

इमरोज़ की चिन्तनशील लिखावट का एक उदाहरण उसका अपना नाम–इमरोज़। यह नाम रोमन लिपि में लिखा हुआ है। इमरोज़, फारसी का लफ़्ज़ है, जिसका अर्थ है–आज, वर्तमान। इसलिए कलाकार ने अपने नाम को तीन हिस्सों में बाँटा है, तीन काल अपने नाम में शामिल किये हैं। स्पेस को तीन हिस्सों में बाँट कर।

पहले हिस्से में यह अक्षर है–IMR। यह सारी जगह तीन अक्षरों ने घेरी हुई है। एक बीत गया काल, जिसमें अब तब्दीली की कोई गुंजाइश नहीं। दूसरा अब का काल, आज, जीता धड़कता वर्तमान। नाम का O एक हिस्से में है। आस-पास के अक्षरों से थोड़ा ऊँचा, जैसे आदि (शुरुआती)

बिन्दु के कंपन से भरा हो। यह स्व (अपनी) पहचान का सूचक है। आज की हर सम्भावना को अपने में लेकर खड़ा हुआ, इसलिए इसका रंग सुनहरी है, जबकि इसके दोनों ओर लिखे अक्षरों का रंग काला है; अज्ञान का सूचक।

तीसरे हिस्से में जैड है Z, नाम का आख़िरी अक्षर। पर उसके सामने ख़ाली जगह है–अज्ञात भविष्य की जगह...मैं समझती हूँ–कलात्मक लिखाई की आज तक की प्राप्ति विकास की तीन मंज़िलों तक की प्राप्ति भी। पर इमरोज़ ने उसे चौथी मंज़िल पर ले जाकर हमारे इतिहास की नयी प्राप्ति बना दिया है।

लोपा मुद्रा और सुधांशू ने मिल कर अमृता के 15 सपनों को आधार भूमि बना कर भारतीय चिन्तन को काग़ज़ों पर उतारा है। इस किताब का नाम है 'रहस्य गाथा'। इन सपनों को इमरोज़ ने अपने चित्रों में उतारा है। उनमें से एक में गणेश बाँसुरी बजा रहे। सुधांशू ने अमृता को बताया कि गणेश वाला चित्र इनलार्ज करवा कर मन्दिर वालों ने लखनऊ के मन्दिरों में लगा लिया है जिसे हज़ारों लोग देखने आते हैं।

ऐसे ही लाहौर से शकीला आयी सुल्तान बाहू के पैर वाला चित्र माँग कर ले गयी। बाद में उसने बताया कि बाहू की दरगाह वाले आये और माँग कर ले गये, जो आज भी सुल्तान बाहू की दरगाह पर लगा हुआ है।

इसी तरह बुल्लेशाह का चित्र लाहौर, बुल्लेशाह की दरगाह पर सुशोभित है।

सो इमरोज़ ने ख़ुद तो नुमाइश लगाई नहीं पर लोगों ने उसके चित्र ख़ुद ही जचती जगहों पर लगा लिए।

इमरोज़ के हुनर का एक और ख़ूबसूरत पक्ष है उसने कई घड़ियाँ ख़रीद कर उनकी सुइयाँ निकाल कर तस्वीरें और शायरी लिख-लिख कर उन्हें बहुत नयी सूरत दी है। उनके लफ़्ज़ों में यह घड़ी दो तरह के वक़्त बताती है, एक अपनी टिक-टिक के साथ, और एक शायरी के लफ़्ज़ों के साथ। एक वक़्त बाहर का, एक भीतर का। कैलेंडर बनाये, मिस्त्री बुला कर, कोई साज की सूरत में, कोई किसी और सूरत में।

अमृता जी सुधांशू के साथ एक मुलाक़ात में उससे पूछते हैं, "इन चित्रों के बारे में कौन लिखेगा?"

वह कहने लगे–"कोई नहीं लिख सकता।" इमरोज़ के पास बहती हुई लकीरें हैं, ऐसा कौन होगा जिसके पास बहते हुए अक्षर हों, चित्रों की बात करने के लिए। बस एक था रजनीश, जिसके पास अक्षरों की बहती हुई भाषा थी। वह भाषा कृष्णामूर्ति के पास भी नहीं थी। उसकी भाषा खड़े-खड़े अक्षरों की थी। वे अक्षर उसके हाथ में पिघलते बहते नहीं थे, सिर्फ़ रजनीश के हाथों में पिघलते थे...

अमृता कहती है–यह बहुत प्यारी तशरीह है इमरोज़ के चित्रों की...

इस पुस्तक में राजेश चन्द्रा का आलेख है–"जब तख़लीक दस्तख़त करती है" यह आलेख मैंने राजेश की किताब "साक्षी चेतना : अमृता प्रीतम" में से लिया है। सो दोबारा लेकर दोहराई नहीं करना चाहती।

जसबीर भुल्लर के आलेख 'आज राजा के रंग' की कुछ बातों का ज़िक्र करना बनता है। जसबीर भुल्लर इमरोज़ के हुनर को इन शब्दों में वर्णित करता है: लकीरें डालते हुए उसकी कलम, कूची सहज ही कुछ आकार सृजित करने लगते हैं। फिर वह तुजुर्बे करने लग जाता है। वह उकेरे हुए को फाड़ देता है या फाड़े हुए काग़ज़ को एक-दूसरे काग़ज़ पर कुछ अलग तरीक़े के साथ जोड़ देता है, जैसे किसी बच्चे ने खेल-खेल में उल्टी सीधी कतरनें जोड़ दी हों...और फिर हैरानकुन नतीजा सामने आता है।

"पौधों की तरह उगे जिस्म" का सरवरक़ बनाते वक़्त भी इमरोज़ ने ऐसा ही कुछ किया था। इस पुस्तक का सरवरक़ आज भी मुझे बेहतरीन लगता है।

उन्हीं दिनों पंजाबी पुस्तकों के सरवरक़ सामान्य तौर पर दो रंगों में छपते थे या फिर तीन में। ज़्यादा रंग होने पर ब्लॉक अधिक बनाने पड़ते थे और छपाई महँगी पड़ जाती थी। इमरोज़ के बनाये सरवर्क की ख़ासियत यह होती थी कि एक रंग ज़मीन में से निकल आता था। दो रंग तो छपते ही थे पर दोनों रंगों के सुमेल से एक चौथा रंग भी निकल आता था। पहले वह काली स्याही वाली कलम से चित्र उकेरता था। आजकल पेस्टल रंग उसके माध्यम हैं। तस्वीर उकेरते हुए वह कई बार रंगों को बहने देता है। कई बार वह रंगों को फैलने देता है। कई बार वह रंगों को घुल-मिल जाने देता है। कई बार उसके दो अलग-अलग रंग आपस में कुछ इस तरह मिलते हैं कि दो पहाड़ी नदियों का पानी घुल-मिल कर तिलिस्म सृजित करता प्रतीत होता है।

वह अच्छी पुस्तकें पढ़ने का शौकीन है, पर अगर अच्छी पुस्तक बुरी दिखने वाली हो तब वह किताब को तब तक नहीं पढ़ सकता जब तक वह किताब ख़ूबसूरत न दिखने लग जाये। वह ब्रुश और रंग लेकर बैठ जाता है और भद्दी दिख रही किताब के लिए नया सरवर्क तैयार करता है। उस सरवर्क को किताब पर चिपका कर वह किताब पढ़नी शुरू कर देता है।

दलीप कौर टिवाणा "अजन्मी बेटियों का बाबुल" में कहती है कि–एक ही समय में वह दाना-बीना बुज़ुर्ग भी है, छैल-छबीला बाँका आशिक भी और भोला-भाला बच्चा भी। आशिक वह सिर्फ़ अमृता के लिए है। बहुत सारी बेगानी बेटियों का वह दाना-बीना बुज़ुर्ग पिता है, जिनमें मैं भी शामिल हूँ।

तस्वीरें चाहे वह फूलों की उकेर रहा हो, चाहे झरनों की, पहाड़ों, दरियाओं या सागरों की या फिर इससे भी आगे बुद्ध, नानक या ओशो के दिल या चिन्तन की और चाहे वह किसी गीत, संगीत, लय, धुन की मूरत बना रहा हो, उसमें से अमृता की परछाई प्रत्यक्ष दिख जायेगी।

बहुत-बहुत लोग अमृता को मिलने आते हैं। कई-कई घण्टे बैठे रहते हैं; वापस जा कर तोहफ़े भी भेजते हैं, बार-बार फ़ोन करते हैं पर इमरोज़ को कभी उनके साथ ईर्ष्या नहीं हुई। इमरोज़ को अपने आप पर, अपने प्यार

पर इतना भरोसा है कि वह कहता है जो अमृता को प्यार करते हैं या जिन्हें अमृता प्यार करती है वे सभी मेरे हैं और मुझे प्यारे हैं। इस आलेख के बाद इमरोज़ जी के हुनर के कई जाविए दिये हैं, घड़ियाँ, कैलेंडर, टैक्सटाइल, कैलीग्राफ़ी, लकड़ी के साथ बनाये डिज़ाइन और इमरोज़ की अपने बारे, अपने बचपन और जी गयी ज़िन्दगी का ब्योरा।

डॉ. हरजीत के निर्देशन में बनी फ़िल्म "इमरोज़-ए वाक डाऊन मैमोरी लेन" मेरी नज़र में

–अमिया कुँवर

डॉ. हरजीत द्वारा बनायी यह फ़िल्म मैंने कई बार देखी और हर बार चाह, उल्लास और शुक्राने से लबरेज़ हुई हूँ कि अच्छा हुआ वक़्त से इमरोज़ का चलता-घूमता, साक्षात बिम्ब हमने सँभाल लिया जिसे आने वाली पीढ़ियाँ देखेंगी और हैरान होंगी कि कोई साधारण-सा दिखता ऐसा विलक्षण शख़्स भी हुआ है जिसने सम्पूर्ण औरत ज़ात को मान-सम्मान दिया। ऊँचे पैडस्टल पर बिठाया। हरजीत के शब्दों में–इस फ़िल्म की शूटिंग उन्होंने 2012 में शुरू की और यह 2021 में पूरी तरह से मुक्कमल हुई। इसकी शूटिंग उन्होंने अलग-अलग स्थानों, शहरों–दिल्ली, चण्डीगढ़, अमृतसर, लुधियाना, काँगड़ा, मुम्बई, कालका, पालमपुर, गुरदासपुर, होशियारपुर, मैसूर आदि में की। इमरोज़ का माँ-रहित बचपन, नौ साल की बहन जीता चपातियाँ बना रही, आर्ट स्कूल में दाख़िला, पढ़ाई मुकम्मल करने के बाद रोज़ी-रोटी कमाने की जद्दो-जहद, अलग-अलग जगह नौकरियाँ, अपनी शर्तों और मर्ज़ी मुताबिक काम करना–फिर कैसे किसी के कहने पर अमृता ने अपनी कहानियों की किताब 'आख़िरी ख़त' का सरवर्क बनाने के लिए उसे बुलाया।

पहली नज़र में ही दोनों को अपना आपा मिल गया। जो धीरे-धीरे गहरी दोस्ती, प्यार और फिर सब कुछ हो गया। दोनों एक-दूसरे के रब हो गये। इस सारी कहानी का स्क्रिप्ट इन्द्रजीत सिंह पेंटल का है। इस कहानी को आगे बढ़ाने के लिए, प्रभावशाली बनाने के लिए कई युक्तियों का इस्तेमाल किया गया है जिससे इमरोज़ का किरदार पूरी तरह से दर्शकों के सामने उभर कर आ सके। मसलन–हाशिम, शाह हुसैन, अमृता प्रीतम और इमरोज़ काव्य को जगह-जगह गुरमोह के दिलकश संगीत और अनिता, सुखदेव सिंह तथा जय रियाज़ के सुरीले गायन का बहुत प्रभावशाली ढंग से इस्तेमाल किया है।

सुरेन्द्र शर्मा

फ़िल्म की शुरुआत में रंगों का भरपूर बहता दरिया सा नज़र आता है। पृष्ठभूमि से बोल उठते हैं–इमरोज़ रंगों, कलाओं, मोहब्बत और बेलौस, बिंदास ज़िन्दगी का संयोजन है। कैनवस पर उसे अमृता की तस्वीर उकेरते दिखाया गया है। कैसे अमृता का अनादि साथ बना और अगर इमरोज़ की बनायी हर पेंटिंग में अमृता के नक़्श उघड़ते हैं तो फिर अमृता के भी बहुत सारे नॉवलों, मसलन–चक्क नम्बर छत्तीस के कुमार, एक थी अनिता के इकबाल, एक सवाल के जगदीप, बन्द दरवाज़ा के सुमेर और दिल्ली की गलियों के नासिर में इमरोज़ की ही पात्रता की उसारी हुई है। अमृता की बहुत सारी कविताओं में से भी इमरोज़ के नक़्श पहचाने जा सकते हैं। अमृता-इमरोज़ के कुछ क़रीबी अदीबों के संवादों द्वारा भी इस सिलसिले को आगे बढ़ाया गया है। पत्रकार, लेखक निरूपमा

दत्त बहुत निर्पक्ष होकर स्पष्ट कहती है कि हमने अमृता से इमरोज़ को जाना है, क्योंकि अमृता सेलिब्रिटीं थी, साहिर लुध्यानवी को भी इस पक्ष से देख सकते हैं पर इमरोज़ उनसे निम्न प्रोफाइल पर था। दोनों ने एक-दूसरे को चाहा, इकट्ठे रहे।

दलीप कौर टिवाणा हँस-हँस कर कहती हैं कि चाहे इमरोज़ कुछ देर से आया पर अमृता ऐसा व्यक्ति चाहती थी जो कविता जीता हो। रब से उसके मेचे का बनाने में समय लग गया।

अमृता-इमरोज़ के साथ जुड़ी कई ख़ूबसूरत घटनाओं का ब्योरा इस फ़िल्म में देखने को मिलता है। कैसे अमृता को कितने ही वर्ष एक कलाकार का सपना आता रहा। जिसकी सिर्फ़ पीठ दिखाई देती थी। कैनवस पर कूची से कोई पेंटिंग करते हुए। इमरोज़ के ज़िन्दगी में आने के बाद वह सपना आना बन्द हो गया।

अमृता को लगता था, इमरोज़ ने अभी दुनिया देखनी है, वह उससे कई बरस छोटा है। न विवाह करवाया, न पिता बन कर देखा। अमृता के कहने पर पहले दुनिया देख आ। इमरोज़ ने अमृता को अपनी दुनिया ख़्यालते हुए, उसके इर्द-गिर्द चक्कर लगा लिये—अमृता हँस दी, "तेरे जैसे बन्दे का कोई क्या करे?"

अमृता की एक कविता की बहुत ख़ूबसूरत सतरें, सुरीली, सोजमय अंदाज़ में गूँजती हैं:

मिल गयी थी इसमें आकर
इक बूँद तेरे इश्क़ की
इसलिए मैंने उम्र की
सारी कड़वाहट पी ली...

कहानीकार वेद राही पर्दे पर दिखाई देते हैं, इमरोज़ के साथ अपनी बहुत पुरानी दोस्ती की गाथा बताते हुए, कैसे 'शमा' मैगजीन की ख़ूबसूरती इमरोज़ द्वारा बनाये रेखा चित्रों के कारण थी। 'शमा' के पुराने अंक इमरोज़ की कला की झलक देते दिखाई देते हैं। गुरुदत्त ने इमरोज़ के काम से मुतासिर हो कर उसे काम के लिए मुम्बई आने का निमन्त्रण दिया। जाने से पहले अमृता की इच्छा पर इमरोज़ ने अमृता के साथ तीन दिन अमलतासी छाया में बिताए। वह सन् 1958 का समय था, और वह तीन दिन चुपचाप ख़ामोश एक-दूसरे की संगत में बिताते हुए चलते रहे–बोल गूँजते हैं–

तेरे नाम...
नाल सज्जण दे रहीए
हिज़र जिहनां दा होवे दारू
हाल उथांह ही कहिए...

इमरोज़ के परिवार के बारे में भी जानकारी दी गयी है। इमरोज़ की सादगी, सरलता मन को मोह लेती है। कैसे देश विभाजन पर दिल्ली के कैम्पों में दिन गुज़ारे। लंगर खा कर भूख शान्त की। कहीं पेंट के काम का पता चला–चार आना किसी से उधार लेकर कनाट प्लेस गया। जब उन्होंने अगले दिन आने के लिए कहा तो कहने लगे–आज तो किसी से चार आने लिए हैं, रोज़-रोज़ नहीं उधार ले सकता। जहाँ भी, जब भी काम मिला–रहने की जगह किसी न किसी सबब से मिलती रही। एक और प्यारी सी घटना को इमरोज़ जी बहुत भोले अंदाज़ में बयान करते हैं कि एक बार अमृता ने पूछा–कभी भूखे रहे हो?–बिना झिझके जवाब दिया–कई बार। न मैं उधार लेना पसन्द करता हूँ, न खाना। राजकपूर की 'आवारा' फिल्म का टाइटिल लिखने का काम किया। इस बाबत डायरेक्टर राजकपूर से सीधे बात हुई थी, ऑफ़िस वालों के साथ नहीं। फ़िल्म दिल्ली रिलीज़ हुई। राजकपूर दिल्ली चले गये। दिल्ली से आकर पेमेंट की। पेमेंट मिलने पर ख़ूब सारा आमलेट बना कर खाया। यूँ दो दिन की भूख शान्त की। यह कहते हुए इमरोज़ के चेहरे पर बहुत शालीन मुस्कान आती है।

अमृता-इमरोज़ के मित्र सुरिन्द्र शर्मा इमरोज़ के प्रति अपनी अकीदत दर्शाते हुए कहते हैं–इमरोज़ कहीं इम्पोज़ नहीं करता। हाशिये पर बैठा परमात्मा की तरह दुनिया में मिला हुआ पर कहीं नज़र नहीं आ रहा। हर जगह महसूस हो रहा। आर्ट और आर्टिस्ट किस तरह घुले-मिले होते हैं, यह इमरोज़ को मिलो, फिर जानो। कहाँ से आर्ट शुरू हो रहा है, इमरोज़ ख़त्म हो रहा है–कहाँ आर्ट ख़त्म हो रहा है और इमरोज़ शुरू हो रहा है।

1966 में जब नागमणि प्रकाशन की सोची, उन संघर्षमय दिनों को याद करते हुए इमरोज़ बताते हैं कि कैसे हमें कोई प्रकाशक नहीं मिल रहा था। दिल्ली के कितने मशहूर, बड़े प्रकाशकों ने 'नागमणि' को छापने से इन्कार कर दिया था। तब हमें पुल बंगुश की सँकरी गली का वह छापक मिला, जिसके यहाँ विवाह के सेहरे छपते थे।

सुरजीत पात्तर 'नागमणि' के लिए गर्व से भर कर कहते हैं–हमारी साहित्यिक संक्राति। उनका कहना है कि दिलकशियों में से दिलकश थी नागमणि। इसकी रचनाओं के साथ इमरोज़ के बनाये जचते स्केच होते थे। 'नागमणि' अपने रेखा चित्रों के पक्ष से अमीर थी और इमरोज़ अपनी कला के पक्ष से अमीर। जैसा कि कहते हैं न कवि की कविता में बहुत जान है, इसी तरह ही इमरोज़ की

लकीरों में बहुत जान है।

जसबीर भुल्लर भी 'नागमणि' की तारीफ़ करते हुए कहते हैं कि हमने बाहर के बड़े लेखकों को, उन की किताबों को नागमणि के द्वारा ही जाना। वे रचना को पहल देते थे, नाम को नहीं।

हाशम काव्य की सतरें गूँजती हैं–

हर तसबीर बणे नमाज़ी
इह काफ़िर इश्क़ मजाज़ी।

इस फ़िल्म का आख़िरी हिस्सा अमृता के गिरने और लम्बी तबीयत नासाज़ी से जुड़ा है।

अमृता की ये काव्य-सतरें जो उसने इमरोज़ को देख कर लिखी थीं–कैलीग्राफ़ी में लिखी दिखायी देती हैं–

उठ आपणे घड़े चो' पाणी दा कौल दे
धो लवांगी बैठ के राहवां दे हादसे
(उठ अपने घड़े से पानी का कटोरा दे धो लूँगी बैठ कर रास्तों के हादसे)

सुरिन्द्र शर्मा बताते हैं कि अमृता की तकलीफ़ देखते हुए इमरोज़ को एक ही दुख होता था कि जिस औरत को उन्होंने बेइन्तहा चाहा, उसके साथ दिल से भरपूर जिया। सब कुछ साँझा किया पर आज उसकी बेबसी, तड़पन, तकलीफ़ नहीं साँझी कर पा रहे। उन को तसल्ली थी अमृता की तकलीफ़ रब ने बाँट ली। उसे चैन आ गया।

डॉ. हरजीत बताते हैं–

दस्तावेज़ी फ़िल्म 'इमरोज़' की शूटिंग के दौरान एक बार इमरोज़ दिल्ली से कुछ पुरानी

तस्वीरें, स्केच और पेंटिंग्स लेकर आये। वे मुझे एक-एक कर दिखाने लगे। एक पैन स्केच को ज़ब उन्होंने आँखों के सामने किया तब मुस्कराने लगे। फिर कहने लगे, "यह स्केच जानते हो किसका है?" स्केच में किरदार की पीठ नज़र आ रही थी। मैंने पूछा, "कौन है?" तो कहने लगे, "जब अमृता पहली बार मेरे स्टूडियो आयी थी और मैं उसे रेखाओं में उकेर रहा था। आज भी यह स्केच मेरे चेहरे पर मुस्कान ले आता है।"

मैं उनकी आँखों में एक अनोखी ख़ुशी देख रहा था।

फ़िल्म का आख़िरी हिस्सा ख़ूबसूरती का शिखर छूता है जब अमृता जी की आख़िरी कविता 'मैं तुम्हें फिर मिलूँगी का अंग्रेज़ी तर्जुमा बहुत सुरीली, सोज़मय आवाज़ में गुंजित होता है–I will meet you. इमरोज़ अमृता के इसी वादे को लिए जी रहे। इमरोज़ शान्त, संयमित चाल चलते नज़र आ रहे हैं। साथ ही उनकी एक बहुत प्यारी नज़्म गुंजायमान होती है–

उसने जिस्म छोड़ा है, साथ नहीं...

इस फ़िल्म का कथापट, दृश्य, गीत, संगीत सब कुछ इतना बँधा हुआ, गठा हुआ कथानक बुनता है। इमरोज़ इस दुनिया का होकर भी एक अनूठा किरदार लगता है, किसी और ही दुनिया का। इस फ़िल्म की रचना-बुनावट में जिस-जिस ने अपना योगदान दिया है, उन सब को मेरी ओर से, इमरोज़ के प्रशंसकों की ओर से साधुवाद। समय रहते, सही वक़्त से इमरोज़ का चलता-फिरता जीवन्त बिम्ब सँभाल लिया, जिसे आने वाली पीढ़ियाँ हैरानी से देखेंगी।

इस घर में इमरोज़ आया है

–अरविन्द्र

रंग
कलम
पेटिंग
कैनवस
टहकने लगे

घर का
कोना कोना
किताब हुआ
रबाब हुआ
मैं अनहद नाद
सुन रही हूँ
स्वागत्
स्वागतम् कर रही हूँ

तेरा लेखन, मेरे ख़्याल

–अमिया कुँवर

चित्रकार इमरोज़ को रातों-रात कवि होते मैंने अपनी आँखों से देखा है। यूँ कह लो–उसकी पहल-पहलौठी कविता की या उसके भीतर अंकुरित होती कविता की मैं एकमात्र चश्मदीद गवाह हूँ। दरअसल 2004 में मैं अमृता प्रीतम पर लिखी कविताओं का संकलन तैयार कर रही थी, जिसके लिए 'नागमणि' के पुराने-नये अंक देखने-खँगालने, अन्य पुस्तकों और पत्रिकाओं की ख़बर रखनी, मित्रों-दोस्तों से अमृता पर कविता लिखने का इसरार करना। अन्ततः एक ख़ूबसूरत संग्रह तैयार होकर प्रकाशन की माँग करने लगा। हिन्दी, अंग्रेज़ी से भी कई नज़्मों का पंजाबी में अनुवाद किया। कई मुल्कों से, कई भाषाओं में मेरे पास कविताएँ आयीं और इस पुस्तक को शीर्षक दिया "अक्खरां दी जाई" (अक्षरों की बेटी) अमृता की शख़्सियत, रचनाओं, बोलों, फ़ितरत, जीवन-ढब और पूर्व-मर्सिया पर लिखी कविताएँ पढ़-पढ़ कर जहाँ मुझे हैरत भरी ख़ुशी मिलती, वहीं रह-रह कर मलाल होता, कसक होती कि इस संग्रह में इमरोज़ जी की कोई कविता नहीं। रह-रह कर हसरत उठती, काश ! इमरोज़ जी इस संग्रह के लिए कोई कविता देते। मुझे यह संग्रह अधूरा-अधूरा लगता। इमरोज़ की काव्य-रचना के साथ ही इसने मुक्म्मल होना था। मैं रह-रह कर इमरोज़ जी से इसरार करती–इमरोज़ जी, आप भी कोई कविता दो न। भोला बादशाह हँस देता–मैं कोई कवि हूँ। मैं भी ज़िद पकड़ लेती, पर आप इतने बरसों से उस जीवन्त कविता के साथ रह रहे। कविता जी रहे। आपकी सोच, आपके कार्य-व्यवहार सब में से काव्य-नक़्श झलकते हैं। एक दिन 24-12-2004 को सुबह-सुबह इमरोज़ जी का फ़ोन आया–अमिया, आज सुबह-सुबह पाँच बजे कविता लिखी गयी। आकर ले जा...वह कविता थी–

"अमृता"
लेखन-टहनी पर पका फल
पकने से पहले उसने कभी नहीं लिखा
फ़कीर कहते हैं
अपनी मर्ज़ी से
जी लेना करिश्मा है
यह करिश्मा

उसने सहज-स्वभाव जी लिया है
वह कविता जीती है
और ज़िन्दगी लिखती है
नदी की तरह चुपचाप बहती
सब तरफ़ से ज़रखेज़ी बाँटती
जा रही है सागर की ओर
सागर होने को...

यह उनकी पहली कविता थी। पर हैरान हूँ, यह उनके तीसरे संग्रह "ख़्याल तेरे मेरे" (पंजाबी में, 2013) में अमृता' नाम की जगह 'पाँच पानियों की' (पृष्ठ 123) के शीर्षक तले दर्ज़ की गयी है। ख़ैर तब मैंने शुक्र किया। इमरोज़ जी ने इस ख़ूबसूरत कविता के माध्यम से अपनी साँझ मेरे तैयार किये संग्रह में डाल दी। इसके ठीक एक महीने बाद 24 जनवरी, 2005 को इमरोज़ जी का फ़ोन आया–अमिया, वह नज़्म "अमृता" रहने दे। एक नई नज़्म लिखी गयी है–"आलणा घर" (नीड़-गृह)। वह ज़्यादा अच्छी बनी है। वह किताब के अन्तिम पृष्ठ पर लगाना। सो यह दूसरी नज़्म 'नीड़-गृह' मेरी किताब की रौनक बन गयी। अब कविता हर दूसरे दिन इमरोज़ जी के दिल की दहलीज़ पर दबे पाँव आने लगी। मैंने उनकी इन दो कविताओं के साथ ही पालतू भुलेखे, इमरोज़ और होली कविताएँ फरवरी 2005 को पंजाबी पत्रिका 'अक्खर' को पोस्ट कीं जो कि परभिन्दर जीत (सम्पादक) ने अप्रैल अंक में बहुत चाव से छापी और इनके बारे में मेरी राय भी–

अपनी पुस्तक के लिए इमरोज़ जी को हर बार कहकर आती थी कि दो सतरें लिखें। हँस देते, मैं कवि नहीं...सहसा ही एक दिन उनसे 'अमृता' कविता लिखी गयी।

मेरे घर उन्होंने फ़ोन किया।...मैंने वह कविता सुनी और फिर सिलसिला बन गया। पिछले दो महीनों में उन्होंने लगभग 50 कविताएँ लिखी हैं...कुछ छोटे-छोटे ख़्याल, सूक्ष्म एहसास, जज़्बात की तीव्रता, इन्सानी कद्र, नैतिकता, ज़िन्दगी जीने की ईमानदारी, नेक नीयति और उन जिए जा रहे पलों–क्षणों का इज़हार हैं, ये कविताएँ। 80वें बरस में उन्होंने कविता लिखनी शुरू की। लगभग उम्र के इसी बरस में अमृता कविता लिखने में असमर्थ हो गयी। लगता है जहाँ अमृता ने लिखना बन्द किया, वहीं इमरोज़ का लेखन-सफर शुरू होता है जैसे वह अमृता के छोड़े हुए काम को अंजाम दे रहा हो। अब पूरी तरह से अमृता को वक़्त देने के कारण शायद कैनवस के पास खुल कर बैठने की फ़ुर्सत भी कम मिल पाती है। कविता चलते-घूमते ख़्यालों में आती, सहल ही काग़ज़ों पर उतरती चली जाती है। इमरोज़ की कविता में से भाषीय या कला, काव्य-तकनीकी पक्ष से कमियों को न देख कर, उनके जज़्बात की अमीरी को महसूस करके ही, इन्हें समझा जा सकता है। उनका स्व:शब्द-चित्र 'इमरोज़' उनके जज़्बात, जीवन-सिद्धान्त और उच्च विचारों की तर्ज़मानी करता है। अमृता की सफलता में वह हमेशा पृष्ठभूमि में रहे। किसी लोक गीत की तरह नाम की ख़्वाहिश न रखते हुए...दूसरे की पसन्द के खाते में पूरा जीवन कर दिया। इमरोज़ की काव्य-पुस्तक "जशन जारी है" जब छप कर आयी तब इमरोज़ जी ने मुझे बुला लिया। साथ में मेरी बेटी पंखुड़ी

(दिव्यलीन) भी थी जो उस समय 11 वर्ष की थी। संयोग से अमृता जी की एक प्रशंसक-पाठक भी आयी हुई थी और (5 जुलाई 2006) के–25, हौज़ ख़ास में पाँच लोगों ने इमरोज़ की इस पहल-पहलौठी पुस्तक को रिलीज़ किया। चाय-बिस्कुटों के साथ। पंजाबी ट्रिब्यून के 9 जुलाई 2006 में इस न्यारे लोकार्पण समारोह का मेरी ओर से दिया गया ब्योरा यूँ दिया गया :– अमृता-इमरोज़ की न्यारी जीवन-शैली और जीने के अंदाज़ ने उनके पाठकों को प्रभावित भी किया और वे अपने पाठकों के रोल-मॉडल भी बने। हालाँकि आलोचकों की ओर से उन्हें भरपूर नुक्ताचीनी का भी सामना करना पड़ा। पर शोहरत-बदनामी से निर्लिप्त वे अपनी चाल से चलते रहे। इमरोज़ ने लगभग ठीक उस समय लिखना शुरू किया जब अमृता लिखने से उदासीन हो गयी थी, लिखने से ही नहीं, कुछ भी पढ़ने-सुनने से भी। यही कारण है कि अमृता अपने आख़िरी दिनों में इमरोज़ में आयी तब्दीली, उनके कलम हुनर से वाकिफ़ नहीं हो सकीं। इमरोज़ की कविता का विषय-वस्तु, लिखने की शैली दूसरे शायरों से एकदम अलहदा है और यह पुस्तक छपी भी बिल्कुल अलग अंदाज़ से है। इमरोज़ के चित्र, पुस्तकों के सरवरक़ अधिकतर बहुरंगी आभा लिए हुए होते हैं पर यह पुस्तक सिर्फ़ दो रंगों की बात करती है–एक सफ़ेद रंग जो सब रंगों को अपने में समोये हुए है और एक काला रंग जो हर रंग पर छा जाता है। हर रंग को जज़्ब लेता है। पुस्तक में इमरोज़ की 67 ख़ूबसूरत कविताएँ हैं। ज़िन्दगी के दर्शन, ज्ञान, प्यार और जीवन-सिद्धान्तों से जुड़ी हुईं। कवि ने दो तरह से अपने अन्दरूनी ख़्यालों को लिखा है, कविताया है। एक ओर कविता–उसके सामने या तो इमरोज़ जी के हाथों से बनाया चित्र या फिर परवरदिगार की ओर से उनके लिए बनाया गया अनादि चित्र–अमृता ! शब्द-चित्र और रेखा-चित्र दोनों ही इमरोज़ के उच्च स्तरीय, सुच्चे ख़्यालों, ज़ज्बात, सिद्धान्तों को रेखांकित करते हैं। कवि ने अपने मन की कहने के लिए कई युक्तियाँ इस्तेमाल की हैं–सम्बोधनी, मोनोलाग, वृतान्त आदि। इस पुस्तक की शीर्षक कविता 'जश्न जारी है' उस स्मृति से जुड़ी है जब अमृता के साथ इमरोज़ की दूसरी मुलाक़ात उनके जन्मदिन पर हुई और यह पता चलने पर अमृता ने नौकर से केक मँगवा कर उनका जन्मदिन मनाया। वह जश्न उस दिन से लेकर अमृता के अन्तिम दिनों तक और उसके बाद भी उनकी जीवन्त यादों सदके जारी रहा है। मेरी फ़ाइलों में 5 सितम्बर 2006 की एक और रिपोर्ट मिलती है जिसमें इसी 'जश्न जारी है' की आमद पर पाठकों, मित्रों, साहित्यकारों की प्रतिक्रियाओं पर अपने विचार दिये हैं–चित्रकार इमरोज़ की यह पहलौठी पुस्तक काव्य-जगत में और साहित्यकारों में ख़ूब हैरत-अंगेज़ चर्चा का विषय बनी है। इस पुस्तक की आमद ने साहित्य-जगत में एक अलहदा छाप छोड़ी है। हिन्दी में मेरे द्वारा अनुवादित होकर, वह दो अलग-अलग नामों और दो अलग प्रकाशकों द्वारा बहुत चाव से छापी गयी है। 'जश्न जारी है', यह नाम, और वह भी अमृता के जाने के बाद, पाठकों, श्रोताओं को अचंभित करता है जब तलक वे इस काव्य-संग्रह की कविताओं का पाठ नहीं कर लेते–दरअसल किसी का जाना तो हमारे जैसे साधारण लोगों को उदास करता है। इमरोज़ के लिए तो उनकी जानशीन अभी भी 'थी' नहीं 'है' और है रहेगी...वह उसके दिल में बसती है, धड़कती है। सो यह जश्न अमृता की जीवन्त हस्ती, नज़दीकी की गर्माइश के साथ क़ायम रहा। उसके जाने के बाद वह इमरोज़ की बातों में, उसकी साँसों में, उसकी कविताओं में जारी रहा। यह जश्न इमरोज़ के जाने के बाद भी जारी रहेगा

जब इस अनोखी, न्यारी प्रीत जोड़ी अमृता-इमरोज़ काव्य को उनके प्रशंसक पढ़ेंगे, एक से दूसरे की हस्ती का एहसास करेंगे। इतने बरसों तक एक चित्रकार की ओट में कैसे एक शायर छुपा रहा, मौन रहा और कैसे अनायास उम्र के 80वें वर्ष में ज़ाहिर हुआ, मुखर हुआ यह सचमुच हैरानी का विषय है। इमरोज़ ने उम्र के जिस वर्ष में कविता लिखनी शुरू की लगभग उम्र के इसी पड़ाव पर अमृता कविता लिखने से असमर्थ हो गयी। कई बार तो यूँ लगता है कि अमृता की हर इच्छा पर फूल चढ़ाने वाले इस चित्रकार/शायर के लिखने के सफर का आगाज़ ही शायद इसलिए हुआ है कि वह अमृता के छोड़े काम को अंजाम देना चाहता हो।

इमरोज़ की लम्बी कविताओं की बनिस्पत छोटी-छोटी कविताएँ अधिक प्रभावशाली और घना प्रभाव देती हैं। चार-पाँच पंक्तियों में ही पूरी ज़िन्दगी का दर्शन समाया हुआ। ज़िन्दगी जीने का ढब सिखातीं। सही मायने में इन्सान होने को परिभाषित करतीं। सच्चे प्यार का मूल दर्शाती। उदाहरण के लिए :

भविष्य
एक लारा
लगातार...
वर्तमान
हमारे
सामने–
साक्षात
देता दावत
नित्य जीने की...

(दावत, पृष्ठ 40 पंजाबी संस्करण से)

तेरा मेरा
प्यार ही
ज्ञान है
ज़िन्दगी का...

(ज्ञान, पृष्ठ 44, पंजाबी संस्करण से)

जीते वक़्त
करना
फूल ज़िन्दगी के हवाले
जाते वक़्त
करना
बीज धरती के हवाले...

(ज़िन्दगी, पृष्ठ 44)

बदला लेने के लिए
तुम किसी को क़त्ल
कर आते हो...

इस क़त्ल के साथ ही
क़त्ल हो जाती है...
तुम्हारी ख़ूबसूरती...
तुम्हारी ज़िन्दगी की
ख़ूबसूरती भी...

(जुड़वा क़त्ल, पृष्ठ 92)

तेरे साथ चलते हुए
रास्ते बुलाने
लगते हैं
और मंज़िलें मुंतज़िर...

(मिलकर, पृष्ठ 5)

जागते (जागृत) और सोये लोगों में सूक्ष्म फ़र्क़ को कवि इमरोज़ की तीन छोटी-छोटी कविताएँ बहुत ख़ूबसूरती से यूँ बयान करती हैं

जागते लोगों के तो
नक़्शे कदम
होते हैं
सोये हुओं के
तो
पद-चिन्ह भी नहीं होते...

(पृष्ठ 132, पंजाबी संस्करण)

जागते को ज़िन्दगी
हर मोड़ पर
मुंतज़िर मिलती है...
सोये हुए को
ज़िन्दगी चुप-चाप
बायपास
कर जाती है...

(बाय पास, पृष्ठ 118)

जागते लोग ही

अपनी आज़ादी
जी सकते हैं
सोये हुए तो
अपना सब कुछ
गवा लेते हैं–
अपनी आज़ादी भी
अपना आप भी...

(जाग कर, अप्रकाशित)

पर इसकी जगह पर लम्बी कविताएँ एक कहानी का वृतान्त सृजित करती हैं, घटनाओं का ब्योरा देती हैं। अमृता के साथ जिए पलों की स्मृतियाँ या बचपन और आर्ट स्कूल की गाथा बयान करती हैं। कुछ कविताओं के अलावा, ऐसा करने से बहुत बार काव्यता खंडित हो जाती है। इससे कविता का शिखर या कलाईमैक्स जिससे कथानक एक नया मोड़ लेता है...वह घटित होने से रह जाता है क्योंकि जिसने भी अमृता को पढ़ा है, वह इन कविताओं में दिए वृतान्त से पहले ही वाकिफ़ होता है। तीन-चार उन कविताओं का ज़िक्र करना बनता है, जो तवारीख़ी अहमियत रखती हैं। जिस दोपहर अमृता ने अन्तिम साँस ली उसी सुबह (31-10-05) लिखी इमरोज़ की एक कविता मेरे सामने मुस्करा रही है:

रंगों के साथ
खेल हो रहा था
कि तू आ गयी
अपने रंग मिला कर खेलने...
ख़्यालों के साये
तस्वीरें बनने लगे
ज़िन्दगी अपने आप कविता
और कविता
अपने आप ज़िन्दगी हो कर
ख़्यालों के साथ
जा मिली...

(खेल, पृष्ठ 40)

इसी तरह की 'जश्न जारी है' में ही दो और कविताएँ दर्ज़ हैं जो इमरोज़ ने अमृता के दाह-संस्कार के बाद रात के पिछले पहर (31-10-2005) लिखी थी:

कल तक

कल तक
ज़िन्दगी के पास एक वृक्ष था

ज़िन्दा वृक्ष
फूलों फ़लों और
महक से भरा...
और आज
ज़िन्दगी के पास
सिर्फ़ ज़िक्र है–
पर है ज़िन्दा ज़िक्र
उस वृक्ष का...

वृक्ष जो अब
बीज बन गया
और बीज
हवाओं के साथ
मिल कर
उड़ गया है
पता नहीं
किस धरती की
तलाश में

(पृष्ठ 100)

सिर्फ़ इस कविता में अमृता के लिए 'था' है पर वह भी नई ज़मीन की तलाश में, फिर से उगने के लिए...पर अगले ही पल, अगली ही कविता में वह अमृता को हाज़िर-नाज़िर मान कर उससे बातें करने लगे:

सूरज देखता
ज़िन्दगी को
अपने आँगन में
धूप में, चारपाई पर बैठी को
दाल चावल चुनती को
अपने आस-पास
दुख-सुख को खेलते हुए...
सूरज रोज़ देखता
इस आँगन में
दुख-सुख को खेलते हुए...
यह खेल देख-देख
सूरज को अपनी तरह की

ख़ुशी होती
इस ख़ुशी में
उसके सारे रंग भी
गहरे होते रहते
और प्रकाश भी और अधिक प्रकाश...
(अप्रकाशित)

क्या यहाँ यह नहीं लगता कि इस कविता में ज़िन्दगी अमृता है और सूरज इमरोज़।

संस्कार के दो दिन बाद (3-11-2005) की वह नज़्म मेरे सामने है, जो जब इमरोज़ अमृता के फूल चुन कर मजनूँ टीला जा कर यमुना में बहा कर आये और उन फूलों के साथ ही अमृता की कलम भी। तब उन फूलों और पैन को पानी के बहाव में तैरते देख कर मस्तक में कुछ जाग उठा। उस समय की भावनाओं को उन्होंने काग़ज़ों के हवाले किया, इन शब्दों में:

बहते पानी के
साथ-साथ चलते हुए
वह पूछती है
तू मेरे किस जन्म से साथ है,
मेरी ख़ामोशी ने जवाब दिया
जब से जन्म
बने हैं
तब से...

यह कविता उनके निजी दर्द को बयान करती है पर 'जश्न जारी है' में दर्ज़ करते वक्त, उसे साधारणीकृत करते हुए कुछ परिवर्तन कर दिये :

चलते चलते
तुमने मेरी ओर देख कर
पूछा
तुम मेरे किस जन्म से साथ हो?
अपनत्व ने कहा
जब से जन्म बने हैं...

इमरोज़ का अगला काव्य-संग्रह 'रिश्ता' 2010 में शिलालेख से प्रकाशित हुआ, जिसका हिन्दी संस्करण 'मनचाहा रिश्ता' हिन्द पाकेट बुक्स की ओर से 2010 में ही प्रकाशित हुआ। इस संग्रह में अधिकतर कविताएँ कवि से जुड़े हादसों, अनुभवों, यादों की गाथा बयान करती हैं, वे चाहें अमृता से जुड़ी हों, आर्ट स्कूल से, वहाँ उनके साथ पढ़ती सहपाठिन मंजीत से, साहिर लुध्यानवी के बारे में या फिर कवि के अपने बारे में। मैंने उन्हें एक बढ़िया कहानी या अनुभव गाथा के नज़रिये से लिया है। सिर्फ़ एक थोड़ी लम्बी कविता, जो मुझे बहुत पसन्द है, की बात करनी है। डॉ. हरजीत ने इस कविता का अपनी फ़िल्म 'इमरोज़' में बहुत ख़ूबसूरती से फ़िल्मांकन किया है। हिन्दी में 'रंग

तेरे मेरे' में यह कविता संकलित है।

उसने ज़िस्म छोड़ा है साथ नहीं
वो अकसर मिलती है
कभी तारों की छाँव में
कभी बादलों की छाँव में
कभी किरनों की रोशनी में
कभी ख़्यालों के उजाले में...

(साथ, पृष्ठ 87)

यह असल तादात्मक अवस्था है। एक-दूसरे में अभेद होना। उसके ज़िस्मानी तौर पर साथ छोड़ देने पर जब हम उसे अपने भीतर महसूस करते हैं। उसे हमेशा अपने साथ, अपनी साँसों में धड़कता सुनते हैं। यही अनादि और सच्चा-सुच्चा साथ होता है।

तादात्मक अवस्था का एक और आला उदाहरण,

उसके साथ
मिलते-मिलते
उसके साथ चलते-चलते
उसे देखते-देखते
ज़िन्दगी उस मुकाम पर पहुँच गयी है
जहाँ मैं उसमें से बोलता हूँ
वह मुझमें से बोलती है...

इमरोज़ अपनी कविता को लेकर कोई स्पष्ट राय नहीं देते। कविता बने या न बने, तो भी ठीक है। स्टेटमेंट है तो भी ठीक है। एक ख़्याल है:

गर ज़रूरतें न होतीं
तब रब की भी ज़रूरत न होती...

मेरे ख़्याल से इमरोज़ की ये स्टेटमेंट रूपी कविताएँ—कविता से अधिक सूक्ष्म, अधिक संजीदा और तलख़ एहसास से निकली हैं। इन छोटी-छोटी कविताओं और स्टेटमेंटस का जलवा देखना बनता है:

काग़ज़ पर सब कवि
पर ज़िन्दगी में
कोई कोई कवि

इमरोज़ की ख़ूबसूरत शख़्सियत को दर्शाती एक और स्टेटमेंट नुमा कविता :

प्यार एक से होता है
प्यारे सभी हो जाते हैं...

'मनचाहा रिश्ता' संग्रह की मुझे सबसे ख़ूबसूरत कविता लगती है, "ख़ास दिन"– यह नज़्म इमरोज़ के सहज, सरल, सादा स्वभाव की झलक देती है:

छोटे होते
माँ अकसर अच्छे कपड़े
किसी ख़ास दिन के लिए सँभाल कर रखती...
जिस दिन वे अच्छे कपड़े
मैं पहनना चाहता
कहता, माँ आज ख़ास दिन है
वह पूछती, ओए ! आज कौन-सा ख़ास दिन है
प्यार से देख कर कहता
माँ आज मेरा दिल करता है...
बेकार दिनों में कई बार
पैसे ख़त्म होते रहे
पर मेरे ख़ास दिन ख़त्म नहीं हुए
अब तो
वे अच्छे कपड़े और रोज़ पहनने वाले कपड़े
एक ही हो गये हैं...

यह कविता इमरोज़ के ज़िन्दगी जीने के अंदाज़, सोच और तरबियत को दर्शाती है। हालात कैसे भी हों, इमरोज़ जी ने अपनी ज़रूरतें सीमित रखीं। अमीरी-गरीबी में फ़र्क़ न करते हुए, एकसार ज़िन्दगी जी। सो उनके सारे दिन ख़ास रहे। ख़ास होते हुए भी आम। आम होते हुए भी ख़ास।

इमरोज़ की अन्तिम काव्य-पुस्तक "ख़्याल तेरे मेरे" (पंजाबी) शिलालेख प्रकाशन से 2015 और दूसरी बार 2019 में प्रकाशित हुई। हिन्दी में यह 'रंग तेरे मेरे' के नाम से 2016 में शिलालेख से ही प्रकाशित हुई। इस किताब की अधिकतर कविताएँ वृतांत सृजित करती हैं। अमृता के साथ जुड़ी यादें, मेओ आर्ट स्कूल में बिताया समय, आत्म-संवाद, सम्बोधनी जुगत में लिखीं। इस संग्रह की छोटी-छोटी कविताएँ स्टेटमेंट देती हुईं बहुत भावुक और प्रभावित करती हैं। आओ ! इन दिलकश कविताओं में रचे-बसे तथ्य-कथ्य का आनन्द लें:

मेरी पीठ पर कोई भी नाम लिख
वह मेरा ही नाम होगा
मैं कोई दीवार नहीं
खुला दरवाज़ा हूँ...

(दरवाज़ा, पृष्ठ 113)

कोई भी अपने सात चक्कर लगा कर
अपनी मर्ज़ी के माफ़िक हो सकता है...

(अर्थ, पृष्ठ 133)

मोहब्बत का रिश्ता

कल्पना के मेच का
कानून का रिश्ता
मुश्किल से समझौते जितना...

(मोहब्बत, पृष्ठ 145)

जब माँ नहीं होती
किसी रिश्ते में घर नहीं होता

(पृष्ठ 155)

इस संग्रह में कुछ कविताओं की दोहराई है। हाँ, कवि की पहली कविता 'अमृता' इस तीसरे संग्रह में 'पंजा पाणियां दी' (पाँच पानियों की) के नाम से संकलित है।

इसका ज़िक्र पहले हो गया है। इस संग्रह की कविता 'कहीं भी' उदास भी करती है, भावुक भी करती है, कवि की संजीदा मोहब्बत की दाद भी देती है:

मेरा कहीं भी जाने को
मन नहीं करता...
जब कुछ नहीं कर रहा होता
कुछ नहीं सोच भी रहा होता
हँसती-हँसती वह सामने आ खड़ी होती है
वह जा कर भी कभी नहीं जाती
आ कर भी कभी नहीं गयी
आज कल वह गयी हुई है
फिर आने के लिए
मेरा कहीं भी
जाने को मन नहीं करता...

(कहीं भी, पृष्ठ 89)

कवि इमरोज़ की हस्त-लिखित में वे 30-35 कविताएँ मेरा सरमाया हैं जो कहीं भी प्रकाशित नहीं हुईं। ऐसा क्यों और कैसे हुआ, इसका कोई कारण नहीं जानती। इनमें से कुछ कविताएँ बहुत आला हैं। 2015 में "ख़्याल तेरे मेरे" प्रकाशित हुई। पर, यह ख़ूबसूरत नज़्म अमृता के जन्मदिन पर 31 अगस्त 2012 की लिखी मिलती है। कविता है 'ख़ास दिन'। कविता की आरम्भिक पंक्तियाँ हैं:

किसी ख़ास के साथ
कोई भी दिन ख़ास हो जाता है
जिस दिन हीर पैदा हुई थी
वह दिन भी ख़ास था
... ...
ख़ास के साथ

आम दिन भी, आम महीना भी
आम साल भी, आम सदी भी
ख़ास हो जाती रही है और हो भी रही है...

एक ख़ास का
आज जन्म हुआ था
वह दिन भी ख़ास था
31 अगस्त का दिन
वह ख़ुद
कल भी ख़ास थी और आज भी ख़ास है...

'अमीरी' इस छोटी सी कविता में कवि कहता है कि चाहे उसे रुपए-पैसे की अमीरी नहीं मिली पर इस अमीरी से बढ़कर कविता जैसे अमृता के साथ की अमीरी मिली है और वह भी ज़िन्दगी भर...

पूरी तरह से अलहदा विषय रखती कविता 'ज़रूरी रंग' में चित्रकार, कवि इमरोज़ ज़िन्दगी में रंगों की अहमियत को बयान रहा। 'ज़रूरी रंग' नाम की यह कविता 19-4-2005 की लिखी हुई है। इस कविता को पढ़ते हुए इस से बिल्कुल अलहदा विषय लिए हुए सुरजीत पात्तर की कविता ध्यान में आती है जिसमें पंजाबी भाषा में प्रयुक्त होते रंगों का बयान किया गया है–भूरा, स्लेटी, मिट्टी के रंग का, आसमानी और इसी तरह के 107 रंग। पर इन रंगों का दृश्य-बिम्ब बनता है–इन्हें देख सकते हैं, बता सकते हैं पर कवि इमरोज़ की कविता में रंग भाववाचक संज्ञा के साथ जुड़े, भाववाचक एहसासों में ले जाते हैं। एकदम अलहदा बिम्बों को सृजित करती, पूरी की पूरी नज़्म पाठकों की नज़र करती हूँ–

सुबह के रंग – उगते सूरज के रंग
पानी के रंग – बहते पानियों के रंग
उजालों के रंग – जाग जाने के रंग
सादगी के रंग – फ़कीरों के रंग–ख़ुद मुख्तियारी के रंग
फ़कीरी अमीरी के रंग – अपनी पहचान हो जाने के रंग
लग्गी वालों (मोहब्बत) के रंग – हीरा, सस्सियाँ, सोहणियाँ दे रंग
दीवानगी के रंग – आशिकी तक जीने के रंग
ख़ूबसूरत ख़्यालों के रंग – जीने योग्य ज़िन्दगी के रंग
जागते लोगों के रंग – आज को पूरी तरह से जी लेने के रंग
प्यार के रंग – हर रिश्ते में सब से ज़रूरी रंग...
सब से प्यारे रंग

कवि ने रंग को काव्यमय ढंग से ढाला है–उसके हर लेखन में से प्यार ही प्यार झलकता है।

17-03-05 की लिखी कविता 'नाटकी रूप' सियासत के 'नाटकी रूप' से पर्दा उठाती है जिसे

धर्म, मज़हब का बाना पहना कर लोगों को गुमराह किया जा रहा है।

9-9-05 की एक छोटी-सी कविता हसरत भरे स्वर में अपनी इच्छा को ये शब्द देती है–

कवि कविता के
हमशक्ल नहीं होते
काश–
वे हमशक्ल होते
अपनी कविता जितने
ख़ूबसूरत...

संवेदनशील शायर की 30-07-05 को लिखी कविता, उसमें व्यक्त भावनाएँ दिल को झकझोर देती हैं–

कोई किसी की मस्जिद गिराता है
कोई किसी का मन्दिर
बुलडोज़रों का
कोई धर्म ईमान नहीं होता...

(पृष्ठ 148)

'विश्वास' नाम की कविता के अन्तिम पैरे की तल्ख़ हक़ीक़त से हर कोई वाकिफ़ है पर फिर भी...

डर डर ही है
वह धरती के किसी बाप से हो
या आसमानी बाप से हो
डर में सब कुछ सहम जाता है–
मौसमों सहित सिकुड़ जाता है
जहाँ फूल बनने से पहले ही
कलियाँ ही नहीं
अपना आप भी
सूख सूख जाता है...

इस कविता के नीचे कोई तारीख़ नहीं दी। इमरोज़ जी की कई कविताओं तले उनका नाम भी नहीं। किसी जगह तारीख़ नहीं। कुछ कविताओं में नाम और तारीख़ दोनों हैं।

कवि की एक छोटी-सी कविता जो 'मोहब्बत' को परिभाषित करती, सही मोहब्बत की तसदीक करती है, के साथ ही मैं अपने इस पेपर को समेटती हूँ :

मोहब्बत
वह करामाती घटना है
जो सिर्फ़

पूर्ण औरत और पूर्ण मर्द
के बीच में घटित होती है
आधे-पौनों
के बीच में नहीं...

(मोहब्बत 20-3-06)

इमरोज़ का लेखन कविता हो, ख़त हो या ख़तों के जवाब हों या शब्दचित्र...इनमें इमरोज़ की शख़्सियत, पात्रता के जहाँ 24 कैरिटी होने का पता चलता है, वहाँ एक सच्चे-सुच्चे और ईमानदार इन्सान होने की साक्षी मिलती है।

अमृता-इमरोज़ जहाँ भी हों, उनकी रूहों को तस्कीन मिले।

कुछ नज़्में
अमृता-इमरोज़ के लिए...

इमरोज़ चित्रकार

–अमृता प्रीतम

मेरे सामने,
ईज़ल के ऊपर,
एक कैनवस पड़ी है
कुछ यूँ लगता है–
कैनवस पर लगा रंग का टुकड़ा
एक लाल पैबन्द बन कर हिलता है
और हर इन्सान के भीतर का
जानवर एक सींग उठाता है
सींग तनता है
हर कूचे गली बाज़ार में एक रिंग बनता है
मेरी पंजाबी रगों में एक सपेनी रवायत खौलती
गोया की मिथ-बुल फाइटिंग टिल डैथ

अमृता प्रीतम के नाम

–इकरम बसरा

मैं तुम्हें फिर मिलूँगा
धरती से जरा दूर हो कर
आसमान के किनारों पर
रेत के चौबारों पर

मैं तुम्हें फिर मिलूँगा
हयाती के उखड़ रहे साँसों में
समय के टूटते बाजुओं में
धूप में जल रही कपास में
चर्ख़े पर रुई बन कर
रुई से रजाई
फिर रजाई की गर्माइश (निघ) में
सर्दी में जलता हुआ
जलता, बुझता, राख होता
मैं तुम्हें फिर मिलूँगा
जैसे आने वाला मौसम
जाने वाली ऋतु को मिलता है।

अमृता-इमरोज़

—इन्द्रजीत नन्दन

काग़ज़ कैनवस की
पाक मोहब्बत जैसी इबादत
निभी अन्तिम श्वासों तक...।

अनन्त काल
शब्दों के साथ
जिया रंगों के स्पर्श के साथ
वुमैन विद माईंड
कैनवस ने उतारी
अपने मस्तक की नाभि के अन्दर
और भर गये
कई प्रेम-समन्दर...

काग़ज़ के सीने पर
मोहब्बती शब्द
पंक्ति दर पंक्ति
करते रहे सफ़र
सृजित करते रहस्य
दोनों के पास
एक प्यार
एक समर्पण
एक सोच
आदि काल से संग संग
अमृता...इमरोज़ हर पल...हर रोज़

अमृता-इमरोज़

–गुलज़ार

“तेरी नज़्म से गुज़रते एक ख़तरा रहता है
पाँव रख रहा हूँ जैसे गीले कैनवस पर इमरोज़ के
तेरी नज़्म से इमेज उभरती है
ब्रुश से रंग टपकने लगते हैं
वह अपने कोरे कैनवस पर नज़्म लिखता है
तुम अपने काग़ज़ों पर नज़्म पेंट करती हो”

इमरोज़

–गुलज़ार

एक बुढ़िया चाँद के चर्खे पे बैठी,
बादल काता करती है और,
एक गुड़िया ज़मीन पे बैठी,
सपने काता करती थी

नौ साल ही की उम्र से,
या शायद उससे भी पहले,
छोटे-छोटे रुई के गोले बँट के,
पुनिया बना के,
अपनी पच्छी में जमा कर लेती थी
और फिर उनसे नज़्मों के सूत काता करती थी
उसकी पच्छी में और बहुत कुछ भी था–
नॉवल, अफ़साने, सफ़रनामे और नज़्में
धूप से रंग निचोड़ लिया करती थी,
और मौसमों से कहती थी कि उसके दुपट्टे
को रंग दें
गुलाल की तरह सपने मुट्ठी में भर के
उड़ाया करती थी

वो गुड़िया भी अमृता ही थी
और चाँद में बैठी बुढ़िया भी वो ही है
कान लगा के सुनो
उसके चर्खे की घूँ, घूँ
यहाँ तक सुनाई देती है...

कटहरे में खड़ी नज़्म

(इमरोज़ के लिए)

-दलवीर कौर

"ठहर ज़रा !
मोहब्बत की भटटी पर
उम्र का भाड़ा देने वाले
ईंधन भी...
स्वयं ही ले कर आया करते हैं
तब जा कर कहीं कड़-कड़ करते
गेरूआ रंगी मुरमुरे नसीब..."
अभी होठों का वाक्य
पूरा हुआ नहीं था कि,
'उसने' मन का साबुत शहतीर
भटटी में बिछा दिया
त्याग दहकता रहा
तन ख़ुद-ब-ख़ुद जलता गया...
समय के सत्य के अस्तित्व के साथ
या उसने नज़र उठा कर देखा तब
भटटी वाली
दरांती, कड़ाही और मुरमुरों सहित
खड़ी हुई भाड़ा माँग रही थी... !
अध-जला ईंधन
अधूरी नज़्म की तरह
सुलग रहा था
'वारिस की कलम
कटहरे में खड़ी
ख़ामोश थी।'

इमरोज़

–पन्ना त्रिवेदी (गुजराती कवयित्री)

इमरोज़ का लौट जाना
असल में
इस धरती से
प्रेम का लौट जाना है

इमरोज़ का निधन
असल में
इस पृथ्वी पर एक प्रेम का निधन है
इमरोज़ का लौटना
धरती के स्वर्ग का उजड़ना है...

मैं तुम्हें फिर मिलूँगा

(इमरोज़ संस्करण)

–मनप्रीत मेहनाज़

मैं तुम्हें फिर मिलूँगा
कहाँ? किस तरह? पता नहीं
शायद तेरा दर्द बन कर
तेरी कविता में उतरूँगा,
या काव्य-बोल की टुणकार ही बन जाऊँ,
तेरी लय के साथ लय मिला लूँ।
शायद तेरी किसी कहानी का पात्र बनकर
तेरी सृजित कथा-भूमि में बनता-बिगड़ता रहूँ।
फिर तेरी कलम का स्पर्श मुझे मुकमल कर दे
या अधूरा छोड़ दे
पता नहीं किस तरह, कहाँ
पर तुम्हें ज़रूर मिलूँगा।
शायद हाथों में पकड़ी किताब बन जाऊँ
तू खोले, पढ़े, चूमे
और अपने सीने से लगा कर रखे,
कहीं-कहीं कुछ निशान भी लगाए,
हो सकता है तू बार-बार पढ़े
या आधे में ही छोड़ दे
पर मैं तुम्हें ज़रूर मिलूँगा
ज़िन्दगी को भरपूर जीने के लिए
एक-दूसरे का हाथ पकड़ कर
लम्बे रास्तों पर चलने के लिए
अँधेरी रातें बिताने के लिए,
सितारों को गिनने के लिए
मैं तुम्हें फिर मिलूँगा।

इमरोज़ की अन्तिम इच्छा

–सिमरन अक्स

हमारे प्यार के बीजों ने तो सदियों तक खिलना है
मैं वहाँ आ रहा हूँ अमृता तुमने जहाँ फिर से मिलना है

मैं रंगों से सजाऊँगा, तेरी तस्वीर उतरेगी
तेरी उँगली मेरी पीठ पर, मोहब्बती नज़्म उकरेगी
इन रंगों और नज़्मों को हमने कैनवस पर मलना है
मैं वहाँ आ रहा हूँ माजा तुमने जहाँ फिर से मिलना है

जहाँ इश्क़ न संस्कारों का मोहताज़ होगा
हुनर का सम्मान होगा, कला का राज होगा
यह सीने में आग जो जलती है, इसने और जलना है
मैं वहाँ आ रहा हूँ आशी तुमने जहाँ फिर से मिलना है

जहाँ वारिस भी बोलेंगे और पन्ने ख़ुद ही टटोलेंगे
तेरी चानण की फुलकारी के तुरपन गीत छू लेंगे
हमारे इश्क़ की एक बूँद ने अब फिर से घुलना है।
मैं वहाँ आ रहा हूँ प्रीतम तुमने जहाँ फिर से मिलना है

हुए आज़ाद दिल जहाँ मेरे रहबर बनायेंगे
कि हौज़-ए-ख़ास जैसा कहकशाँ में घर बनायेंगे
तेरे गिर्द घूमना है मैंने, सारा संसार अपने में समेटना है
मैं वहाँ आ रहा हूँ बरकत तुमने जहाँ फिर से मिलना है

तू सच कहती है ओ प्यारी ! हर जन्म साथ चलता है
ज़िस्म गर ख़त्म हो भी जाये न रूह का रिश्ता टूटता है
आ अगले सफ़र पर मिलकर एक साथ और चलना है
मैं वहाँ आ रहा अमृता तुमने जहाँ फिर से मिलना है
मैं वहाँ आ रहा हूँ अमृत...

इमरोज़ के नाम

–हरकीरत हीर

जब से तुम्हारे बारे में सुना है
रूह काँप गयी है
कुछ रिश्ते बहुत छोटे रह जाते हैं
मुहब्बत जैसे बड़े अक्षर
वे समझ नहीं पाते
बता मैं तुझे कैसे मिलूँ
कैसे तुम्हारे पास आकर दरिया बन जाऊँ
गुम जाऊँ साँसों में
बहुत देर रखा है आज
रब की देहरी पर सर
तुम्हारी ख़ामोशी के शब्द टटोलती
उसे आवाज़ दी है
आज मेरे शब्द छोटे हो गये हैं
और तुम्हारी चुप्पी बड़ी
आ मैं तुम्हारे पैर चूम लूँ
इक मुहब्बत आज दूसरी मुहब्बत को
माथा टेकना चाहती है...

इमरोज़

(एक ख़त के जवाब में)

–हरकीरत हीर

इमरोज़
यह ख़त, ख़त नहीं है तेरा
मेरी बरसों की तपस्या का फल है
बरसों पहले इक दिन
तारों से गर्म राख झड़ी थी
उस दिन
इक आग अमृता के सीने में लगी
और इक मेरे
जलते अक्षरों को
बरसों सीने से चिपकाए हुए
कोरे कागज़ की सतरों को
शापमुक्त करती रहीं...
शायद
यह कागज़ के टुकड़े न होते
तो दुनिया के कितने ही किस्से
हवा में यूँ ही बह जाते
और औरत
आँखों में दर्द का कफ़न ओढ़े
चुपचाप
अर्थियों में सजती रहती...
इमरोज़ यह ख़त, ख़त नहीं है तेरा
देख मेरी इन आँखों में
इन आँखों में

मौत से पहले का वह सकूं है
जिसे बीस वर्षों से तलाशती मैं
ज़िन्दगी को
अपने ही कन्धों पर ढोती आयी हूँ

यह ख़त
उस पाक रूह से निकले अल्फाज़ हैं
जो मुहब्बत की खातिर
बरसों आग में तपी थी
आज तेरे इन लफ्ज़ों के स्पर्श से
मैं रुई सी हल्की हो गयी हूँ
देख, मैंने आस्माँ की ओर
बाँहें फैला दी है
मैं उड़ने लगी हूँ
और यह देख
मेरी ख़ुशी में
बादल छलक पड़े है
मैं बरसात में भीगी
कली से फूल बन गयी हूँ
जैसे बीस बरस बाद अमृता
एक पाक रूह के स्पर्श से
कली से फूल बन गयी थी...
इमरोज़ !
तुमने कहा है–
कवि, कलाकार 'हकीर' नहीं होते,
तुम तो ख़ुद एक दुनिया हो,
शमा भी हो और रोशनी भी
तुम्हारे इन शब्दों ने आज मुझे
अर्थ दे दिया है
भले ही मैं सारी उम्र
आसमान पर
न लिख सकी
कि ज़िन्दगी सुख भी है
पर आज धरती के

एक क़ब्र जितने टुकड़े पर तो
लिख ही लूँगी
कि ज़िन्दगी सुख भी थी
हाँ इमरोज़ !
लो आज मैं कहती हूँ
ज़िन्दगी सुख भी थी...

इमरोज़ के जन्मदिन पर

–हरकीरत हीर

आज का ही दिन था
जब रंगों से खेलता वह
माँ की कोख से उतर आया था
और ज़िन्दगी भर रंग भरता रहा
मुहब्बत के अक्षरों में...

कभी मुहब्बत का पंछी बन गीत गाता
कभी दरख़्तों के नीचे हाथों में हाथ लिए
राँझा हो जाता...
दुनिया देखने के लिए
कमरे के ही सात चक्कर लगा
मुहब्बत के सामने खड़ा हो मुस्करा उठता
मैं दुनिया देख आया अमृता
तेरे सिवाय कहीं कुछ नहीं
मेरा कैनवस भी तू है
और मेरे रंग भी...
आ इक दूज़े के ख़्यालों में
रंग भर लें और एक हो जायें

वह आज का ही दिन था
जब इक सोच ने पैदा होकर
मज़हबों के दरवाज़े की साँकल तोड़
मुहब्बत की नज़्म लिखी थी
इक आजाद नज़्म
जो उम्र, जाति के बन्धनों से परे

मुहब्बत के मज़हब पर खड़ी
हवाओं से पूछती–
बता तेरी ज़ात क्या है?
ख़ुशबू की ज़ात क्या है?
वही मेरी ज़ात है...
वह आज ही का दिन था इमरोज़
जब तूने जन्म लिया था
और सोच के
नये रंग को जन्म दिया था
और वह था सिर्फ़ मुहब्बत का रंग
सिर्फ़ मुहब्बत का रंग...

इमृता

–रूप सतवंत

रात बहुत गहरी हो गई थी। सुबह के डेढ बजे हैं। पहला पहर जैसे दरारों में से झाँकने की तैयारी में है। कहीं-कहीं से आ रही है हल्की सी की आवाज़ मद्धिम-मद्धिम, नर्म-नर्म और...सर्दी कितनी कर्क़श चौकीदार की तरह चक्कर लगा रही सड़क पर लाठी खटखटाते हुए। यूँ तो इस समय तक सो जाता हूँ, पर आज जाने क्या हो गया है? सोचे जा रहा हूँ–तेरे बारे, हाँ-हाँ तेरे ही बारे में 'इमरोज़'। एक बात बताऊँ। मैं कसम खा कर कहता हूँ, "मुझे नहीं मालूम था तेरे इमरोज़ होने का राज़। तुमने ख़ुद को इस तरह का कैसे बना लिया? ज़िन्दगी का अलजबरा तुमने मुहारनी की तरह कैसे रट लिया? हैरत है! ज़्यादा कुछ तो मैं नहीं जानता, बस एक ही किताब पढ़ी थी तुम्हारी, "जश्न जारी है।"

हाँ, उसकी (अमृता) किताबों के सरवरकों पर टहलता हुआ तेरा ज़िक्र अकसर देखा है। उसके अक्षरों में बसी तेरे ब्रुश की रंगत बहुत बार देखी है। उसकी कलम से लिपटी तेरी गम्भीर मुस्कान कभी छुपी नहीं रही मुझसे। पर देखना तो हमारा मुकद्दर ! न मैंने तुम्हें देखा कभी और न तुमने मुझे। चल, जाने दे। कोई और बात करते हैं।

मैं देख रहा हूँ, इर्द-गिर्द तेरे चले जाने का अफ़सोस। होना ही चाहिए है। आगे से आगे होकर सोशल मीडिया पर डाली जा रही हैं तेरी और उसकी तस्वीरें। गाए जा रहे हैं तुम दोनों की कविताओं के माँगे हुए मर्सिए। बातें, पोस्टें पता नहीं क्या कुछ ! न जाने हमारे दुख का कोई रूप है या कुछ और। दोस्ता...! तेरा होना कमाल था, पर तेरा न होना बा-कमाल है। पहले तो नज़रों के नज़रिए तक; शब्दों की ओट तक या शरीरों की बुर्जी तक महदूद किया हुआ था हमने तुम दोनों की मोहब्बत को। पर, अब तू पारले पार निकल गया है, एकदम उसके पास और बदन से पार होकर तुम एक हो गए हो। यह अफ़सोस की बात तो नहीं हो सकती? हाँ, तेरी प्रत्यक्षता का अभाव ज़रूर है। हमने हीर, सस्सी, सोहणी की कहानियाँ ही सुनी हैं, देखी कभी नहीं। हमारे समय से बहुत पहले वे छुपन-छुपाई खेलती हुई; कहीं जा छुपीं और फिर से दोबारा कभी नज़र नहीं आयीं। पर अगर तुम न होते तो कैसे लिखी जाती प्यार की यह आज की और अनूठी प्रेम गाथा– 'इमृता'। तेरे समय (काल) में हमारा होना भी ख़ुशकिस्मती हो गया है अब। हम सीधे न सही पर अक्षरों, रंगों और तस्वीरों द्वारा तुम्हें छूते रहे हैं। हमें तेरे जैसे मोहब्बती शख़्स पर बहुत ही फख्र है। इस मेहरबानी का कोई सिला नहीं दिया जा सकता। और देने की ज़रूरत भी नहीं। वह तेरी करनी की तौहीन ही होगी। क्योंकि

तेरे जैसे इन्सान ख़ुशियाँ दे कर भूल जाते हैं और हमारे जैसे...लेकर। इस सदी के सीने पर सुच्ची मोहब्बत का यह विशिष्ट पद चिन्ह डालने के लिए तेरा शुक्राना।

मन में ख़्याल आता है कि तेरे किसी दोस्त से तेरे बारे में कुछ पूछूँ। बहुत बातें करूँ। पर तेरे साथ का, तेरे बर मेच का मिलता ही नहीं कोई। यह सब लोग बौने से लगते है तेरे सामने। इन लोगों में मैं भी आता हूँ। मुझे लगता है झूठ कहते है लोग भई कोई छोटा-बड़ा नहीं होता! छोटा भी होता है—मैं, और बड़ा भी होता है—तू।

और फिर अगर छोटे न हों तो बड़े...बड़े किसे कहेंगे?

और अगर बड़े न हुए तो छोटे किसके जैसे बनेंगे??

पर तू तो इन गणनाओं से बाहर था। शायद इसीलिए अहं के टीले को तूने बुहार कर रखा था। सुहागा (हेंगा) किए रास्ते की तरह एकदम समतल न कोई टेढ़, न मेड़।

किस मिट्टी का बना था तू? हक जताना तुम्हें आया नहीं? या तुमने जताया ही नहीं? कही नीतशे के 'महा-मानव' वाले रास्ते पर तो नहीं था चल पड़ा था तू? अस्तित्ववाद का नया चिन्ह डालने। कभी-कभी तू मुझे बाबा फ़रीद का पहल-पहलौठा शिष्य लगता है—एकदम ही फक्कड़ और कभी बाबा बुल्लेशाह के गौत्र का। पर, न भई तू तो रांझे का संगी-साथी होगा। उसकी बाँसुरी से निकलता था वियोग और तेरे ब्रुश से। वाह! ओए रब के बन्दे! तेरा सानी नहीं कोई।

अच्छा! यह तो बता तू आया किस देश से था? और चला गया किस मुल्क में? नफ़रत के मोहल्ले और ख़ुदगर्ज़ी के मकानों में रहने वालों (हमारे जैसे) को भी मिल जाए उस मोहब्बतस्तान का पता। मैं तो इमरोज़ को ही थोड़ा-बहुत जानता था, पर अब लोग तुझे इन्द्रजीत 'इमरोज़' कह रहे हैं। 'इमरोज़' तो बस इमरोज़ ही था; यह इन्द्रजीत इमरोज़ का फलस्फ़ा मेरे हिसाब में नहीं आया। मैंने अभी कहा है भई थोड़ा-बहुत जानता था मैं तुम्हें। वह इसलिए क्योंकि तेरे जैसे हम जैसों की सोच के काबू में कहाँ आते हैं? हम तो किनारों पर खड़े होकर सिर्फ़ गहरे पानियों का अंदाज़ा ही लगा सकते हैं और तुम ने सागर में डुबकी लगाकर तैरने का हुनर सीखा हुआ है। यह फ़र्क़ बहुत ही बड़ा है—समझ से हटकर।

कहते हैं भई इन्द्रजीत ने 'इन्द्र देवते को जीत लिया था। जीत लिया होगा भई। पर तू तो बैरिया 'अन्दर' को ही जीत बैठा था। इसलिए अगर तू घरवालों का इन्द्रजीत था भी, तो भी मैं तुम्हें 'अन्दरजीत' कहूँगा। लोग सच की खोज में, निर्वाण की प्राप्ति के लिए जंगलों-पहाड़ों में जा बैठते हैं, पर तेरे लिए 'के-25, हौज़ ख़ास' ही बोद्ध—गया' हो गया! बल्ले ओए परबोद्धिया।

मैं सोचता हूँ कि अगर कहीं सिकन्दर, हिटलर या मुसोलिनी का सामना तुमसे होता तो इतना ख़ून-ख़राबा होने से बच जाता, क्योंकि तुमने तो उन्हें भी मोहब्बत सिखा देनी थी। किस तरह का लगता कैनवस के सामने ब्रुश पकड़े खड़ा हुआ हिटलर और बाँसुरी बजाता सिकन्दर। चाहे हास्यास्पद कल्पना लगते हैं, पर तवारीख के स्याह और ग़ैर-मानवीय सच से तो कहीं अच्छे होते। पर...होनी को कौन होने से रोके??

सामान्य धारणा है कि चैन-सुकून कैसे लें यह ज़िन्दगी नहीं ठहरने देती भगाए रखती है। अब जो भागी जा रही बस में बैठेंगे तो रास्ते के दरख़्त, दुकानें और अन्य सब चीज़ें भागती-दौड़ती ही लगेंगी। पर अगर बस से उतर कर इत्मिनान से देखिए तो सब कुछ अपनी जगह पर ही होता।

आनन्द में। तू इस स्वार्थों वाली बस की सवारी नहीं बना था, शायद इसीलिए आनन्द ले गया। कोई ज़िन्दगी को जुआ बताता है, कोई गीत, कोई पहेली और कोई युद्ध। पर तुमने तो हद ही कर दी। ज़िन्दगी को एकदम सामने बिठा लिया और फिर जी भर कर बाते की–बिना शब्दों के। ज़िन्दगी तेरे बहुत काबू आई।

सच हमने सवारी की बात चलाई थी और सवारी से एक और बात याद आ गयी। पूछ सकता हूँ? चल पूछ ही लेता हूँ। जब तेरे स्कूटर के पीछे बैठी, वह तेरी पीठ पर किसी और के इश्क का अक्षर लिखती थी तब कैसा लगता था तुम्हें? हमारे जैसी मर्दानगी या पजैसिवनेस की खुजली तो नहीं होती थी तेरे सीने में?

बताना...! सामने आलमारी में पड़ी उस ऐश ट्रे ने क्या तुझे कभी नहीं परेशान किया? जिसमें से उठाकर पीता था कोई किसी और की जूठी सिगरटों क टुकड़े? तुमने कभी कोशिश नहीं की उसके दिल के दरवाज़े पर अपनी पक्की नेम प्लेट लगाने की? कमाल है! बा-कमाल है। वाह... क्या महरम था तू!

मुआफ़ करना, मैंने तुम्हारी भावनाओं की नुमाईश नहीं लगानी। पर तेरे जैसे पक्के रंग में से ज़रा सा रंग चुरा कर रूह रंगने की ख़ुदगर्ज़ी ज़रूर है मुझे। और पता भी है, भई यह इतनी सरल बात नहीं–बड़ी टेढ़ी खीर है। जो तुमने तकले की तरह सीधी कर दी...और फिर स्वाद ले कर चम्मच-चम्मच लेकर खाई। हम आजमाईश के फीते से निकालते हैं रिश्तों की पैमाईश। पर तुमने न पैमाना उठाया, न जरीब। और पता नहीं कैसे खींचता रहा रूहदारी की सीधी और सुर्ख लकीरें। तेरे जैसे चित्रकार का तस्सवर किस तरह का होगा, यह हमारे तस्सवर के दायरे में आने वाली रमज़ नहीं। उम्र में, तो चाहे मैं तुमसे पचास साल छोटा हूँ पर फिर भी तेरे साथ दोस्तों की तरह बातें करने को दिल किया। तभी तो कोई 'श्री' या 'जी' नहीं लगया तेरे नाम के साथ कि नाम ही काफ़ी है 'इमरोज'।

अगली तो जाते हुए तुम्हें कह गयी थी, 'मैं तुम्हें फिर मिलूँगी'। पर ऐसा हक और हिम्मत हर एक के पास नहीं होती। हाँ ! पर मैं तुम्हे अर्ज़ तो कर ही सकता हूँ कि तू हमें फिर मिलना; ज़रूर मिलना !

अच्छा फिर ! अल्लाह बेली !

इमरोज़ का आर-परिवार

सुरजीत कौर
इमरोज़ की बड़ी बहन

सूबेदार स. बेअंत सिंह
सुरजीत कौर का पति

सुभाग कौर
इमरोज़ की छोटी बहन

रिटा. इ ओ स. गुरप्रकाश सिंह सोही
सुभाग का पति

कोनार्क सिंह
इमरोज़ का भतीजा

मयंक सिंह और अनूप सिंह
इमरोज़ के भतीजे

प्रेमलता कौर इमरोज़ के
भाई अवतार की पत्नी

कला, इल्म और हुनर को समर्पित भंगू परिवार

–अमिया कुंवर

स. कृपाल सिंह भंगू

स. कृपाल सिंह भंगू इन्द्रजीत/इमरोज़ के पिता जी पेशे के तौर पर किसान थे पर उनके अन्दर कलाकार का दिल धड़कता था। मौसिकी उनका शौक ही नहीं जनून था। उन दिनों मूक फिल्में होती थीं। कृपाल जी फिल्म देखते। पृष्ठभूमि में चलते संगीत का आनन्द लेते। वापस लाहौर आकर संगीत निर्देशक के पास बैठ कर हारमोनियम बजाते थे। उन्हें पढ़ने-लिखने का भी शौक था। इमरोज़ ने दैनिक जागरण (8 फ़रवरी 2009) में संध्या रानी के साथ हुए एक इंटरव्यू में बताया है कि, मेरे पिताजी अमृता के बहुत बड़े प्रशंसक थे। हमारे घर में एक पंजाबी मैगजीन आती थी। उसमें अमृता की कहानी या कविता छपती थी जिसे मेरे पिता जी बहुत चाव से पढ़ते थे। इस तरह वे मुझसे भी पहले अमृता को जानते थे। अमृता जी ने एक बार बताया कि वह 'नागमणि' पूरे चाव से पढ़ते थे। बेसब्री के साथ प्रतीक्षा करते। अगर कभी मैगजीन मिलने में देर हो जाती तो इमरोज़ को उलाहना देते। इमरोज़ हँस कर अमृता से कहते–उनका चन्दा मैं दे दिया करूँगा। मैगजीन पूरे समय पर उन्हें मिलनी चाहिए। दरअसल जब अमृता-इमरोज़ ने मिलकर 'नागमणि' निकालनी शुरू की थी तब दोनों ने आपस में कुछ फ़ैसले लिए थे। उनमें से एक यह भी था कि वे 'नागमणि' किसी को मुफ्त में नहीं देंगे। अमृता जी ने एक बार हँसते हुए बताया कि वह एक बार इमरोज़ के साथ उनके गाँव गये उनके पिता से मिलने। कुछ देर औपचारिक बात-चीत, हाल-चाल पूछने के बाद इमरोज़ के पिता जी हँस कर अमृता जी को कहने लगे–यह जो 'नागमणि' के पाठकों के जवाब इन्द्रजीत (इमरोज़) देता है। वह वास्तव में वही देता है या उसके नाम पर तू देती है। इतना स्याना तो वह है नहीं।

एक और ख़ूबसूरत बात का ज़िक्र करना बनता है। जब इमरोज़ अमृता ने मिलकर रहने का फ़ैसला किया तब इमरोज़ का पूरा परिवार उनके इस फ़ैसले के खिलाफ़ था। अमृता के बच्चों ने साथ तो नहीं दिया पर विरोध भी नहीं किया। सिर्फ़ इमरोज़ की दादी ने उनके हक़ में फैसला दिया। इमरोज़ से उन्हें बेइन्तहा प्यार था। आख़िर वह उनका पहलौठा पौत्र था और बिन माँ का भी। उन्होंने पूरे परिवार के सामने अमृता-इमरोज़ के हक में ऐलान किया। जब वे दोनों एक-दूसरे के साथ में

ख़ुश हैं तो आप लोगों को किस बात का ऐतराज़ है। माँ की मृत्यु के बाद इमरोज़ की बड़ी बहन जीता नौ साल की उम्र में घर के कामों, ज़िम्मेवारियों के बोझ से लद गयी।

अवतार सिंह (इमरोज़ का छोटा भाई) मूर्तियाँ घढ़ते हुए

इमरोज़ का छोटा भाई अवतार सिंह बहुत बड़ा कलाकार बना। उसका कहना है कि उसे यह प्रेरणा अपने भाई से मिली थी। वह पेशे से ही नहीं, शौक से भी मूर्तिकार था। उसका जन्म किसान परिवार में पश्चिमी पाकिस्तान में हुआ। उन्हें सब प्यार से बाऊ जी और गर्व से प्रधान जी कहा करते थे। उन्होंने 1956 में पोलिटेक्निक, दिल्ली से मूर्तिकला में डिप्लोमा किया। उन्होंने अपने काम के लिए संगमरमर को चुना। भगवान शिवा और उनके कई रूपों को संगमरमर द्वारा गढ़ा। उनके इस हुनर ने उन्हें कई सम्मानों से नवाजा। नेशनल अवार्ड (1983), नेशनल फैलोशिप (1996), दिल्ली की AIFACS की ओर से कला विभूषण (1989), IAFA अमृतसर की ओर से 1985 में, यहीं से ही उन्हें 1990 और 2007 में सम्मानित किया गया। 1995 में AIFACS नई दिल्ली (1995) तथा और कई संस्थाओं की ओर से सम्मानित हुए। उन्होंने कला की कई नुमाइशें लगायीं-अमृतसर, दिल्ली, बुदापेस्ट (हंगरी), कई राष्ट्रीय, अन्तर्राष्ट्रीय कार्यशालाओं में शिरकत की, पटियाला, चण्डीगढ़, देहरादून, महाबलीपुरम, जम्मू, हैदराबाद, गाजियाबाद, जलगाँव आदि। उनका अधिकतर समय दिल्ली और अमृतसर की आर्ट-गैलरियों में बीतता। वे 20 वर्ष ललित कला अकादमी, दिल्ली की ग्रांट कमेटी के सदस्य रहे। दो साल कल्चरल कमेटी गवर्नमेंट ऑफ़ इंडिया के ज्यूरी मेम्बर रहे। ललित कला अकादमी की ओर से लगाये गये कला मेले के इंचार्ज़ भी रहे। वे IAFA, अमृतसर के, दस वर्ष प्रधान भी रहे। तभी से सब उन्हें प्रधान जी कह कर सम्बोधित करने लगे। 2012 में 74 वर्ष की उम्र में उनकी मृत्यु हो गयी। अपने पीछे वे पत्नी प्रेमलता, तीन बेटों मयंक सिंह, कोनार्क सिंह और अनूप सिंह को गमज़दा कर गये। तीनों बेटे अपने-अपने क्षेत्र में कामयाब और सुखद विवाहित ज़िन्दगी बिता रहे हैं। मयंक सिंह भी एक बेहतरीन और कामयाब

आर्टिस्ट है। ललित कला अकादमी, दिल्ली की ओर से उसकी कला को चुना गया है। इमरोज़ की छोटी बहन सुभाग कौर, जिसे प्यार से भागां कह कर बुलाया जाता था। पढ़ाई में बहुत होशियार थी। उसने दिल्ली में इमरोज़ और अवतार के साथ रह कर पढ़ाई की।

गवर्नमेंट हाई स्कूल, करमपुरा अमृतसर से बतौर प्रिंसिपल रिटायर हुई। मुझे और इमरोज़ जी को गुरु नानक देव यूनिवर्सिटी की ओर से 26 फरवरी 2006 में कवि दरबार में शिरकत करने का निमन्त्रण मिला। 27 फ़रवरी मैं और इमरोज़ रात को सुभाग के घर रहे। उन्हीं दिनों 'अक्खर' (पंजाबी मैगजीन) में मेरा लेख 'अमृता-इमरोज़ दे नाल-नाल तुरदियाँ' छपा था। वह मैगजीन सुभाग के हाथों में थी। चेहरे पर उदासी थी। उन दिनों वह अमृतसर, ग्रीन फील्ड, ए ब्लॉक में रहती थी। उसके कोई सन्तान नहीं हुई थी। उम्र के अन्तिम चार सालों में, जब वह बीमारी में चलने में भी असमर्थ हो गयी थी तब अपने भाई अवतार सिंह के पास रहने लगी थी। वहाँ ही 25 दिसम्बर 2018 में वह परलोक गमन कर गयी।

कृपाल सिंह भंगू के परिवार का सबसे चर्चित और चमकता सितारा इन्द्रजीत उर्फ इमरोज़ थे, जो अपने जीवन-ढब के कारण जीते–जी मिथ में रूपान्तरित हो गये।

इमरोज़ कलाकार न जाने कितनी कलाओं का मालिक। कैलीग्राफ़ी, रेखा चित्र, दीवार-चित्र, टैक्सटाइल डिज़ाइन, घड़ियों, कैलेंडरों' के नये रूप गढ़ना, कई प्रसिद्ध एल पी कवर डिजाइन किये। फिल्मों के टाइटल, होर्डिंग, पोस्टर...न जाने कहाँ कहाँ नहीं उनके रंगों और ब्रुश ने अपना कमाल दिखाया। उनके लिए ईश्वर की बनायी कुदरत की, पूरी कायनात की हर शय कैनवस थी। जहाँ तक सम्भव हो, स्पेस हो, हाथ-ब्रुश की पकड़ हो। वह रंगों से, कूची के स्पर्श से, पैंसिल के साथ अपने हुनर का जलवा दिखा देते। काग़ज़ हों, बोर्ड हो, लैम्प शेड हों, दीवारें, दरवाज़े, खिड़कियाँ, रसोई की टाइलें, डाइनिंग मेज का काँच, सड़कें हो या फिर अमृता प्रीतम का मस्तक... मुम्बई में एक बार एक लम्बी सड़क पर यातायात का आना-जाना बन्द किया गया। कोई भी ट्रैफिक नहीं निकल सकता था। आम लोग, पैदल चलने वाले वहाँ कुछ भी, किसी भी तरह से नाच-खेल सकते थे। अपना मनोरंजन कर सकते थे। तब इमरोज़ एक थैले में चॉक भर कर ले गये थे।

उनके साथ अलका, शिल्पी और शिल्पी का बेटा निर्वाण भी थे। उन्होंने निर्वाण के साथ मिलकर सड़क पर चॉक से ड्राइंग करनी शुरू की। उनको देखते हुए और लोगों ने इमरोज़ के थैले से चॉक लेकर सड़क पर चित्र बनाने शुरू कर दिये। उन्हें डिजाइन शब्द के साथ बेहद मोह था। हर चीज़, हर बात में डिजाइन तलाशते। नूरी बताती है, कि बचपन में वह किसी बात पर उदास होती तो कहते–"तू किसी की बात पर ध्यान देकर, दुखी होकर अपने चेहरे का डिजाइन न ख़राब किया कर।" पिया कहती है, वे मेरे काम के डिजाइन के प्रति अकसर जिज्ञासा से भर कर पूछ-पड़ताल किया करते। अमृता जी के बाद एक बार अहमद सलीम पाकिस्तान से आया। मैं उसे लेकर इमरोज़ जी के यहाँ गयी। उन्होंने कुछ देर के लिए तो उसे पहचाना ही नहीं। जब मैंने कहा, इमरोज़ जी ! अहमद सलीम। इमरोज़ हैरान। अहमद सलीम के चेहरे को हाथों में लेकर कहने लगे, ओए ! तूने अपने चेहरे का डिजाइन कैसे बिगाड़ लिया हैं। बाज़ार से भिंडी भी लाते तो एक ही साइज़ की, डिज़ाईन देखकर। कहते, लोग कैसे अलग-अलग साईज़ की, पतली-मोटी भिंडी ले लेते हैं। देखने में भी सौन्दर्य होना चाहिए। 2007 से 2017 तक उन्होंने बहुत ख़ूबसूरत, न्यारे ढंग के कैलेंडर तैयार किये और हौज़ ख़ास की प्रिंटवेस दुकान से छपवाए। इन कैलेंडरों की ख़ूबसूरती और न्यारापन यह है कि यह कला और साहित्य का बेजोड़ नमूना हैं। कैलेंडर की तारीख़ों और सन् से ज़्यादा अहम है एक ओर इमरोज़ की कलाकृति वह चाहे अमृता का स्केच हो या इमरोज़ की कोई दिलकश पेंटिंग। दूसरी ओर इमरोज़ की कोई कविता। 2007, 2008 के कैलेंडर अलग-अलग नज़्मों के साथ एक ही तस्वीर (काली-सफ़ेद) की दोहराई करते हैं। जबकि बाद के कैलेंडर रंगीन तस्वीरों के साथ लोगों को आकर्षित करते हैं। प्रिंटवेस के मालिक विकास शर्मा के साथ इस बाबत बहुत लम्बी और दिलचस्प बातचीत हुई। लगभग दो घंटे। इमरोज़ के साथ जुड़े अनेक किस्से उनकी यादों में महफूज़ हैं।

वे बताते हैं कि लोग इमरोज़ के दीवाने थे। कुछ औरतें तो हमारी दुकान पर इमरोज़ से मिलने की उम्मीद में चक्कर लगाया करती थीं। मैं उनसे मज़ाक में कहा करता था—बाहर अकेले न निकला करें, किसी दिन आपने किडनैप हो जाना है। उनकी बातें कमाल की हुआ करतीं। उनके साथ बात करना इतना अच्छा लगता था कि मैं अपने काम वालों को कह देता कि इनका काम आराम से करें, ताकि उनके साथ अधिक-से-अधिक वक़्त बिता सकें। एक-दो औरतें हमारी दुकान पर लगे कैलेंडर पर लिखी कविताओं को पढ़कर भावुक हो गयी। हमसे उनका पता जान लिया और वहाँ पहुँच गयी। जब हर कोई उनसे कैलेंडरों की माँग करने लगा तो कहने लगे—मुफ़्त में कुछ नहीं मिलता। ईश्वर को भी प्रसाद चढ़ाना पड़ता है। अपनी मर्ज़ी से चाहे वह किसी की इच्छा पर दुनिया लुटा दें। विकास जी इमरोज़ के कला-हुनर का एक और उदाहरण देते हैं। वे बताते हैं कि 1984 के दंगों में चारों ओर आगजनी, तोड़-फोड़ के दृश्य दिखाई देते थे। उन्होंने बताया कि हौज़ ख़ास मार्किट में एक सिख की कबाड़ी की दुकान थी। वह भी जला दी गयी। इमरोज़ बाज़ार आये। उस दुकान को देखा। एक किताब उठायी—उसकी निचली नुक्कड़ टेढ़े ढंग से जली हुई थी। उसको झाड़ा और उसके टेढ़ेपन को एक नया डिज़ाइन दिया और अपने ब्रुश की छुआन से और कैलिग्राफी से उसे एक नायाब पेंटिंग बना दिया। प्रिंटवेस इसलिए भी विशेष अहमियत रखता है। अमृता—घर के कई निजी और ज़रूरी काम यहीं पूर्ण हुए। यहीं घर की वसीयत विकास शर्मा के पिता एस.के. शर्मा की मौजूदगी को, साक्षी बना कर तैयार की गयी।

इमरोज़ अफ़रोज़ ताज़ के साथ हुए इंटरव्यू में अपनी भविष्य की योजना साँझी करते हैं कि वे कैलीग्राफी की किताब तैयार करेंगे और विश्वास में भर कर कहते हैं कि वे तैयार कर ही लेंगे। अब वक़्त ने उन्हें मोहलत दी या नहीं—कुछ पता नहीं...

अमृता/इमरोज़ का आर-परिवार

(अमृता प्रीतम की पोती शिल्पी आचार्य के शो-रूप के उद्घाटन के अवसर पर, मुम्बई 14 अगस्त 2011)

इस तस्वीर में इमरोज़, अमिया, अलका, शिल्पी, नवराज और अमन क्वात्रा हैं। अमृता की बेटी कंदला अपने बेटे कार्तिक व बेटी नूर आरोही के परिवार के साथ विदेश (वर्ज़िनिया) में होने के कारण इस तस्वीर में नहीं है। परन्तु उनके आलेखों के साथ उनकी तस्वीरें दी गयी हैं। (बाद में इन दोनों परिवारों के बच्चों के विवाह होने और उनके बच्चे होने पर यह परिवार और विशाल हो गया।)

इमरोज़ के साथ शिल्पी, उसके पति विशाल आचार्य

अमृता-प्रीतम और उनका बेटा नवराज क्वात्रा

इमरोज़ जी की यादें

–अलका क्वात्रा

आज इमरोज़ जी भी कुदरत के रंगों में हैं
इमरोज़ जी हमेशा कुदरत के रंगों से खेलते
इमरोज़ जी और अमृता जी दोनों
आज कुदरत के रंगों में मिल गये।
जो कभी अलग नहीं थे
अब वह दोनों और भी पास हैं
एक दूजे के लिए हैं।

अमृता के इमरोज़
अमृता अक्षरों में हैं
इमरोज़ रंगों में हैं
और दोनों अब साथ हैं।

इमरोज़ जी के साथ बिताए वह 42 साल मुझे आज भी कल की बात लगते हैं। मुझे याद है, जब मैं शादी होने के बाद इस घर में आयी, तब मुझे बेटी के जैसा ही अमृता जी और इमरोज़ जी से बहुत सारा प्यार मिला। एक दिन मैंने देखा कि इमरोज़ जी और अमृता जी दोनों मिलकर कुछ काम कर रहे थे। मैंने पूछा "बाबाजी, आप क्या काम कर रहे हैं?" इमरोज़ जी बोले "बेटा, यह एक पंजाबी मैगजीन है जो हम मिलकर हर महीने निकालते हैं।" मैंने पूछा "बाबाजी, मैं भी कुछ मदद करूँ?" तो वह बोले "क्यों नहीं?" फिर अमृता जी से बोले, "अमृता देख, आज नागमणि–घर का एक और सदस्य बढ़ गया है।" और उस दिन के बाद से मैं भी हर महीने मैगजीन की तैयारी में मदद करती।

इमरोज़ जी बाहर कहीं भी जाते, तो बिना बताये नहीं जाते थे।

2020 के कोरोना काल के 'लॉकडाउन' में भी वह हमेशा ख़ुद को ख़ुश और व्यस्त रखते। किताबें पढ़ते, पेंटिंग करते, घर के अन्दर 'वॉक' करते और पौधों को पानी भी देते।

उनको सफेद रंग बहुत पसन्द था। उनके कमरे में उनकी टेबल, कुर्सी, पलंग और दीवारें, सभी सफेद रंग की थीं। एक तरफ़ रखे सफेद खिल-खिलाते फूल। और सफेद दीवारों को सजाती रंगों से भरी उनकी पेंटिंग्ज़। उनके स्वर्गवास के बाद उनके 98वें जन्मदिन पर जब मैंने उनके प्रिय सफेद फूलों को उनके कमरे में सजाया तो ऐसा लगा कि वह अभी भी हमारे बीच हैं।

यादें बाबा जी की

-अमन क्वात्रा

बाबा जी के साथ बिताए समय को याद करते हुए यादों की शानदार नदी पूरे वेग में बहती नज़र आती है। उनका शालीन और शान्त स्वभाव मुझ पर सकूनदायक प्रभाव डालता रहा है और जिसे याद कर आज भी चेहरे पर ख़ुद-ब-ख़ुद मुस्कराहट आ जाती है। उनकी परवरिश में बड़ा होना पूर्णतया आनन्ददायक था। और भी बहुत सारी बातें हैं, जो हमें एक-दूसरे के साथ जोड़ती हैं, ख़ास तौर पर कुदरत और तकनीकी विषय के प्रति हमारा प्यार। जैसा कि ज़्यादातर लोग जानते हैं, बाबा जी कुदरत में रहना, फूलों-पौधों में विचरना पसन्द करते थे। हर रोज़ वे कुदरत का आनन्द लेते, सैर करते और घर की बगिया में फूल-पौधे रोपते, उगाते। वे अकसर बहुत ख़ूबसूरत फूल घर में लाते। अपने कोमल और प्यार भरे स्पर्श से उनकी देखभाल करते। मुझे याद आता है, ऐसे समय में मैं अकसर उनके पास होता, उनके साथ फूल-पौधों की बातें कर के उनकी मौजूदगी में रहने के सुखद एहसास को महसूस करता। वे अकसर अपने साथ पक्षियों के लिए बाजरा लेकर रखते। सुबह-शाम दर्जनों की तादाद में पक्षी उनके इर्द-गिर्द झुरमुट डाले आते। अभी मैं अपनी बगिया में पानी लगा कर आया हूँ और उनकी अविस्मरणीय यादों को अपने आलेख में सँजो रहा हूँ। बाबा जी को याद कर दिल ही दिल में उनके लिए शुक्राने से भर जाता हूँ कि उन्होंने मुझे कुदरत के साथ जुड़ने की बेशक़ीमती दात बख़्शी।

यह हैरानी की बात है कि अधिकतर लोगों की जानकारी में नहीं कि बाबा जी नये विकसित तकनीकी क्षेत्र में दिलचस्पी रखते थे। मुझे याद है कि वे अख़बारों में आये म्यूजिक सिस्टम, कम्प्यूटर, टेलीविज़न, आई पैड्स तथा अन्य उपकरणों के इश्तिहारों को रेखांकित करते और दुकानों पर जाकर उन्हें देखते, जाँच-पड़ताल करते। बाबा जी के पास नये से नया म्यूजिक सिस्टम होता था, जिस पर वह अपना संगीत संग्रह सुनना पसन्द करते थे। मैं हमेशा उनके स्टीरियो सिस्टम की गुणवत्ता से बहुत मुतासिर रहता था।

किशोर उम्र में मैं हमेशा दोस्तों के साथ पार्टी करते वक़्त

उनका बढ़िया म्यूज़िक सिस्टम माँग कर ले जाता था और अकसर ही कहे वक़्त पर वापस करना भूल जाता था। बाबा जी मेरी इस लापरवाही को हँस कर टाल देते। मेरे द्वारा दोबारा माँगने पर ख़ुशी-ख़ुशी मुझे दे देते और कभी ग़ुस्सा नहीं करते थे जबकि मैंने सिर्फ़ एक दिन के लिए माँग कर कई बार दो-दो हफ्तों बाद वापस किया। कई बरसों बाद उन्होंने अपने संगीत संकलन को अपने नये आई फ़ोन में सँजोने की ज़िम्मेवारी मुझे सौंपी।

उनके जाने के बाद अब भी कई बार मैं उनके म्यूज़िक संग्रह के प्राचीन नायाब रिकॉर्ड सुनता हूँ तो अपने आस-पास ही नहीं अपितु अपने गहरे भीतर भी उनकी मौजूदगी महसूस करता हूँ और कल्पना करता हूँ कि हम अभी भी इन धुनों को इकट्ठे सुन रहे हैं।

डॉ. अमन कवात्रा अपनी पत्नी पिया के साथ

बाबा जी को याद करते हुए

-पिया क्वात्रा

इस बारिश भीगी दोपहर में बैठी हुई, बाबा जी को याद कर रही हूँ, बहुत सारी यादों का जलजला मेरे मन को भिगो रहा है। ये सब-की-सब यादें एक-एक कर छोटे-छोटे फूलों जैसी दिखने लगीं और फिर अचानक ब्रुश से खींची रंग-बिरंगी लकीरों से भरी कैनवस नज़र आती है, एकदम उसी तरह की जैसी कि वे पसन्द करते थे। कुछ ही लोग होते हैं जो औरों की ज़िन्दगी को अपनी मिठास भरी शख़्सियत से भर देते हैं, बाबा जी ऐसे विलक्षण लोगों में से एक थे।

बाबा जी से जुड़ी मेरी पहली याद अमन के साथ मेरा विवाह होने से पहले की है। जब हम सिर्फ़ दोस्त थे। उन दिनों मैं एन.एफ.आई.टी. में डिज़ाइन की पढ़ाई करने के लिए दिल्ली आयी ही थी। यह शहर मेरे लिए नया था। बाबा जी एकदम से समझ गये कि उस समय मैं क्या चाहती थी। कई दिनों तक वे मुझे कॉलेज छोड़ने आते रहे। साथ-साथ चलते हुए हम आर्ट और डिजाइन के बारे में बातें करते, फूलों के रंगों और कुदरत में बसी कविता की। मैं अपना परिवार मुम्बई छोड़ कर आयी थी। ऐसे समय उनका मेरा ध्यान रखना और मेरे प्रति छोटी-छोटी तवज्जो करना मुझे अपने दादा जी के नज़दीक होने का एहसास कराता जो मुझे ख़ुशी और सुरक्षित होने का एहसास दिलाता।

अमन के साथ विवाह होने के बाद बाबा जी से जुड़ी अपनी यादें, अनुभव डाइनिंग टेबल के इर्द-गिर्द बैठ कर परिवार के साथ बाँटती। यह वही जगह है जहाँ सब जश्न हुआ करते, जन्मदिन से लेकर विवाह की वर्षगाँठ तक। हर समय ख़ुशियाँ-उल्लास होते। उदाहरण के लिए जब बाबा जी के पसन्दीदा ब्रेड पकौड़े या उपमा मीनू में दरज़ होते। मैं अपनी मुस्कराहट रोक न पाती, जब देखती उनको देख कर बाबा जी के चेहरे पर बच्चों जैसी मीठी चमक आ जाती। बाबा जी घर को हमेशा फूलों और फ़लों से भरा हुआ रखते। भोजन हो जाने के बाद वह बहुत प्यार से मेरे हाथ में कोई फल रखते और उसे काट कर डैसरट की तरह सब को देने का सौभाग्य मिलता। बाबा जी मेरे आर्ट को बहुत प्रोत्साहित करते। वे हमेशा मुझसे नये डिजाइन प्रोजेक्ट के बारे में पूछते। उन्हें इस बात की जिज्ञासा रहती कि कैसे आर्ट भी डिजिटल बन सकता है। उनकी कुछ जानने, सीखने की जिज्ञासा उम्र के 90वें बरस में भी थी। सच में यह बहुत अहम बात है। मेरी ज़िन्दगी में आये अधिकतर लोगों में वह सबसे अधिक दयालु थे जो मुझे हमेशा गर्मजोशी भरे आलिंगन और खिली मुस्कराहट के साथ मिलते। मैंने अपने दादा-दादी को बचपन में ही खो दिया था। इसलिए जितना समय मैंने बाबा जी के साथ बिताया, मेरे उस भीतरी ख़ला को भरने में मदद मिली। बाबा जी ने

मुझे बहुत कुछ सिखाया–ज़िन्दगी जीने के लिए सादगी, प्यार, हौंसला, हिम्मत, जोश कि वे आज अपनी इन्हीं यादों के सदके मेरे दिल में रहते हैं और उनकी ज़िन्दगी के बारे में दी गयी नसीहतें हमेशा मेरे साथ रहती हैं।

अमन के विवाह पर पिया क्वात्रा को प्यार देते हुए अमिया कुँवर और इमरोज़

बाबा जी की यादें

–विशाल आचार्य

इमरोज़ मायने आज...कला जगत में वे इमरोज़ के नाम से जाने जाते थे पर मेरे लिए वे बाबा जी थे। बाबा जी, एक कलाकार, कवि, संगीत और कुदरत प्रेमी...

वे ख़ुद को कला की कई विधाओं द्वारा ज़ाहिर करते थे, जो कि हम उनकी कृतियों को, पूरे घर में और अमृता जी की पुस्तकों के सरवरक़ द्वारा जानते हैं। वे हमेशा मेरे बेटे निर्वाण को अलग-अलग कूचियों को इस्तेमाल करने और रंगों के संयोजन के बारे में गाइड करते रहते थे। यह पच्चानवें वर्षीय व्यक्ति का 6 वर्ष के लड़के के साथ बहुत निर्पेक्ष, सहज पलों को जीना था।

अमृता जी की पौती शिल्पी के बेटे निर्वाण के साथ

बाबा जी प्रकृति प्रेमी थे। बाबा जी और मेरा परिवार अकसर पर्वतों और समुद्री किनारों पर जाने के लिए लम्बी ड्राइव पर निकलता। मुझे अपने सापुतारा और लोनाविला की पहाड़ियों के ट्रिप याद आते हैं। हम सुबह जल्दी उठ कर सूर्य का उदय होना देखते और प्रकृति के दृश्यों की सुन्दरता का आनन्द लेने के लिए सैर करने जाते। वे फूल-पौधों को बहुत पसन्द करते थे और जब किसी बाग़-बगीचे में जाते तो अकसर पौधों को हाथ लगा कर महसूस करते।

बाबा जी के मुम्बई रहने के दिनों के वे सब पल-क्षण मैंने अपने ज़ेहन में सँभाले हुए हैं। ख़ास तौर पर पारिवारिक डिनर, जन्मदिन और विवाह की वर्षगाँठ को इकट्ठे मनाना। अमृता जी के जन्मदिन पर, वह पूरे घर को ताजा फूलों के साथ शृंगारित करते और पूरा परिवार इकट्ठे बैठ कर अमृता जी की कविताएँ सुनता, ख़ास तौर पर "अज आखां वारिस शाह नू" और "मैं तुम्हें फिर मिलूँगी", वह अमृता जी को कभी भूतकाल से सम्बोधित नहीं होते थे। वे इस तरह बातें करते जैसे अमृता जी हमारे आस-पास ही हों और हमारी बातचीत का हिस्सा हों। यहाँ तक कि उनके आख़िरी दिनों में, जब वे अपनी ज़िन्दगी के कुछ पड़ाव भूलने लगे थे, तब भी वे अमृता जी को याद करते थे।

बाबा जी के ये संकेत बहुत गहरे अर्थ देते हैं और मेरे तथा शिल्पी के आपसी रिश्ते को प्रेरणा देते हैं।

बाबा जी का जीवन-ढब बहुत अनुशासित था और सोच-प्रक्रिया को नियन्त्रण में रखते थे, यही कारण है कि वे शान्त और ख़ुशमिज़ाज़ स्वभाव के थे। उन्हें अच्छे खाने पसन्द थे और घर का बना गर्म भोजन ख़ुश हो कर खाते थे। अलका जी उनकी पसन्द का खाना बना कर उन्हें खिलाते थे।

शिल्पी-विशाल के विवाह के अवसर, मुम्बई 2007, अमृता की दोस्त अवतार कौर ख़ालसा, इमरोज़, अमिया कुँवर, शिल्पी और विशाल।

बाबा जी नई तकनीकों को प्यार करते थे और वे अकसर मार्किट में आये नये यन्त्रों के बारे में विचार-विमर्श करते और उनमें से कोई एक-आध अपने लिए ले आते। उनके पास गीत-संगीत का अच्छा खासा संग्रह था जो उनके कर्म-क्षेत्र में अकसर गुँजाएमान होता रहता। वह तत्कालीन ख़बरों के बारे भी जानने में रुचि लेते और अपनी जानकारी में वृद्धि करते रहते। वे अकसर क्रिकेट, सियासत और आध्यात्मिक जैसे विषयों पर विचार-विमर्श करते।

उनके आख़िरी दिनों के दौरान जब वे अस्पताल में थे, वे विश्व कप मैच मेरे साथ देख रहे थे और हम उनके पसन्दीदा संगीत रिकॉर्डों को इकट्ठे बैठ कर सुनते। बाबा जी के साथ बिताए गये उन सब बेशक़ीमती पलों को मैं जीता हूँ और ये सब हमेशा के लिए मेरी स्मृतियों में महफ़ूज़ रहेंगे।

बाबा जी के साथ बिताया यादगारी समय

–शिल्पी आचार्य

अपने बचपन को याद करते हुए पृष्ठभूमि में जाती हूँ, तो इमरोज़ जी के साथ बिताया शानदार वक़्त, यादों का सागर बन कर अपने पूरे बहाव में बाँहें पसारे मेरी ओर बढ़ता है। इमरोज़ जी, जिन्हें हम "बाबा जी" कहना पसन्द करते हैं।

मुझे याद है हरसिंगार का वृक्ष हमारे घर के भीतर लगा हुआ था जो मेरी दादी, जिन्हें हम अम्मा जी बुलाया करते थे के जन्मदिन के आस-पास फूलों से लद जाया करता था। रोज़ सुबह, हरसिंगार के फूल झड़ते और हमारा पूरा आँगन उसके केसरिया डण्डी वाले, ख़ूबसूरत सफ़ेद दूधिया फूलों से ढक जाता, जो चारों तरफ़ प्यार की ख़ुशबू का छिड़काव करते। हम सभी मिलकर इन फूलों को बीनते, अम्मा जी की मेज़ पर रखते, कुछ लाइब्रेरी में, कुछ गणेश जी की मूर्ति के सामने और बाक़ी मैं अपने स्कूल में ले जाती सुबह की प्रार्थना के लिए।

बाबा जी को बाग़बानी का बहुत शौक था। उन्होंने घर की छत पर बहुत सुन्दर पौधे लगाये हुए थे। गुलाब, गुड़हल, डेहलिया, गेंदा, मोंगरा तथा और भी कई फूलों वाले पौधे। इन सबकी देखभाल वे बहुत प्यार और ध्यान से करते।

मेरा कला और डिजाइन से प्यार, घर, गैलरी, दर्पण, काँच की खिड़कियों, दरवाज़ों, दीवारों और लैम्पशेड पर बनी उनकी ख़ूबसूरत और दिलकश पेंटिंग्स से प्रेरित और मुतासिर हुआ। पेंटिंग्स जो प्यार की, सुकून की और नारी सशक्तिकरण की बात करती। वह मुझे पानी और पोस्टर रंगों को इस्तेमाल करना सिखाते और कला में ख़ाली स्थानों के साथ खेलते।

आख़िरी कुछ साल उन्होंने मुम्बई में मेरे और मेरे परिवार के साथ बिताये। वह अपना दिन का समय पेंटिंग करने और कविता लिखने में बिताते। उन्होंने मेरे बेटे निर्वाण को पेंटिंग करने की कई तकनीक सिखायीं। दीवाली का त्योहार पूरे परिवार का मनभावन वक़्त होता। टेराकोट दीयों को पेंट करते, घर को रोशनियों और रंगोली से सजाते, मिल-जुल कर मिठाइयों का आनन्द लेते।

हर साल, मेरी दादी के जन्मदिन पर पूरा परिवार एकत्र हो कर केक, घर का बना हलवा खा कर, उनकी कविताएँ पढ़कर मनाता। उस समय वह दादी के साथ जुड़ी यादें हमारे साथ साँझी करते। बाबा जी, अम्मा जी का ज़िक्र हमेशा वर्तमान काल के साथ जोड़ कर करते। वे कहते, "अमृता जी यहाँ हमारे पास हैं, वह कहीं नहीं गयीं।"

एक बार हम मुम्बई के एक नुक्कड़ त्योहार पर गये, जहाँ सारे ट्रैफिक का आना-जाना कुछ घंटों के लिए रोक दिया जाता है और उस सड़क पर मुम्बई निवासी बेरोक-टोक चल सकते हैं, खेल सकते हैं, साइकिल चलाते हैं, नृत्य करते हैं। हमने तय किया कि चॉक ले जा कर उस सड़क पर कुछ चित्रित करना है। ज्यों ही लोगों ने इमरोज़ जी की कला का नमूना देखा, उनके हुनर की तारीफ़ करती, एक बड़ी भीड़ हमारे गिर्द हो गयी।

अपने आज तक के अनुभव से कह सकती हूँ कि वह सब से अधिक प्यार वाले, शान्त चित्त और ख़ुशदिल इन्सान थे। उनकी विनम्रता और सादगी उन्हें औरों से अलहदा करती थी। हमेशा सादा सफ़ेद कुर्ता-पायजामा पहनते, चेहरे पर मुस्कराहट रहती जो देखने वालों को ख़ुशी देती। उनके बोल बहुत मुलायम पर स्यानापन लिए होते। वह कुदरत की सुन्दरता की बात करते, दुनिया में फैले आर्ट की बात करते, समाज में औरत के बराबर अधिकारों की बात करते, मर्द-औरत के परस्पर सम्बन्धों में एक-दूसरे के प्रति आदर के अहमियत की बात करते !

उनकी कैलीग्राफ़ी में सजी दो सतरें मुझे हमेशा प्रेरित करती हैं–Everything you love is yours, और एक पेंटिंग, "The Woman with mind."

अमृता और इमरोज़ ने जो प्रेम की कविता मिल-जुल कर लिखी थी, अब वह पूर्ण हो गयी है।

अपने विवाह के अवसर पर शिल्पी अमृता जी की बचपन की दोस्त अवतार कौर ख़ालसा और इमरोज़ जी के साथ

इमरोज़ अंकल

–कंदला

हमारे घर का माहौल बहुत शान्त रहता था। सबके अपने-अपने कमरे थे। मम्मी का कमरा घर के अगले हिस्से में था। इमरोज़ अंकल का दायीं ओर, घर के आख़िरी छोर पर। मेरा कमरा एकदम बीच में। सैली (नवराज) बड़ौदा होस्टल में आर्किटेक्चर करने के लिए 5 सालों के लिए चला गया था। छुट्टियों में जब घर आता तब गदर हो जाता। छोटे-छोटे नामों से मुझे चिढ़ाता रहता। मेरे चिढ़ने पर माँ मुझे कहती, "तू क्यों चिढ़ती है, वह तेरे साथ लाड़ करता है।"

इमरोज़, अमृता, कंदला-दिसम्बर 1969

अंकल को काम करते हुए रेडियो या टीवी चलाने की आदत थी। सुबह से लेकर दोपहर तक वह अपना काम नियम से पूरा करते। फिर कमरे से बाहर आते-आते कहते, मैंने अपनी दिहाड़ी कमा ली है। चलो ! अब खाना खायें। मम्मी भी इसी तरह से कमरे में मसरूफ़ रहती और रोटी के समय ही अंकल जी के साथ बातें करते मिल-जुल कर खाना बना लेते थे। खाना बहुत सादा होता था। दोनों को मिर्च मसाले वाले खाने पसन्द नहीं थे। माँ और अंकल का रोमान्स तो उनका लिखना-पढ़ना, पेंटिंग, पुस्तकों के चित्र बनाने की बातें ही थीं। अंकल को फ़िल्में देखना बहुत पसन्द था। ख़ास तौर पर इंटरनेशनल फ़िल्म फेस्टिवल के दिनों में दो-दो फिल्में भी देखते थे। जो

फ़िल्म उन्हें अच्छी लगती वह फ़िल्म मम्मी और मुझे दिखाने के लिए ले जाते थे। उन्हें नवीनतम बिजली उपकरणों (इलेक्ट्रानिक गज़ेटस) का भी बहुत शौक था। टेप रिकॉर्डर को ठीक करवाने के लिए जाते तो कई घंटों तक इलेक्ट्रानिक दुकान में उनको देखते रहते। दुकानदार को भी उनका आना अच्छा लगता था। मम्मी को अचानक कोई काम याद आ जाये तो अंकल बाहर जाने के लिए अभी गेट तक भी नहीं पहुँचे होते थे कि वह आवाज़ मार कर कहतीं, "बहुत देर लगा दी।" मैं हँस देती थी। अंकल को घर में कुछ न कुछ नया करने का बहुत शौक था। वह फ़र्नीचर, नये इलेक्ट्रानिक उपकरण बदलते रहते थे। जब घर की सीढ़ियों से मिस्तरियों के बूटों के चढ़ने की आवाज़ आती तो माँ कहती, "अब हथौड़े बजने का शोर होने वाला है।" माँ को किसी तरह का शोर बर्दाश्त नहीं होता था। पर जब वे काम करके चले जाते तब माँ घर की सुन्दर तब्दीली से ख़ुश होती।

सैली जब छुट्टियों में होस्टल से घर आता, तब घूमने के लिए कार ले जाता। उसकी आदत थी कार कहीं भी पार्क कर देता था। कभी ऐसा भी होता, कार को डेंट लग जाता। अंकल को जब इसका पता चलता तो वह झट से डेंट ठीक करा कर ही कार को घर लाते, माँ को बताये बिना। वे जानते थे कि पता चलने पर माँ परेशान हो जायेगीं। उनको सैली की फ़िक्र हो जाती थी। एक बार घर में माँ के कुछ प्रशंसक आये और बातों-बातों में एक लड़की ने कहा कि अगर उसे अंकल जैसा जीवन-साथी मिला तो ही उसके साथ विवाह करवायेगी। अंकल ने कहा, "बेटा। फिर तो उस लड़के के 'इमरोज़' जैसा होने के लिए तुझे भी 'अमृता' होना पड़ेगा ! उसे तो सिर्फ़ अमृता ही चाहिए होगी।"

अंकल का मेरे और सैली के बच्चों के साथ बहुत लगाव था। छुट्टियों में जब मैं अपने बेटे को दिल्ली लेकर आती तब मुझे बहुत ज़्यादा जुकाम हो जाता था या मैं बीमार होती और बेटे की वैक्सीनेशन तारीख़ आ जाती। वैक्सीनेशन होने पर, बेटे की तकलीफ़ महसूस कर अंकल उसे अपनी गोद में लेकर सारी रात बाल्कनी में घूमते रहते जब तक वह सो नहीं जाता था।

मेरी स्मृतियों में बाबा जी

–कार्तिक सिंह

बाबा जी के प्रति मेरी यादें एक नाना के तौर पर हैं। वे बहुत नर्म दिल, निस्वार्थी और बहुत प्यारे इन्सान थे। वे बहुत मज़ाकिया स्वभाव के, हँसमुख और कोमल स्वभाव के, मिलनसार इन्सान थे, जिनको हम अपनी कोई भी समस्या, उलझन बेझिझक बता सकते थे। उनके पास बैठ कर हमेशा ही सुकून का, सुखद एहसास होता था। उनको देख कर हर, कोई आसानी से समझ जाता था कि वे अम्मा जी को कितना प्यार करते हैं। हर शाम मुझे उनकी गाड़ी के लौटने की प्रतीक्षा रहती थी ताकि मैं दौड़कर उनके नज़दीक जाऊँ और उनसे मार्किट चलने की ज़िद करूँ। वे बहुत धैर्य से मेरा इन्तज़ार करते। जब मैं अपने पसन्दीदा कॉमिक्स चुनता तो कभी-कभी मुझे वे 'रेडियो वेअस' की दुकान पर रेडियो ठीक करवाने के लिए ले जाते, क्योंकि उन्हें पता था कि मुझे वहाँ जाना बहुत अच्छा लगता है। दुकान का मालिक जिसे सब ज्ञानी जी कहते थे, वह बाबा जी का दोस्त था। महीने में एक बार हम सब मिल कर 'नागमणि' मैगजीन को पोस्ट करने के लिए जुट जाते। बाबा जी मुझे और मेरी बहन नूरी को 'नागमणि' के लिफ़ाफ़ों पर गोंद लगा कर, टिकटें चिपकाना सिखाते। मेरी माँ लिफ़ाफ़ों पर एड्रेस लिखती थी और अम्मा जी अपने अनुभव बताती रहती थीं। हम बाबा जी की मशहूर चाय की प्रतीक्षा करते थे। उनका दिल बहुत ख़ूबसूरत था। आज भी मैं उन्हें बहुत मिस करता हूँ।

हमारे बाबा जी

–नूर आरोही

दुनिया के लिए वह इन्द्रजीत और फिर इमरोज़ चित्रकार और अमृता प्रीतम के ताउम्र के दोस्त/साथी के तौर पर पहचाने जाते हैं पर घर के सब बच्चों के लिए वह प्यारे बाबा जी थे। बाबा जी से जुड़ी मेरी बहुत-बहुत सारी मोह भरी, मीठी यादें हैं। बाबा जी की बीमारी का सुन, उनको अन्तिम बार देखने की इच्छा ही मुझे इतनी दूर से, वरज़ीनिया से खींच लायी। बाबा जी के बारे में मेरी सब से पुरानी वह याद, जो मेरी स्मृतियों में अभी भी धुँधलाई नहीं–वे मुझे अपनी गोद में बिठा कर भिंडी के साथ रोटी खिलाते थे। मुझे भिंडी बिल्कुल भी पसन्द नहीं थी, पर बाबा जी के लाड से मिला कर खिलाने से वह खाने योग्य हो जाती थी।

नूर आरोही और उसके पति को आशीर्वाद दे रहे इमरोज़

मेरी स्मृतियों में वह मीठी याद, जब मेरे स्कूली जीवन के एक वार्षिक समारोह में सब बच्चे स्कूल के स्टोर से रेडीमेड शेर का मुखौटा ख़रीद कर पहन कर आये, पर बाबा जी ने मेरे लिए अपने हाथों से यह मुखौटा तैयार किया था। जब मैं किसी बात पर परेशान होती तब वे ढारस देते हुए कहते, "तू अपने चेहरे की ड्राईंग क्यों ख़राब करती है, इसके बारे में ज़्यादा न सोच कि कोई और तेरे बारे में क्या सोचेगा या सोचता है?"

बाबा जी को फ़िल्में देखना बहुत पसन्द था, उनकी मेज पर बॉलीवुड मैगजीन होती थी, जिन्हें पढ़ने की मैं भी शौकीन हो गयी थी। जब मैंने कॉलेज में दाख़िला लिया तब बाबा जी मुझे होस्टल छोड़ने आये। और भी उनसे जुड़ी कई बातें याद आती हैं। यह तस्वीर मेरे विवाह की तस्वीरें बदलनी

हैं। उन दिनों अम्मा जी बहुत बीमार थी। अम्मा जी से मेरी मुराद अमृता प्रीतम से है, जो मेरी नानी जी थीं। हम सब उन्हें अम्मा जी बुलाया करते थे। अम्मा जी विवाह पर नहीं आ सकीं। इसलिए आशीर्वाद देने के लिए बाबा जी मेरी लावाँ (फेरों) के समय मौजूद थे। अम्मा जी का ध्यान रखने के लिए, उन्होंने अमिया आण्टी को फ़ोन कर दिया। इसी तरह ही हर ज़रूरत के वक़्त बाबा जी मदद के लिए पहुँचते थे। सब्र-सन्तोष के साथ हर काम पूरा करते थे। यही उनका स्वभाव था। शान्त, अडोल, ख़ुशमिज़ाज। मुझे यह जानकर बहुत ख़ुशी हुई कि बाबा जी पर अमिया जी किताब तैयार कर रहे हैं। सब को मालूम होना चाहिए, वह कितने प्यारे और मज़बूत चरित्र के थे।

इमरोज़ के साथ नूर आरोही

पुनश्च: अपने भाई कार्तिक के बाबा जी के साथ जुड़े, संस्मरण पढ़ कर उस 'रेडियो वेस' के मालिक ज्ञानी जी याद आ गये और उनकी दुकान पर काम करता देसराज भी। बाबा जी की उससे गहरी दोस्ती थी। बाबा जी की बढ़िया शख़्सियत का प्रभाव था कि वह हम बच्चों को ख़राब हुई बेकार चीज़ें, टूटे-फूटे पुराने पुर्जों को अपनी दुकान से ले जाने देते। हम उन पुर्जों के साथ खेलते। अमिया जी आपने कितना कुछ याद करा दिया। आपको अब एक और किताब लिखने की ज़रूरत पड़ेगी। इतना ही नहीं, पोस्टमैन भी बाबा जी का प्रशंसक था। (मुझे याद आता है, जब मैं पहली बार, 1975 में अमृता जी को मिलने के लिए गयी थी, उनका घर तलाश रही। इसी सरदार पोस्टमैन ने मुझे गाइड किया था। बल्कि मुझे साथ लेकर गया था। अमृता जी के घर के नज़दीक ही पोस्ट ऑफ़िस था। –अमिया) हमारे बड़े-बुज़ुर्ग हमारे लिए ईश्वर का नायाब तोहफ़ा हैं जो हमारे दिलों में अपनी यादें सँजो जाते हैं। बाबा जी का तो हर कोई फ़ैन था।

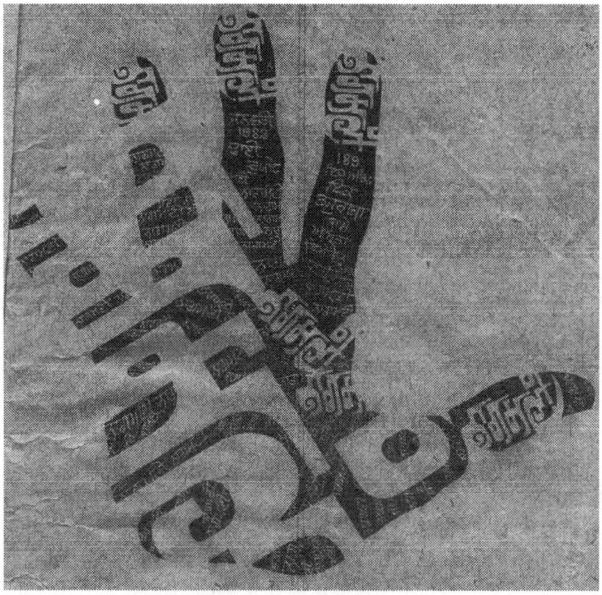

नागमणि को पूर्णतया समर्पित इमरोज़ जी का दायाँ हाथ

मैं अपने आप को
सलाम करता हूँ
जो
अपनी मर्ज़ी का
होता जा रहा है...

इमरोज़

सन्दर्भ (पत्रिकाएँ, पंजाबी की)

- अक्स, सं. अमरजीत, जुलाई 2009, दिल्ली, मासिक
- अक्ख़र, सं. परमिन्द्र जीत, मासिक पंजाबी, अमृतसर, अप्रैल 2005
- अक्ख़र, सं. विशाल, मासिक पंजाबी, अमृतसर, जून 2024
- साँझ : सं. मनू शर्मा सोहल, पंजाबी त्रैमासिक, लुधियाना, जनवरी -मार्च, 2008, अप्रैल-जून, 2008
- नागमणि : सं. अमृता-इमरोज़, नागमणि प्रकाशन, लोक प्रिंटर्स दिल्ली, जनतक प्रैस, गुरमत प्रिंटर्स दिल्ली
- (अंक : जनवरी 79, अगस्त 81, जनवरी 82, फरवरी 82, जून 84 सितम्बर 85, सितम्बर 1997, फ़रवरी 1998, मई 1988, अक्तूबर 98, मई 99, अक्तूबर 99, जनवरी 2001, अक्तूबर 2001)
- तासमन : सं. सतपाल भीखी, त्रैमासिक, अप्रैल-जून, 2024

कुछ और

- Imroz–A walk down memory lane (film) Director Dr. Harjit.
- इन्द्रजीत 'इमरोज़' से साक्षात्कार (वीडियोग्राफ़ी में इंटरव्यू) डॉ. अफ़रोज़ ताज
- She lives on, Dr. Uma Trilok, Sabhya Parkashan, Vasan kunj
- History & Heritage DS Kapoor, Printed at Archana Press, New Delhi.

सन्दर्भ (गुरमुखी की पुस्तकें)

- अक्खरां दी जाई : सं. अमिया कुँवर, शिलालेख पब्लिशर्स, 2005
- धम्मी वेला : अमिया कुँवर, शिलालेख पब्लिशर्स, 2009
- अमृता : इक कायनात: अमिया कुँवर, शिलालेख पब्लिशर्स, 2012
- अमृता जो हमेशा रहेगी : सं. अमिया कुँवर, शिलालेख 2019
- चित्र-लीला (शब्द-चित्र) : अवतार जीत, कैलिबर प्रकाशन, सितम्बर 2020
- जश्न जारी है (काव्य संग्रह) लेखक–इमरोज़, सं. अमिया कुँवर, शिलालेख, दिल्ली 2006
- मैं ते मेरा समाँ (स्व-जीवनी), मनमोहन बाबा, चेतना प्रकाशन, लुधियाना, 2022
- मोहब्बतनामा (गद्य)–जंगबहादुर गोयल, लोकगीत प्रकाशन, 2018

- अमृता प्रीतम, साहिर लुध्यानवी: इमरोज़ ते नागमणि – बचिन्त कौर (गद्य), नवयुग प्रकाशन, दिल्ली 2024
- बूँद तेरे इश्क़ दी : मोहन जीत, रवि साहित प्रकाशन, अमृतसर 2022
- सुपने ते परछावें डॉ. हरजीत, सच्चल प्रकाशन, अमृतसर, जुलाई 2023
- भाषा विभाग का सोवीनर (अमृता प्रीतम पर) 2006
- इस घर इमरोज़ आया – अरविन्द्र कौर, कैलिबर प्रकाशन, पटियाला, 2025
- मेरा रांझा (वार्तिक) संजय मल्होत्रा हमनवा, 2025

संदर्भ (हिन्दी पुस्तकें)

- जश्न जारी है – इमरोज़, कृति प्रकाशन, दिल्ली, 2007 (अनुवादक अमिया कुँवर)
- नज़्म जारी है – इमरोज़, हिन्द पाकेट बुक्स, दिल्ली 2007 (अनुवादक अमिया कुँवर)
- रंग तेरे मेरे – इमरोज़, शिलालेख प्रकाशन, 2016, 2020
- मनचाहा ही रिश्ता – हिन्द पाकेट बुक्स, 2010
- किसी तारीख़ को...स. इमरोज़, हिन्द पाकेट बुक्स, 2007 (अमृता इमरोज़ के प्रेम-पत्र)
- अमृता इमरोज़ – उमा त्रिलोक, पेंगुइन प्रकाशन, 2006
- इमरोज़ (हिन्दी नाटक) – कुनाल हृदय, राजकमल प्रकाशन, 2023
- दो परिंदे और नील कुरिंजी का फूल : लेखक द्वय, दिनेश दिवेद्वी, राजेश चन्द्रा। प्रलेक प्रकाशन, जून 2022
- साक्षी चेतना : अमृता प्रीतम – राजेश चन्द्रा, हिन्द पाकेट बुक्स, 2002

हिन्दी पत्रिकाए

- अभिनव इमरोज़ – सं. देविन्द्र बहल, मेहमान सं. उमा त्रिलोक, 2024
- पुनश्च : सं. दिनेश दिवेद्वी – अनियतकालीन, फरवरी, अगस्त 1993

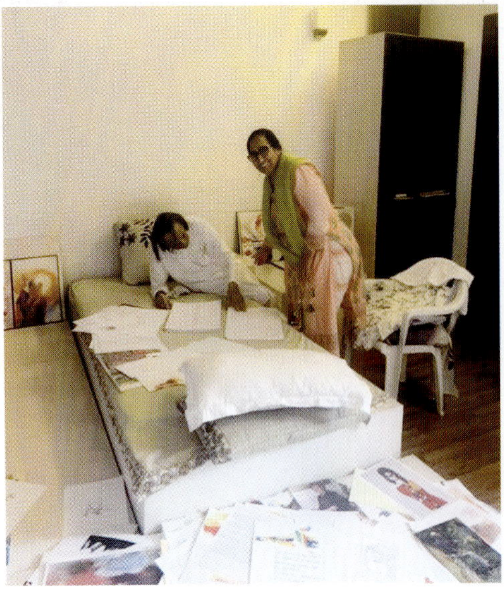

ग्रेटर कैलाश N-13 (2012) कैलेंडर तैयार कर रहे

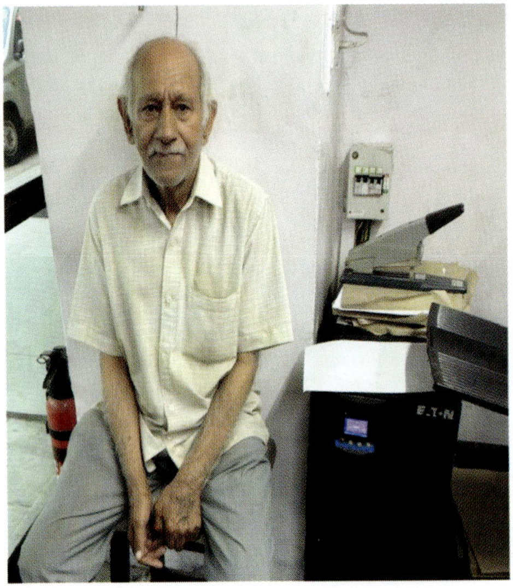

रेडियो वेस (हौज़ ख़ास मार्किट) का
कार्यकर्ता देस राज

प्रिंट वेस (हौज़ ख़ास मार्किट) के
मालिक विकास शर्मा

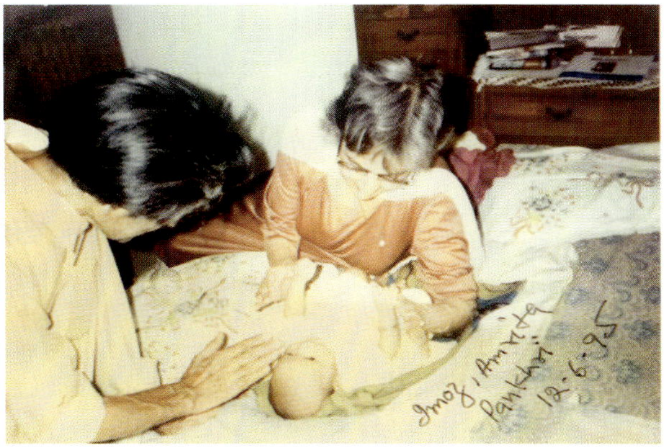

मेरे घर, मेरी बेटी पंखुड़ी को प्यार कर रहे
अमृता-इमरोज़ (12-06-1995)

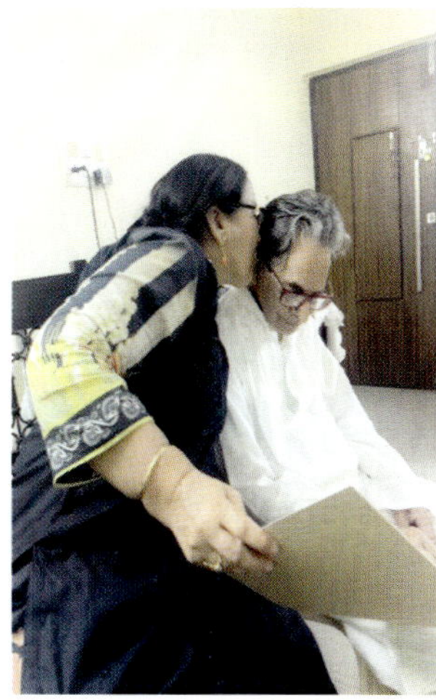

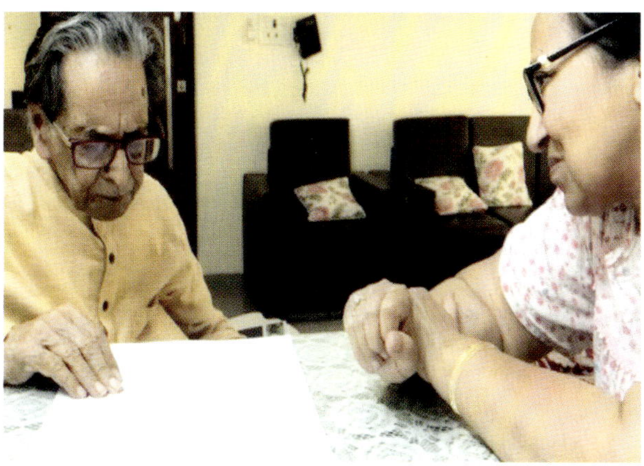

बाकी सब तस्वीरे मुम्बई कांदिविली घर की है-2019

अमृता-प्रीतम के 100वे जन्मदिन पर ग्रेटर कैलाश

शिल्पी, पंखुडी, इमरोज़ के साथ (ग्रेटर कैलाश)

मुम्बई, जुहू बीच 2007

मुम्बई, कांदिविली

इमरोज़ का जन्मदिन मनाते हुए-2022

इमरोज़ का जन्मदिन मनाते हुए-2023

अमृता-इमरोज़ अलग-अलग समय में, अमृता-प्रीतम की लाइब्रेरी, हौज़ ख़ास K-25 नई दिल्ली

अमृता-प्रीतम का ड्राइंग रूम, हौज़ ख़ास

अमृता-इमरोज़

इमरोज़ अपने स्टूडियो में, हौज़ ख़ास

इमरोज़ की कुछ पेंटिंग्स

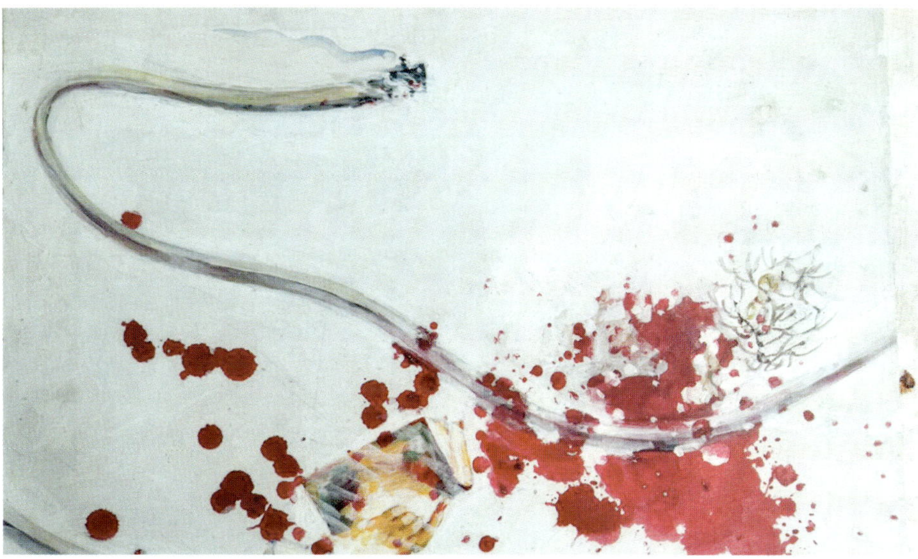

पाकिस्तानी शायरा सारा शगुफ़्ता की आत्महत्या को दर्शाती इमरोज़ की कला-कृति

इमरोज़ की बनाई अन्तिम कृतियाँ

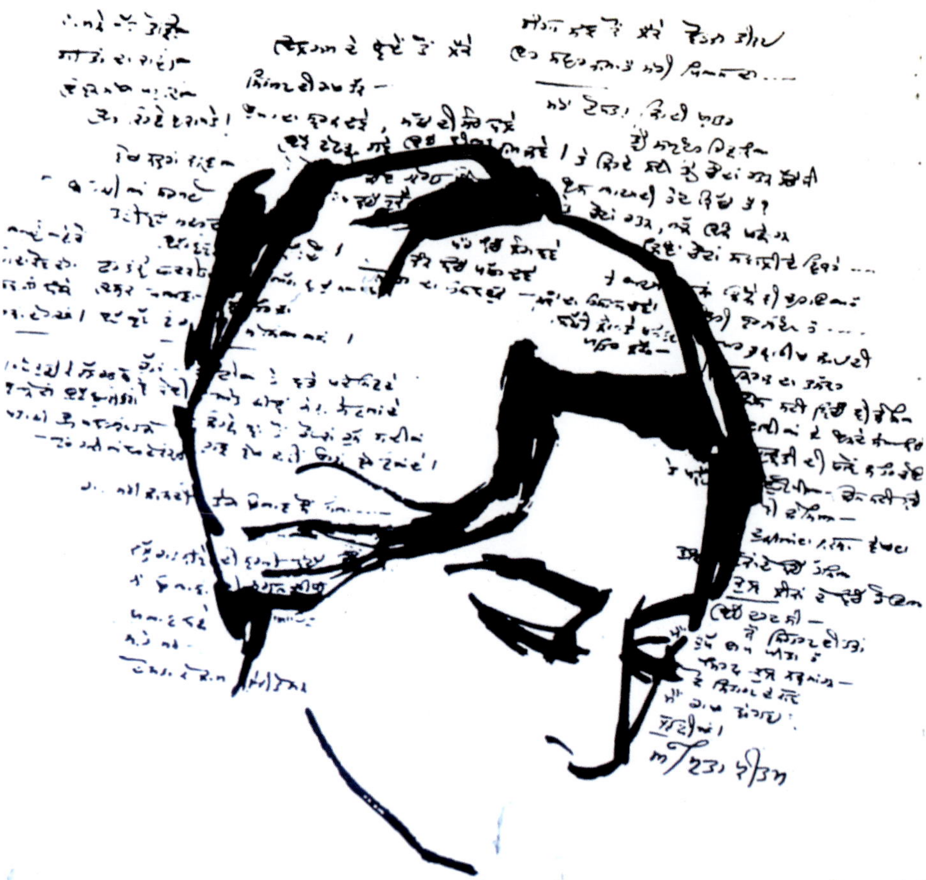

इमरोज़ की एक और ख़ूबसूरत पेंटिंग

यह तन रब सच्चे का हुजरा

अलविदा एक रात के लिए

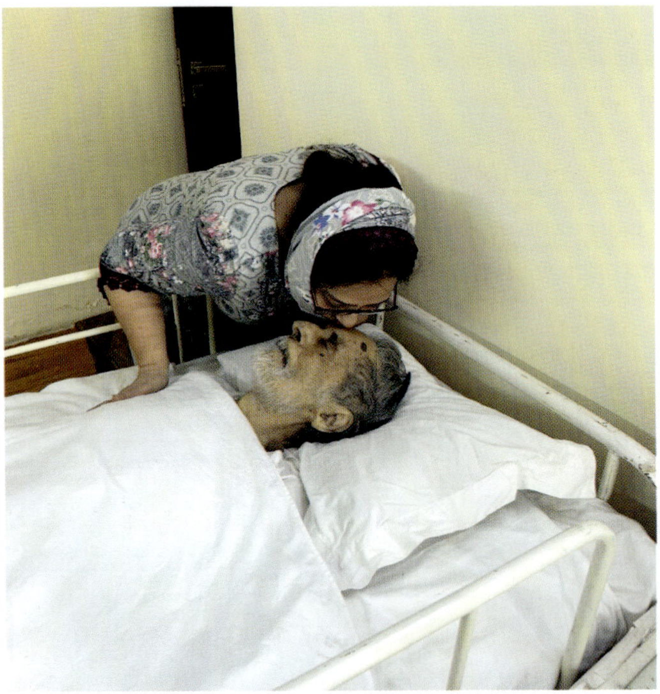

पूर्णत: अलविदा

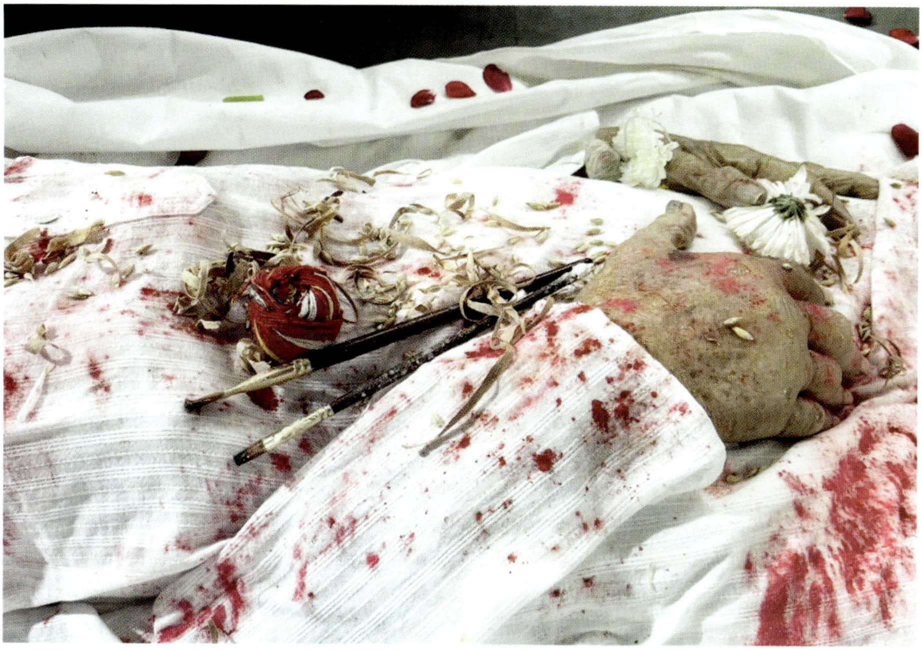

इमरोज़ इस जगत में अपने साथ रंग लेकर आये थे। उनकी पूरी ज़िन्दगी रंगों के साथ ही हँसते-खेलते और जीते हुए बीती। उन्होंने अपना आस-पास, अपने साथ जुड़े लोगों और उनके ख़्यालों को इन रंगों से सराबोर कर दिया। इस फ़ानी संसार से विदा होते हुए वे बहुत सारे रंग अपने साथ ले गये। पर, फिर भी उनके दिए बहुत सारे रंग उन्हें चाहने वालों ने संभाले हुए हैं–उनके साथ बिताए जिए पलों के रंग, उनकी यादों के रंग, उनकी मोहब्बती मुलाकातों के रंग।

इन तस्वीरों को देखते ही बेसाख़्ता सुरजीत पात्तर की कविता याद आ जाती है– रंग, रंग, रंग मेरे चारों ओर रंग...